前野良沢

生涯一日のごとく

鳥井裕美子

思文閣出版

「奥平昌鹿画像」（部分）（大分県中津市自性寺大雅堂蔵）

中津藩主。良沢に蘭書を買い与えたり、長崎へ遊学させるなど彼の蘭学研究を支援した。

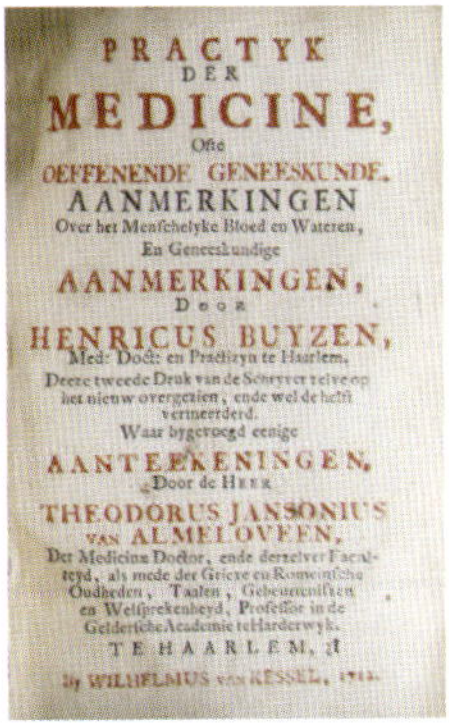

PRACTYK
DER
MEDICINE,
Ofte
OEFFENENDE GENEESKUNDE.
AANMERKINGEN
Over het Menschelyke Bloed en Wateren,
En Geneeskundige
AANMERKINGEN,
Door
HENRICUS BUYZEN,
Med: Doct: en Practizyn te Haarlem.
Deeze tweede Druk van de Schryver zelve op het nieuw overgezien, ende wel de helft vermeerderd.
Waar bygevoegd eenige
AANTEEKENINGEN,
Door de Heer
THEODORUS JANSONIUS
VAN ALMELOVEEN,
Der Medicinæ Doctor, ende derzelver Faculteyd, als mede der Griekse en Romeinsche Oudheden, Taalen, Gebeurtenissen en Welsprekenheyd, Professor in de Geldersche Academie te Harderwyk.
TE HAARLEM,
By WILHELMUS van KESSEL, 1712.

ボイセン『医学の実践』第２版
(Henricus Buyzen, *Practyk der Medicine*. Haarlem, 1712.)（大分県立先哲史料館蔵）

中津藩主の奥平昌鹿は、この本の第４版を購入し、自分の印を押し、良沢に貸し与えたといわれている。明治25年（1892）、前野家より奥平家にボイセンは返されたが、現在は所在不明。

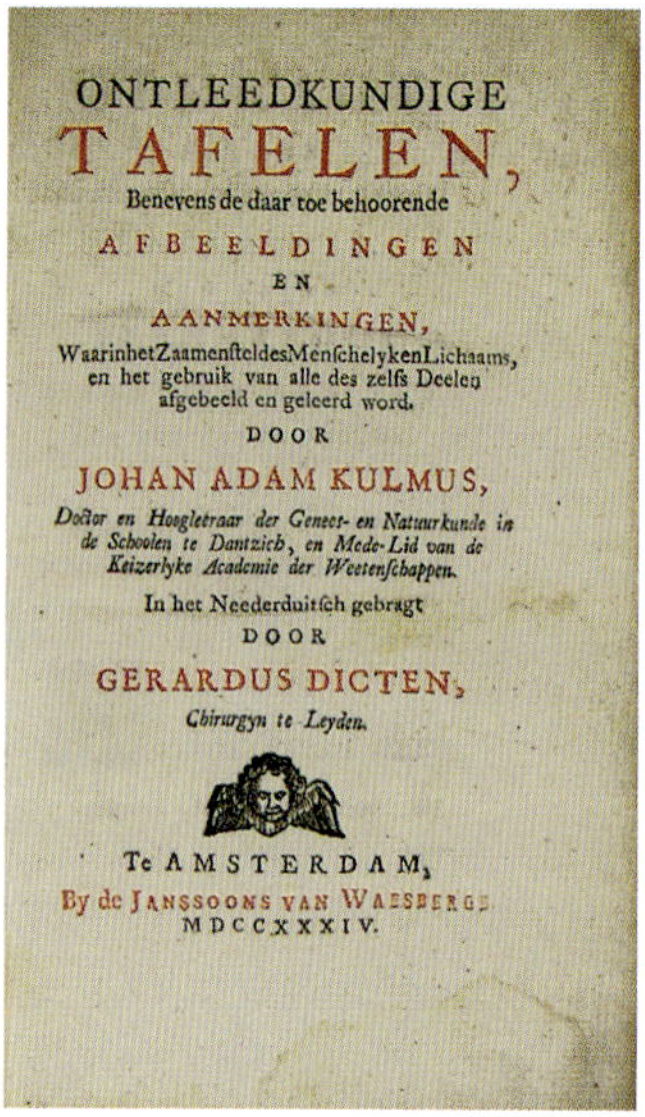
ONTLEEDKUNDIGE

TAFELEN,

Benevens de daar toe behoorende

AFBEELDINGEN

EN

AANMERKINGEN,

WaarinhetZaamensteldesMenschelykenLichaams, en het gebruik van alle des zelfs Deelen afgebeeld en geleerd word.

DOOR

JOHAN ADAM KULMUS,

Doctor en Hoogleeraar der Geneet- en Natuurkunde in de Schoolen te Dantzich, en Mede-Lid van de Keizerlyke Academie der Weetenschappen.

In het Neederduitsch gebragt

DOOR

GERARDUS DICTEN,

Chirurgyn te Leyden.

Te AMSTERDAM,

By de JANSSOONS VAN WAESBERGE

MDCCXXXIV.

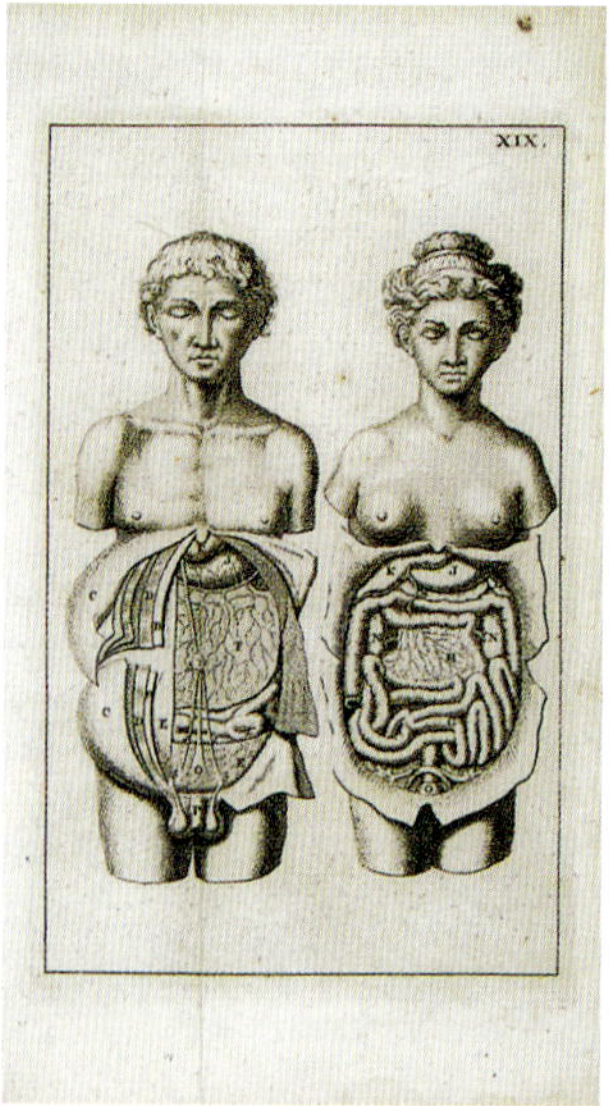

クルムス『解剖図表』1734 年版（武田科学振興財団杏雨書屋蔵）

『解体新書』の原典「ターヘル・アナトミア」

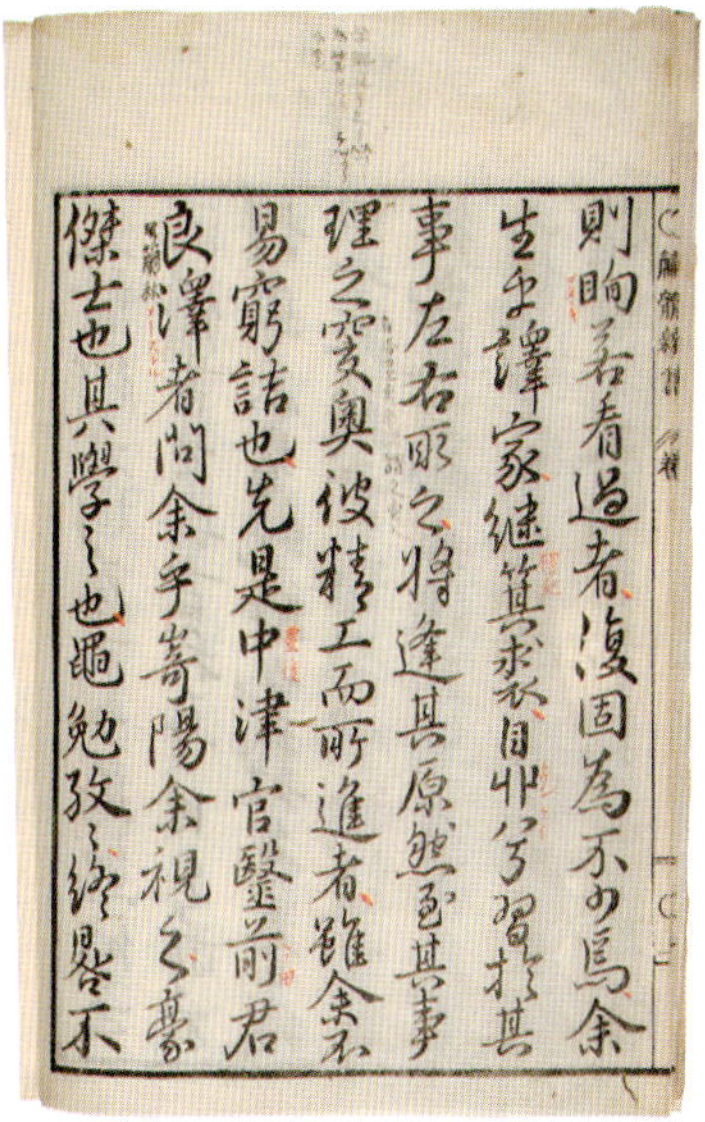

「吉雄耕牛の序文」(部分)
良沢の名前が記されている。

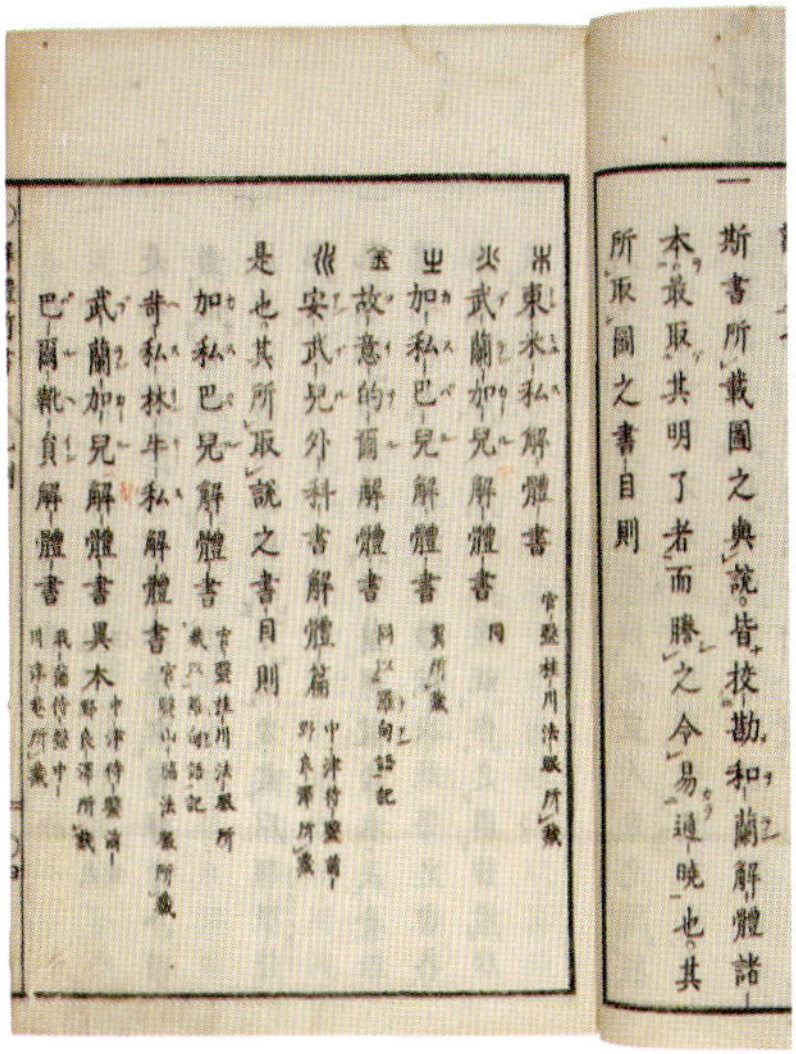

「凡例」
良沢の蔵書が記されている。

『解体新書』序図（大分県立先哲史料館蔵）

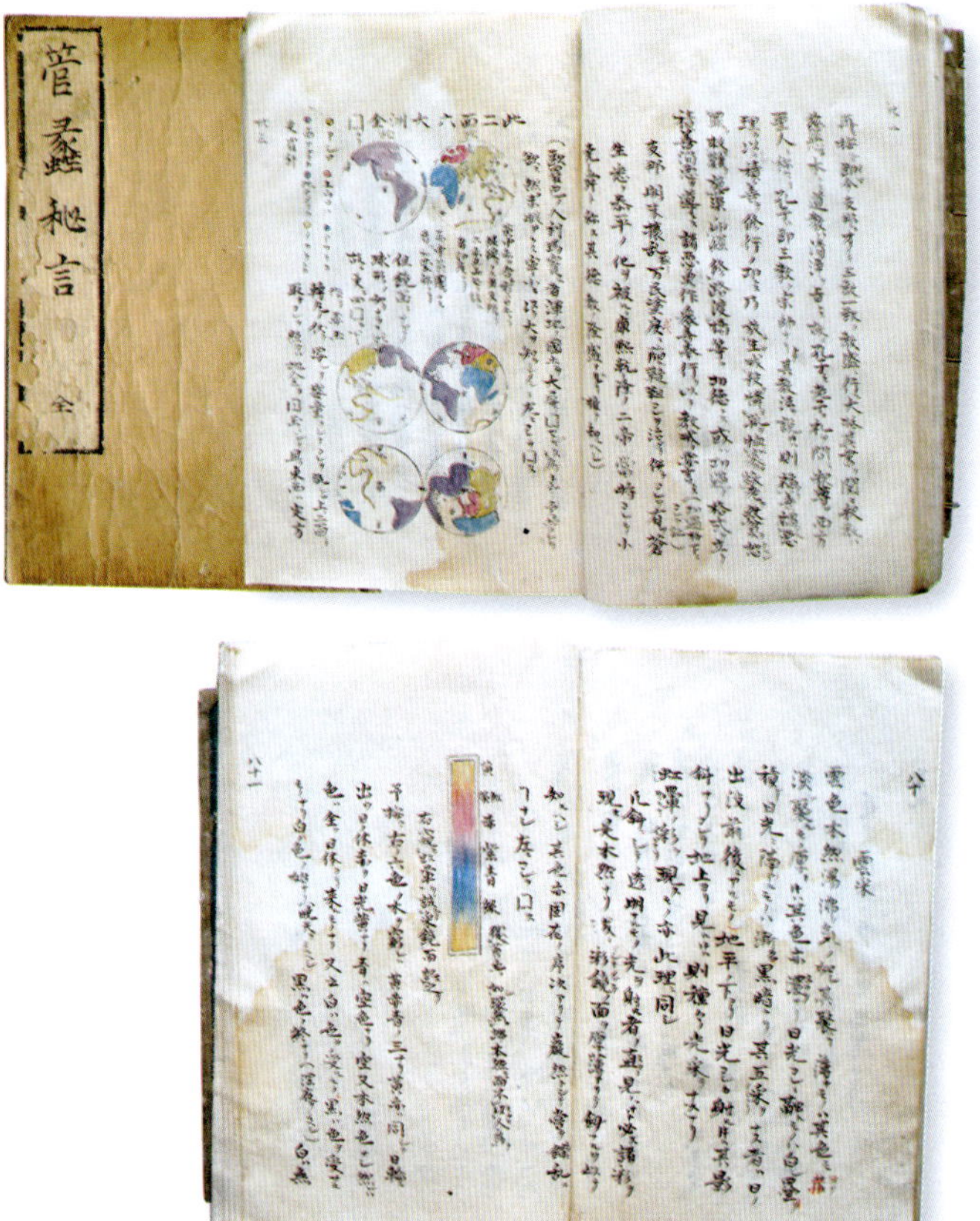

「管蠡秘言」（安永６年成立）（個人蔵）

前野良沢の思想がうかがえる数少ない著作。写本の形で伝わる。

『新世界地図帳（*ATLAS NOUVEAV*）』（石川県立図書館蔵）

　オランダ商館長ティツィングが1780年、良沢の門下である福知山藩主朽木昌綱に贈った世界地図帳。加賀前田家に伝来したといわれている。良沢は、この地図帳の抄訳「輿地図編小解」を著した。

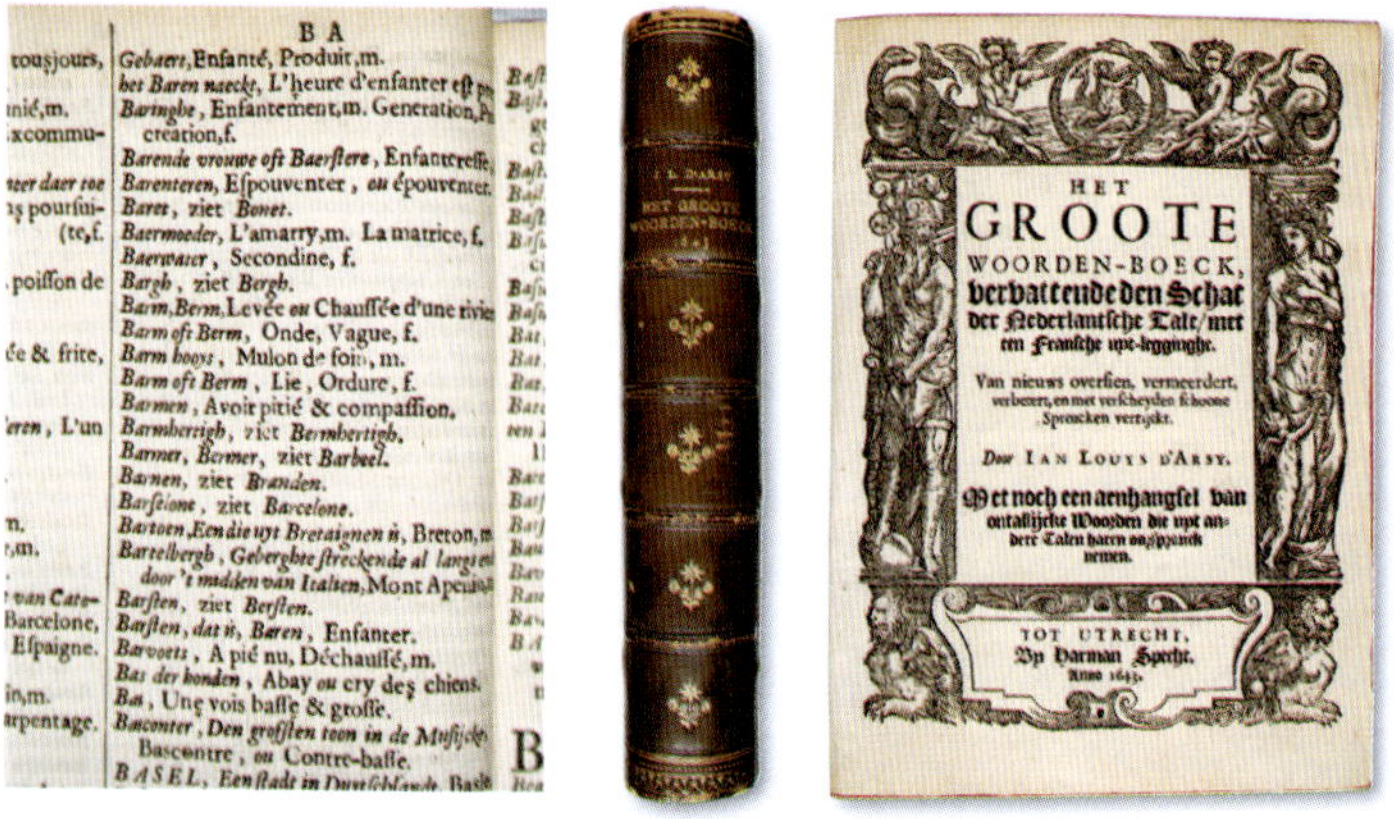

ヤンロウイス『蘭仏辞典』 1643年版（個人蔵）

「仁言私説」、「蘭言随筆」などで良沢が使用したオランダ語の辞典のひとつ。「仁」という言葉を表す「Bermhertigh」→などを徹底的に追究した。

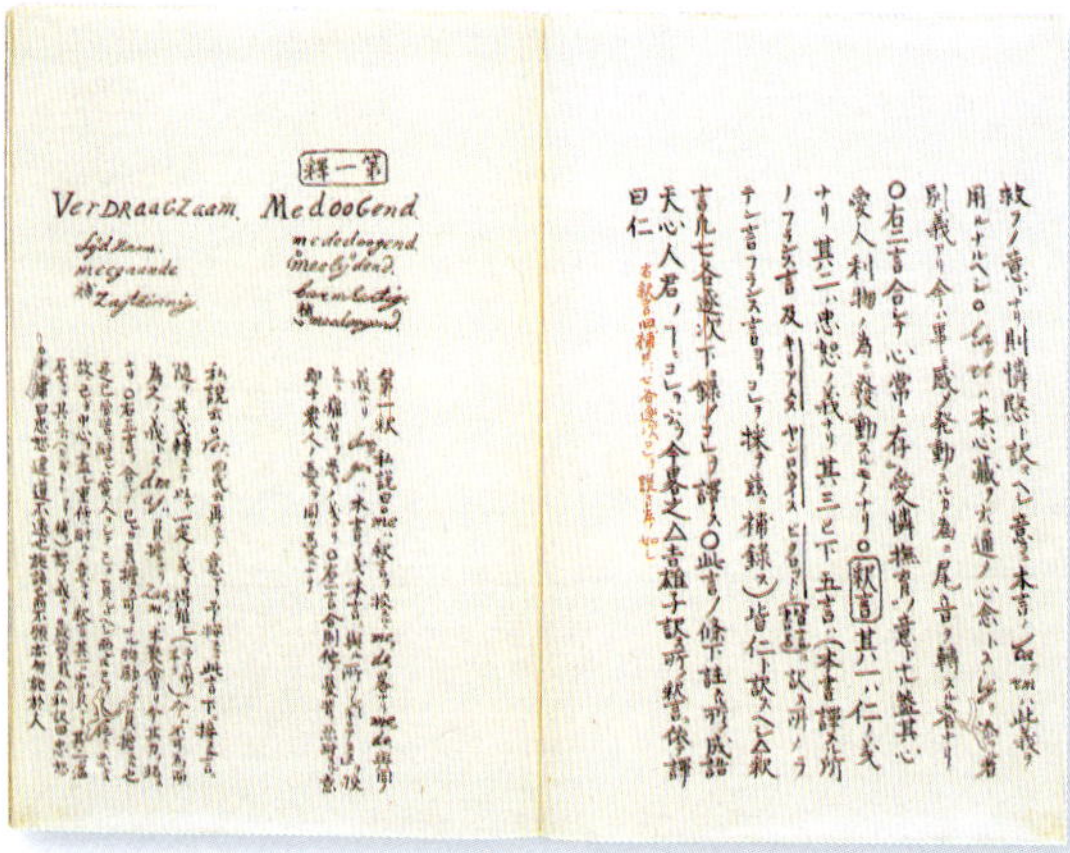

「仁言私説」（静嘉堂文庫蔵）

メイエル『語彙宝函』 1688 年版（個人蔵）

良沢は、この辞典の 1745 年版（古語部）をもとに「和蘭説言略草稿」を著した。

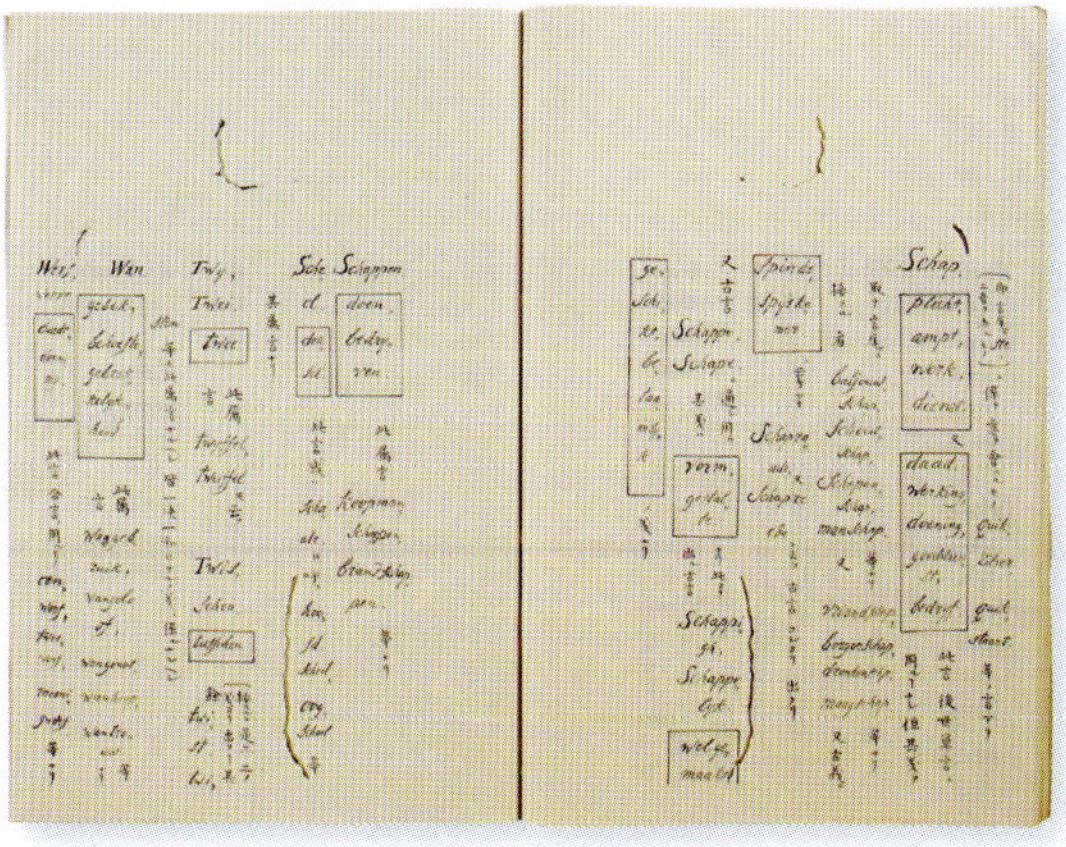

「和蘭説言略草稿」（早稲田大学図書館蔵）

オランダ古語とその語源を説明したもの。

「簗次正肖像」（部分）
（個人蔵　大分県立先哲史料館収蔵）

中津藩士簗家は、良沢や神谷源内（弘孝）と姻戚関係にある。

「高山彦九郎訪古愚軒図」
（「高山錦囊 二」所収 矢嶋瑞夫氏提供）

彦九郎の肖像画。良沢とは、中津藩士簗次正を介して知り合う。

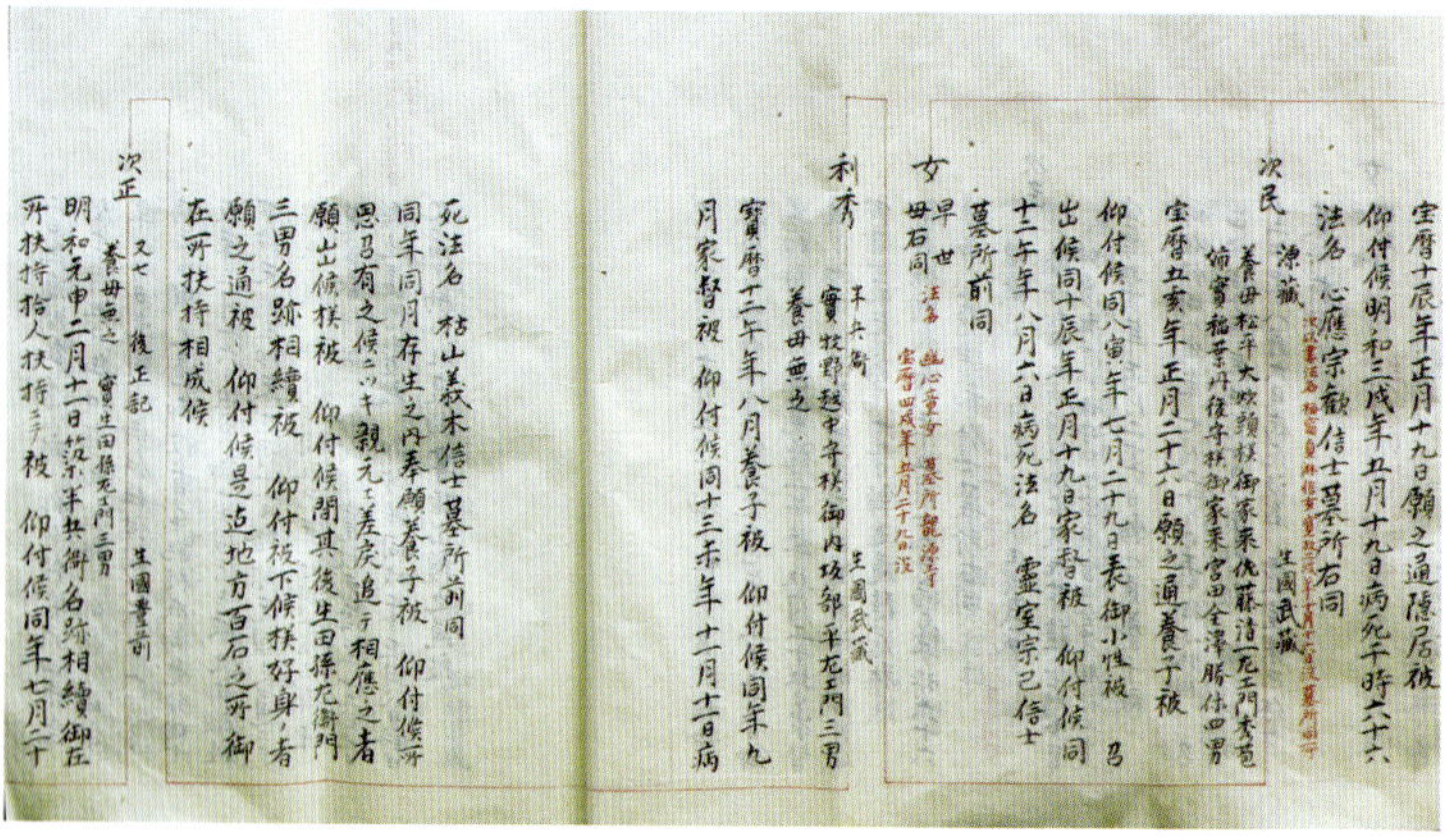

宝暦十辰年正月十九日願之通隠居被
仰付候明和三戌年五月十九日病死于時六十六
法名 心應宗翫信士墓所右同
次民 源藏 生國武藏
養母松平大炊頭様御家来伊藤清左エ門女従
姉實稲葉丹後守様御家来宮田全澤勝休四男
宝暦五亥年正月二十六日願之通養子被
仰付候同八寅年七月二十九日表御小性被 召
出候同十辰年正月十九日家督被 仰付候同
十二午年八月六日病死法名 霊室宗己信士
墓所前同
女 早世
母右同
利秀 平六郎 生國武藏
實牧野越中守様御内坂部平左エ門三男
養母無之
寶暦十二午年八月養子被 仰付候同年九
月家督被 仰付候同十三未年十一月十日病
死法名 枯山義木信士墓所前同
同年同月存生之内奉願養子被 仰付候所
思召有之候ニ付親元ニ差戻追テ相應之者
願出候様被 仰付候間其後生田孫左衛門
三男名跡相續被 仰付被下候様好身ノ者
願之通被 仰付候是迄地方百石之所御
在所扶持相成候
次正 又七 後正記 生國豊前
養母無之 實生田孫左エ門三男
明和元申二月十一日築半平御名跡相續御在
所扶持拾人扶持ニテ被 仰付候同年七月二十

「簗家譜」（個人蔵　大分県立先哲史料館収蔵）

簗家と良沢の関係がこの家譜からわかる。次正の先々代が、良沢の伯父宮田全沢の四男である。

「ラックスマンら四人の肖像」

（武川久兵衛家文書　個人蔵　岐阜県歴史資料館収蔵）

寛政4年（1792）通商を求めて根室に来航したラクスマンの一行。

「鄂羅斯国女帝エカテリナアレキセウナ肖像」

（武川久兵衛家文書　個人蔵　岐阜県歴史資料館収蔵）

ロシア女帝エカテリーナ２世の肖像画。

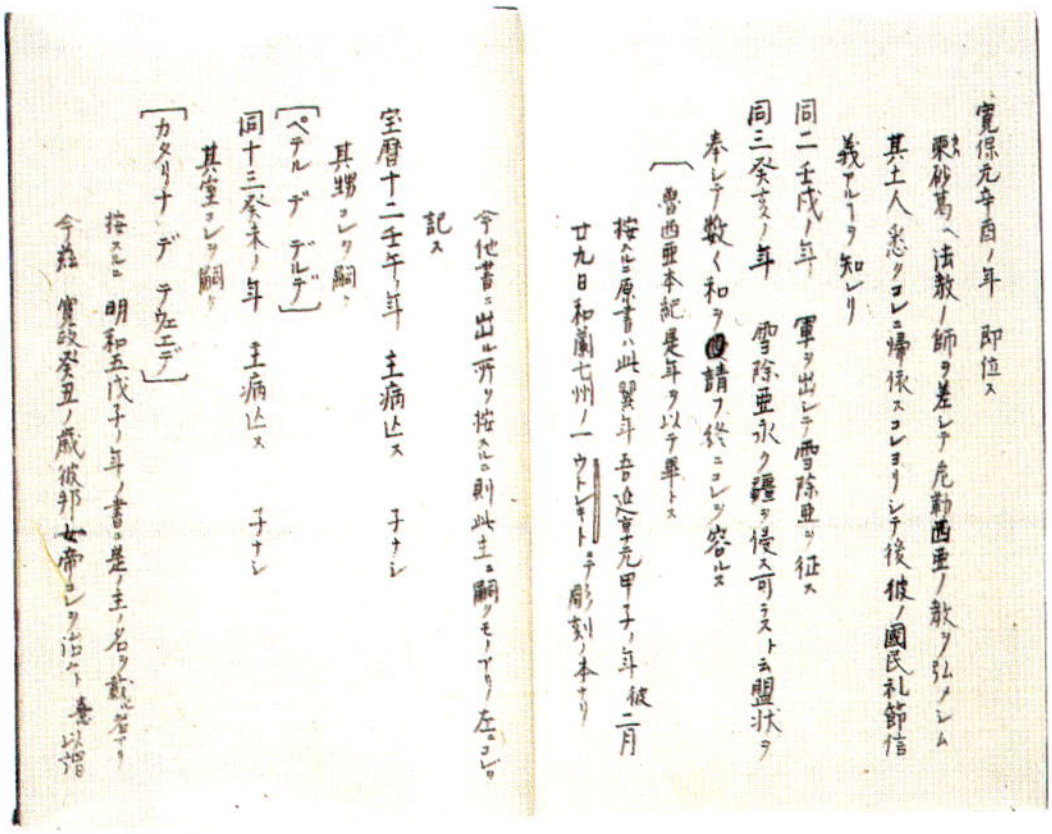

寛保元辛酉ノ年　即位ス
耶砂葛ヘ法教ノ師ヲ差シテ希勒西亜ノ教ヲ弘メシム
其土人悉クコレニ帰依スコレヨリシテ後彼ノ國民礼節信
義アルヿヲ知レリ
同二壬戌ノ年　軍ヲ出シテ雪除亜ヲ征ス
同三癸亥ノ年　雪除亜永ク疆ヲ侵ス可ラスト云盟状ヲ
奉シテ数く和ヲ請フ終ニコレヲ容ルス
（魯西亜本紀是年ヲ以テ畢トス
按スルニ原書ハ此翌年吾延享元甲子ノ年彼二月
廿九日和蘭七州ノ一ウトレキトニテ彫刻ノ本ナリ

今他書ニ出ル所ヲ按スルニ則此主ニ嗣クモノアリ左ニコレヲ
記ス
宝暦十二壬午ノ年　主病死ス　子ナシ
其甥コレヲ嗣ク
［ペテル　デ　デルデ］
同十三癸未ノ年　主病死ス　子ナシ
其室コレヲ嗣ク
［カタリナ　デ　テウェエデ］
按スルニ明和五戊子ノ年ノ書ニ是ノ主ノ名ヲ載スル者アリ
今茲寛政癸丑ノ歳彼邦女帝コレヲ治ルト

「魯西亜本紀略」（草稿巻之二より）（静嘉堂文庫蔵）

「カタリナ　デ　テウェエデ」がロシア女帝エカテリ　ナ２世。

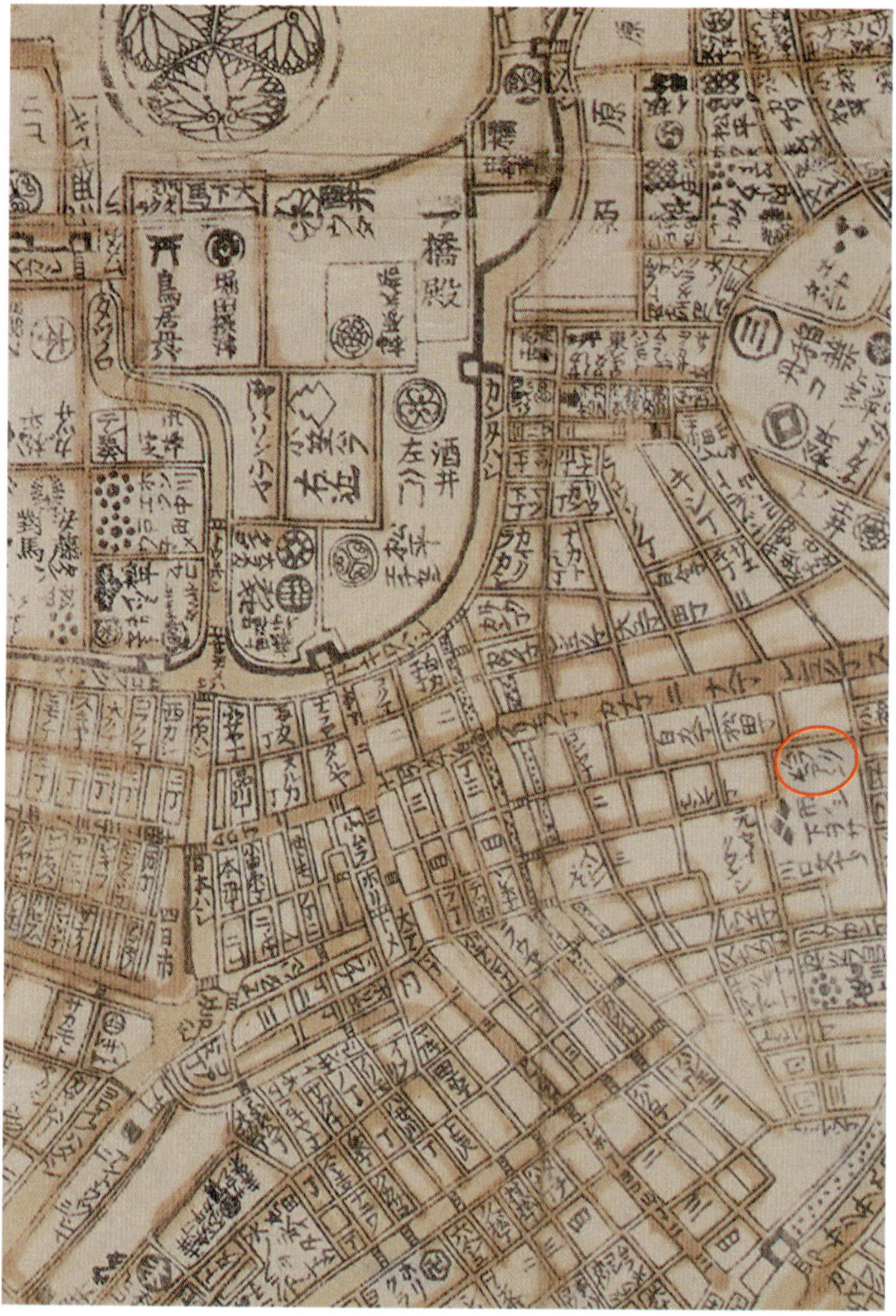

←
「ムラタ長アン」
良沢の女婿
小島春庵宅

『懐寶御江戸図』（部分）（寛政６年版・京都大学附属図書館蔵）

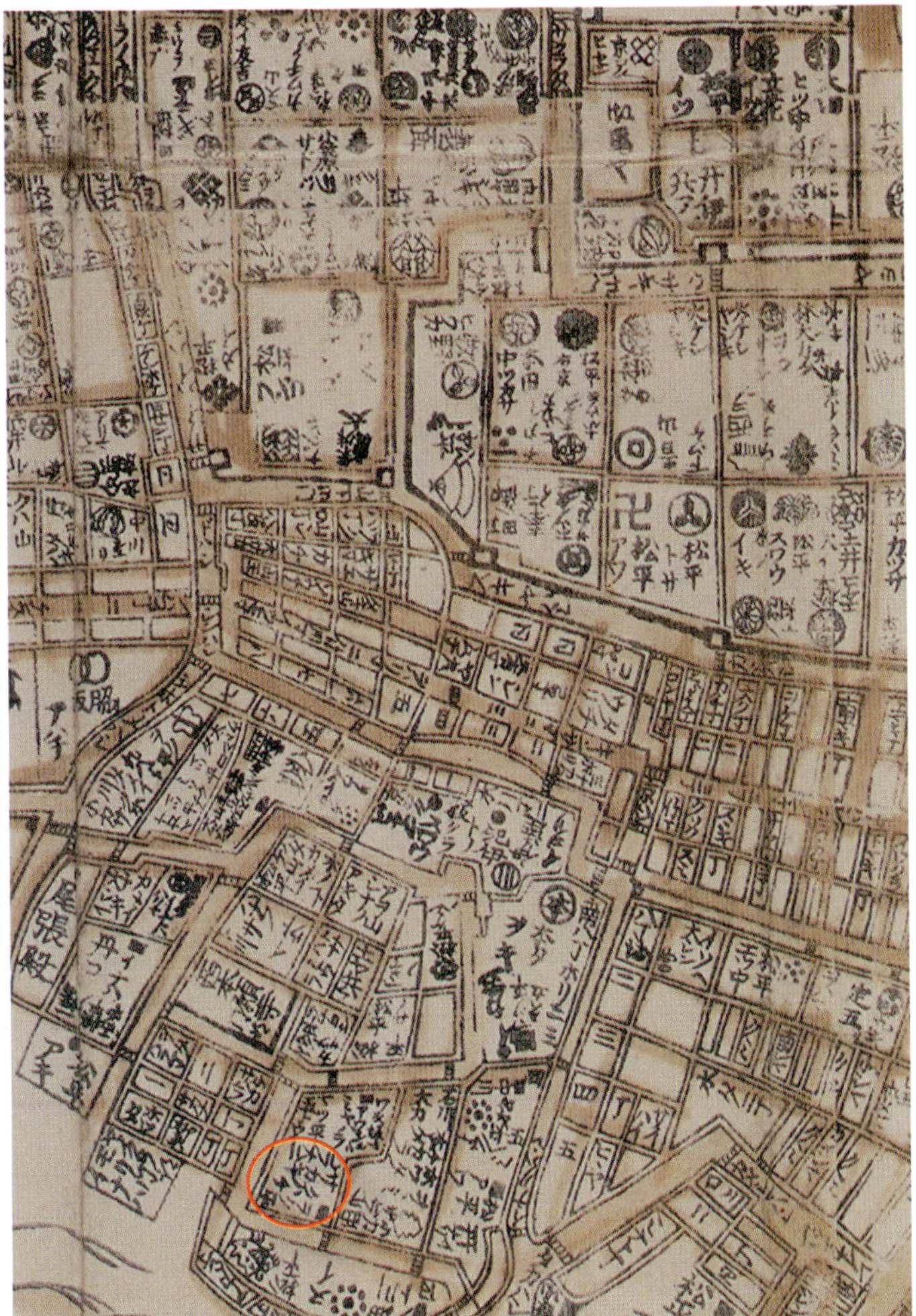

「ヲク平」が →
中津藩中屋敷

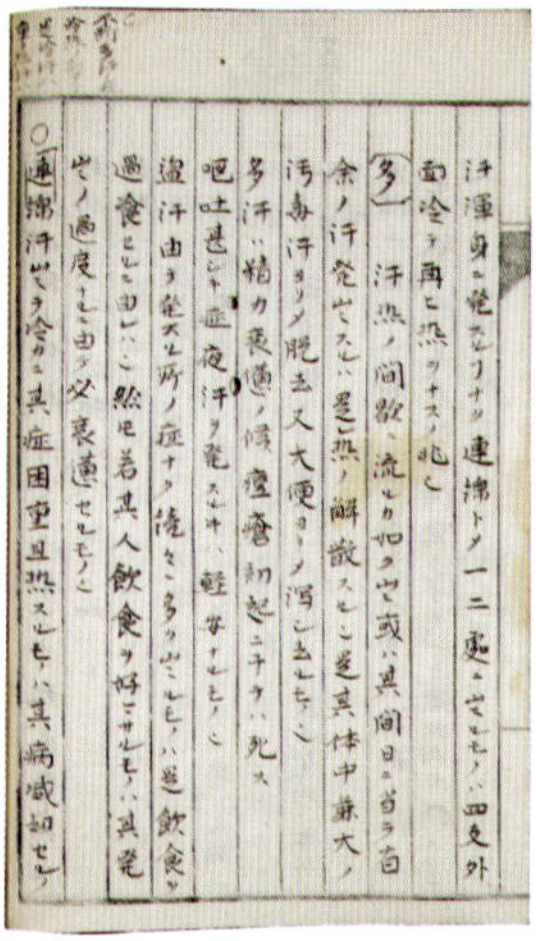

「五液診法」（稿）
（江馬寿美子家文書　個人蔵　岐阜県歴史資料館収蔵）

蘭斎は、良沢からボイセン『医学の実践』の翻訳を託され、文化13年(1816)『五液診法』として刊行した。

「江馬蘭斎肖像」（部分）
（江馬寿美子家文書　個人蔵　岐阜県歴史資料館収蔵）

良沢の晩年の弟子である大垣藩医。良沢を物心両面で支えた。

江馬春齢（蘭斎）宛前野良沢書簡（江馬寿美子家文書　個人蔵　岐阜県歴史資料館収蔵）

正月20日付。良沢が春齢（蘭斎）から「白銀弐両」を受けた礼が述べられている。内容から寛政10年（1798）と推測される。

鹽竈神社（宮城県塩竈市一森山）

奥州一宮であるこの神社の神官藤塚知明は、林子平や高山彦九郎と親交が深かった。

藤塚知明の碑（宮城県塩竈市みのが丘）

藤塚知明の子君敬は、前野家の養子となり前野家を継ぐ。碑文に「中津藩之人前野君敬」とある。

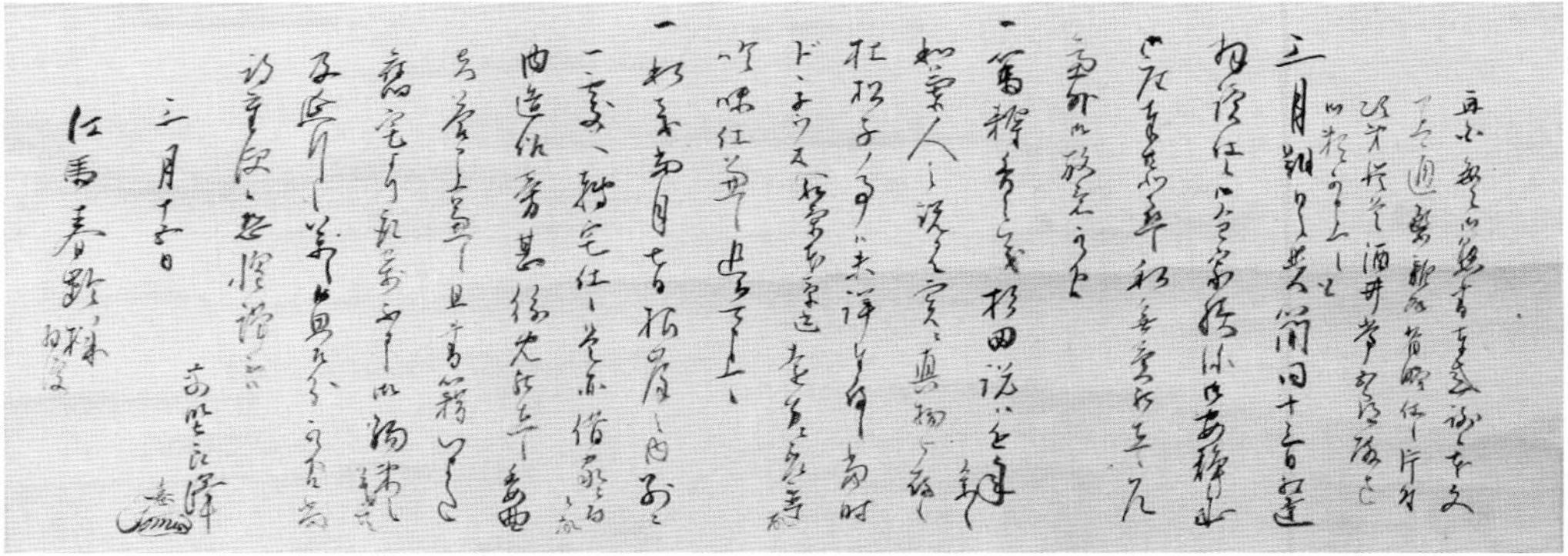

江馬春齢（蘭斎）宛前野良沢書簡（江馬寿美子家文書　個人蔵　岐阜県歴史資料館収蔵）

3月15日付。3月7日に根岸の別の所に転宅したことが記されている。

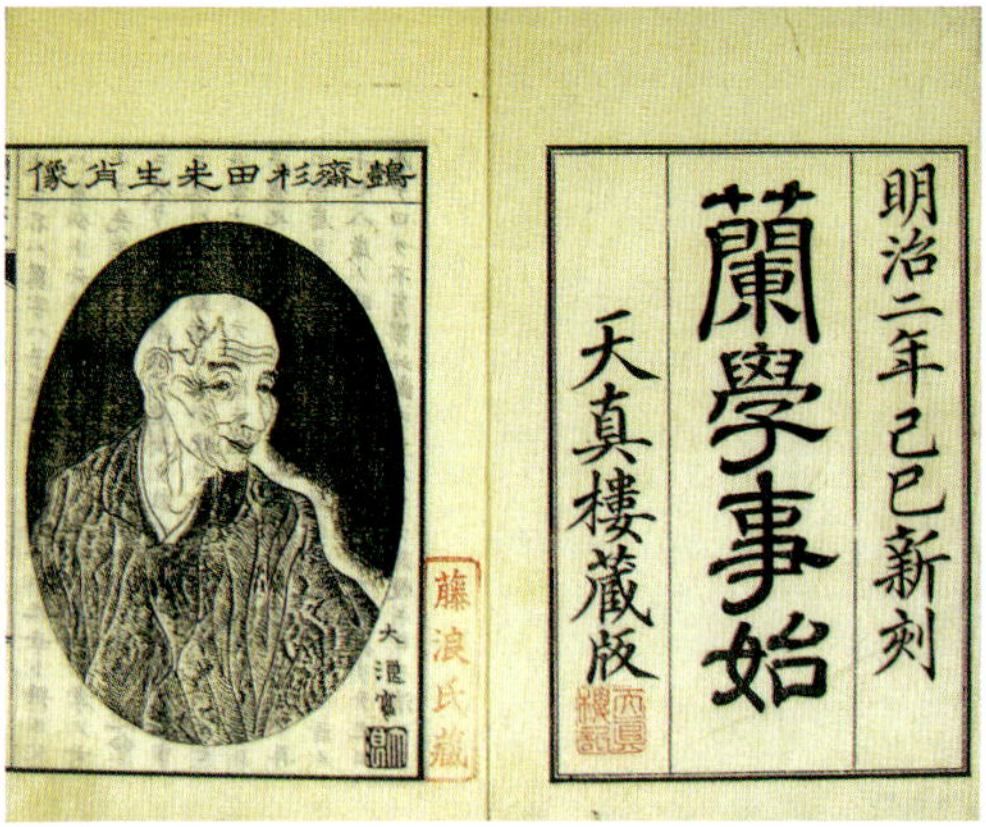

『蘭学事始』（武田科学振興財団杏雨書屋蔵）

杉田玄白晩年の回想録。蘭学草創期、『解体新書』刊行までの苦労や経緯が記されている。明治２年（1869）に福沢諭吉により出版された。

前野家墓碑（東京都杉並区梅里　慶安寺）

中央が良沢一家の墓。大正２年（1913）慶安寺の移転に伴い、池之端（東京都台東区）から現在地に移転した。

良沢　妻　良庵（達）

良沢家墓碑

良沢及び妻、嗣子良庵（達）の名が刻まれている。

前野良沢 ―生涯一日のごとく―

目　次

凡例

・本文の表記は原則として常用漢字・現代かなづかいに準拠したが、人名・地名等の固有名詞、専門用語等については常用漢字以外も使用した。
・引用文はそのまま表記した。
・資料等に関しては、刊行物等は『　』、写本や論文等は「　」で表示した。ただし、「ターヘル・アナトミア」のように一般に流布している資料については、この限りではない。
・年齢は数え年で表記した。
・年月日は、原則として日本語史料に基づく場合は和暦で表記し、必要に応じ西暦を付した。欧文史料に基づく場合は西暦で表記し、必要と思われるものは和暦を付した。
・地名は原則として当時の呼称により、適宜現行地名を付した。

はじめに

連想ゲームで前野良沢と言えば、答は『解体新書』に決まっている。しかし『解体新書』と問えば、答の九割以上は杉田玄白であろう。このギャップは当然のことながら、刊行された『解体新書』の訳者として明記されているのが杉田玄白のみ、という表面的な事実に由来している。中津藩医を長く務めた前野良沢（一七二三－一八〇三）を杉田玄白は「天然の奇士」、良沢を庇護した中津藩主奥平昌鹿は「元来異人」「和蘭人の化物」と呼んだ。同じく藩医（若狭小浜藩医）であった杉田玄白が、生涯医者として精力的に働いたのと比べると、良沢は医業に専念しなかったかに思われる。それでは何をしていたのか。彼の生涯には不明な点が多いが、遺された著訳書三〇種余りの三分の一はオランダ語ないし言語関係、ほかはロシア史・地理・天文・物理・築城と多方面にわたる。医学関係は『解体新書』以外、一種（輸入万能薬テリアカの処方を論じたもの）しかない。前野良沢は、生前一冊も著訳書を出版しようとしなかったが、その仕事は医学・オランダ語学・ロシア史の先駆的業績とされている。彼は「生涯一日のごとく、確乎として動かざりしゆゑ…その業を遂げしもあることと思はるるなり」と杉田玄白にいわしめたのである。

これまでの前野良沢伝は、杉田玄白『蘭学事始』(一八一五稿)に活写された『解体新書』訳述のプロセスを中心に描かれてきた。日記を残さず、個人的史料も乏しい良沢の生きざまを知る上で、『蘭学事始』が第一級の史料であることは論をまたない。また他の根本史料として大槻玄沢『蘭学階悌』(一七八八刊)、野崎謙蔵「蘭化先生碑」(一八〇四稿)、江馬細香「蘭化先生伝」(一八六一年以前成稿)があり、良沢の伝記的研究は、これらに若干の加筆修正をすることで成り立ってきた。史料集も含む岩崎克己『前野蘭化』(一九三八年自費出版、一九九六—九七年に平凡社東洋文庫で再版)は、前野良沢研究の金字塔といえる。一方大分県では小川鼎三「前野良沢」(一九七五、『郷土の先覚者シリーズ第五集』)が、短編ながら岩崎氏の業績に医学史の観点、中津の郷土史を付け加えた(小説と歴史資料を同等に扱っているところは問題だが)。そして先哲史料館が、先行研究の成果をふまえた『前野良沢資料集第一〜三巻』(大分県先哲叢書、二〇〇八—二〇一〇)を出版したところである。

本評伝は、この『前野良沢資料集』全三巻と不可分なもので、資料集編纂の過程で発見した幾つかの事実、新しい解釈を加えている。そして全体としては、オランダ語、蘭学研究に打ちこんだ前野良沢の新しい人物像を描くことをねらいとした。『解体新書』以降の記述に重点を置いたのもそのためである。

なお、本文中の資料引用は、その多くを『前野良沢資料集第一〜三巻』に拠っていることをあらかじめお断りしておく。

第一章

徳川吉宗と青木昆陽

一　徳川吉宗とオランダ

前野良沢がこの世に生をうけた享保八年（一七二三）当時の日本は、八代将軍徳川吉宗（一六八四―一七五一）の治世にあった。吉宗は御三家のひとつ紀伊家徳川光貞（家康の孫）の三男で、享保元年（一七一六）に七代将軍家継の遺言で将軍となった。三〇年近くにおよぶ在職中（一七四五まで）、吉宗が曾祖父家康を手本として将軍親政を強化、貨幣改鋳・定免制などの実現・新田開発・法令編纂等々、幕政改革（享保の改革）を断行したことはよく知られている。文武両道で、幕府中興の英主と称され、珍しく外国人の評価も高い（例えば朝鮮通信使の記録、申維翰『海游録』参照）。

吉宗は実学指向で、暦学に関心が深く、みずから測午儀を作製して吹上御所で天体観測をしたり、長崎の町人学者で天文暦学に詳しい西川如見（本邦初の刊行世界地理書とされる『華夷通商考』の編者）を江戸に招いて質問したりしたが、オランダへの興味もなみなみならぬものがあった。

幕府は寛永一八年（一六四一）にオランダ東インド会社（世界最初の株式会社、略称ＶＯＣ）の平戸商館を出島に移転させ、日蘭貿易を管轄下に置いたが、このいわゆる「鎖国」政策の一環としてオランダ商館長の御礼参り（「江戸参府」という）を義務づけていた。出島商館は、一七世紀オランダの黄金時代を支えた会社のドル箱でもあったし、オランダ側もこの機会を利用して日本の高官の歓心を買おうと努めたのはいうまでもない。商館長一行は、将軍一家や幕閣に毎回高価なプレゼントを用意し、くだらない質問や要求にも答えたのである。

享保二年（一七一七）春、半年ほど前に将軍を継いだ吉宗は、初めて簾《みす》をあげてオランダ人一行と会した。オランダ人はオランダの歌を歌うよう命ぜられ、次にダンスもさせられた。それから箸を渡され、固ゆで玉子を箸で食べなければならなかった。オランダ人一行は将軍の健康や幕府・江戸の繁栄、日蘭貿易の進展などを願って五回乾杯し、その後も日本語を話せ、年はいくつだ、オランダと日本、バタフィア（VOCのアジアにおける拠点、現インドネシアのジャカルタ）と日本の距離はとたたみかけられ、吉宗はその会話を聞きながら、幾度も笑ったという。そして一人が渡された紙とペン（筆）で一行全員の名前を書かされると、吉宗はそれを読み、今度は商館長を前屈《まえかが》みにさせ、身長を尋ねた。六フィートと答えた商館長アウエル（J.Aouwer）は、測定されるのではと思ったようだ。吉宗はさらにオランダ人が着ている衣服についてこまごま名称を聞いたので、アウエルは、誰か服を脱がなければならなくなるのを恐れたが、それはなかった。オランダ商館長の日記に見えるこのようなエピソードからも、吉宗の旺盛な好奇心がうかがえる（"*The Deshima Diaries Marginalia 1700-1740*"）。

この拝礼は西暦四月一二日で、その前日の一一日（陰暦二月三〇日）にオランダ人は通詞から一冊の本を示され、書中の動物の名前を訳せるかと尋ねられた（この日付について沼田次郎『洋学』は四月九日拝礼終了後の一一日としているが、オランダ商館長の日記によれば、拝礼は九日ではなく一二

①

②

③

図１　ヨンストン『動物図譜』(①〜③)（1660年刊より）（個人蔵）

日である)。赤いロシア革の装丁の本は、一六六三年に商館長インデイク(H.Indijck)が献上したヨンストンの『動物図譜』で、良い状態のまま将軍の書庫に納められていた。インデイクはドドネウスの『本草書』も同時に献上、これら二書は吉宗以降、活用されて蘭学の発展に寄与するのだが、特に前者(通称ヨンストンス)は、日本の洋風画・銅版画の発達にも大きな影響をおよぼした。ポーランド人ヤン・ヨンストン(Jan Jonston)が四足動物・魚・無血水棲動物・鳥・環節動物・蛇・竜の六部門を解説し、メリアン(M.Merian)による精密な銅版挿図を付した同書は、科学史家の評価はともかく、当時のヨーロッパ社会で人気を博したといわれる。原本はラテン語だが、日本にはアムステルダム一六六〇年刊の蘭訳本が舶載され、これが記念すべき最初の蘭書だという(上野益三『洋学史事典』)。実際は「最初の蘭書」ではないのだが、ライオン・サイ・馬などの銅版画(図1)は、現代の私たちの目も釘付けにする迫力なので、吉宗の目を驚かせたのもうなずける。

享保五年(一七二〇)、吉宗は禁書令を緩和した。「禁書」は本来、キリスト教関係の漢籍が対象で、寛永七年(一六三〇)に始まり、明末清初のイエズス会士による天主教系漢籍(キリスト教の教義書や天文学・数学等の科学・技術書)の流入を禁じたものである。また、蘭書についても出島オランダ商館日記一六四一年一〇月三一日の条に、

印刷した書籍は、医薬・外科・航海に関するものの外は日本に持って来てはならぬ、この事はバ

タビアに着いて必ず総督に報告すべきである。

（『長崎オランダ商館の日記　第一輯』）

と記されているので、一定の制約があったことは間違いない。しかし、キリスト磔刑図など一目瞭然の例を除き、蘭書の検閲が厳重に行われていたかどうかは疑問である。現に、幕府の直轄地長崎で異文化交渉の最前線にいたオランダ通詞が使っていた『アベブック（*AB Boek*）』（図2）に「主の祈り」が入っていたり、舶載蘭書の序文に「神を賛美する」等のキリスト教的表現がしばしば見られたりするからだ。

図2　*AB Boek*（1781年版）（個人蔵）

天主教系漢籍にしても、同一書が禁書と解禁を幾度も繰り返して流通した例は多い。前野良沢が参考にしたマテオ・リッチ（利瑪竇）にもそのような例がある。

同じ年（一七二〇）、野呂元丈（医者・本草学者、一六九三－一七六一）が幕府の採薬御用を命ぜられ、諸国での薬草調査・採集を始めることになる。二〇年後に青木昆陽とともにオランダ語学習を吉宗に命じられ、ヨンストンスから「阿蘭陀禽獣虫魚図和解」、ドドネウスから「阿蘭陀本草和解」をなす人物である。

吉宗はその後も馬の改良のために洋馬を注文し、馬術師ケイズル（H. J. Keyser）を招いて乗馬術・馬療法を教授させたり、珍しい植物や薬草をオランダ人に船載させ、小石川薬園に試植させたり、薬種国産化・殖産興業につながる政策を次々と打ち出した。享保九年（一七二四）に幕府の医師を江戸参府のオランダ商館長・商館医と対談させ、以後これが恒例となったことも蘭学史にとって重要である。オランダ人への注文・質問は、望遠鏡・時計・武器等々からビイドロ（硝子）・サボン（石けん）・バター製造法まで多種多様であったことも知られている。

吉宗が中国の科学技術にも多大な関心を寄せていたのは勿論だが、オランダを介してもたらされるヨーロッパの学術への興味が勝《まさ》ったことが、元文五年（一七四〇）に青木昆陽・野呂元丈にオランダ語学習を命じるにいたった背景と考えられる。次に前野良沢の師となる青木昆陽について述べる。

二　青木昆陽のオランダ語学習

「甘藷先生」こと青木昆陽（一六九八－一七六九、図3）は名を敦書《あつのり》、通称を文蔵といい（昆陽は号）、江戸日本橋魚河岸の魚問屋の子として生まれた。家を継がず、京都の伊藤東涯（古学派）に学び、江戸に戻って寺子屋を開いていたが、父母の喪に六年も服したことで長屋の地主加藤枝直（町奉行大岡忠相の組下与力）に人物を認められ、大岡に推挙された。昆陽は以前から救荒作物として研究していたサツマイモの利点や栽培法を「蕃諸考」にまとめて提出、それが大岡越前守を通じて将軍吉宗の目にとまり、サツマイモ御用掛を命じられてその全国普及に貢献したことはよく知られている。

図3　「青木昆陽肖像」(部分)
(早稲田大学図書館蔵)

昆陽は書物御用・写物御用、さらに御書物御用達（一七三九）、ついには御書物奉行にまで栄達する（一七六七）のだが、幕府に召し出された頃から蘭書やオランダ語に興味を持っていたようだ。

元文五年（一七四〇）春、オランダ文字の質問のためオランダ人との対談を願い出て許可されたこと、同年から明和元年（一七六四）の間に青木昆陽と野呂元丈が一緒あるいは単独で江戸参府のオランダ人と対談した回数が二一回におよぶことは、『大岡日記』等から明らかにされている（『洋学』）。野呂元丈の単独訪問は一回しかないので、昆陽は二四年間に二〇回宿舎の長崎屋に通ったことになる。吉宗の「許可」か「命令」か、微妙なところだが、オランダ語の必要性を十分認識していたはずの吉宗には、青木昆陽の申請が良いきっかけとなったのではないか。

四〇歳を越えてからオランダ語を学んだ昆陽は「和蘭話訳」（一七四三）、「和蘭文字略考」（再修本、一七四六）、「和蘭文訳」（第一集、一七四九）ほか種々の成果を遺した。彼の習得語彙数は、最新の研究で二〇〇〇余語にのぼるという（吉田厚子「青木昆陽における蘭学知識の展開」ほか）。「和蘭話訳」はオランダ語会話文八つについて筆記体で記し、一語ずつカタカナで発音を示した上で、訳語・訳文を解説するのが主な内容。「和蘭文字略考」はアベセ二五文字の太字体・活字体・筆写体とその呼称（カタカナ）、ローマ数字とアラビア数字、オランダ語音節一覧表、日蘭対訳語彙集から成り、「和蘭文訳」は蘭日語彙集で、集録された全単語がオランダの教科書ハッカホールド文法書（B. Hakvoord: *Oprecht Onderwys van de Letter-Konst.* 前野良沢も「和蘭訳筌」などに引用した書）に拠ることが確認されている（片桐一男「青木昆陽の『和蘭文訳』とその原書について」）。これらは長崎のオランダ通詞から学んだ知識で、通詞が蓄積した語彙力を示すものでもある。

前野良沢がいつ頃青木昆陽に入門したのか、これまで唱えられてきた明和三年説と同六年説（一七六六か一七六九）を比較して小川鼎三氏は「今日多くの人は明和六年（一七六九）に良沢が四十七歳で初めて昆陽からオランダ語を学んだと考えている。」その根拠は江馬細香の「蘭化先生伝」で、「明和六年に良沢が四十七才の時昆陽の門に入ったとすると、昆陽はその年の十月十二日に七十二才で病没したので、昆陽のオランダ語の知識が危機一髪というところで良沢に伝わったことになる。」（「前野良沢」）といっておられるが、これは今回、良沢の長崎遊学の時期が確定できたので、完全に否定されるだろう。詳しくは後述する。

いずれにせよ、前野良沢も四〇歳を過ぎてからオランダ語に本格的に取り組むのである。「六十の手習い」という言葉はあるが、文字も文法も日本語とは全く違う外国語の修得は若くても並大抵ではない。幼少期からオランダ人と接触して、家学として日々オランダ語研鑽に励んだ長崎の通詞ですら「アーンテレッケン」が「好き嗜む」意であることを「年五十に及んで」初めて解したという。

かの言語を更に習ひ得んとするには、かように面倒なるものにして、わが輩常に和蘭人に朝夕にしてすら容易に納得し難し。なかなか江戸などに居られて学ばんと思ひ給ふは叶はざることなり。それゆゑ野呂・青木両先生など、御用にて年々この客館へ相越され、一《ひと》かたならず御出精なれども、はかばかしく御合点参らぬなり。（『蘭学事始』）

明和三年（一七六六）に江戸参府に付き添い、前野良沢と杉田玄白にこう語ったのは大通詞西善三郎（?－一七六八）である。西善三郎は、通詞が愛用したマーリンの蘭仏大辞典（Pieter Marin, *Groot Nederduitsh en Fransch Woordenboek.* これは前野良沢ら草創期の蘭学者も愛用した。図4）をもとにして蘭和辞書を編纂しようとした人物で、彼が病気と称して欠勤し、辞書編纂に勤しんでいた様子は、一七六七年のオランダ商館日記にみえるが、作業は未完成のまま病没した。

江戸で初めてオランダ語を学習した野呂元丈（一七六一年に没するまで、前野良沢との接点はおそらくない）と青木昆陽も、西善三郎から見ればまだまだという状況にあったのも、年齢（野呂元丈は青木昆陽より五歳年上なので、五〇歳近くでオランダ語を始めたことになる）を考えれば無理もない。また通詞も、蘭和辞書のない中で、単語帳を頼りに悪戦苦闘していたのが一八世紀の草創期蘭学の時代である。

西善三郎に諭《さと》された杉田玄白は、すぐにオランダ語をあきらめたが、前野良沢はあきらめなかった。彼はいつからそのような性質だったのか。玄白のいう「天然の奇士」の前半生をたどることにしよう。

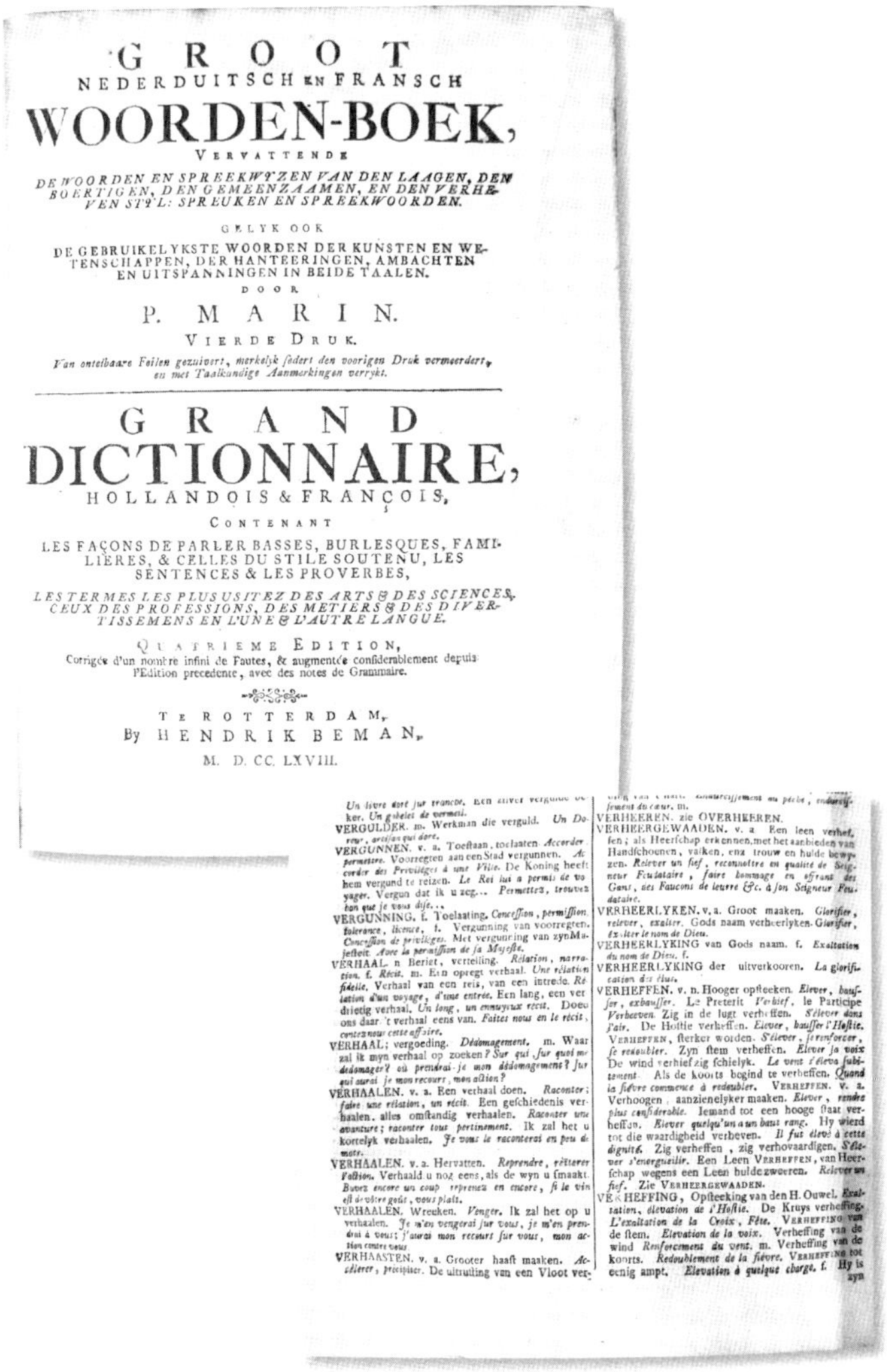

GROOT
NEDERDUITSCH EN FRANSCH
WOORDEN-BOEK,
VERVATTENDE
DE WOORDEN EN SPREEKWYZEN VAN DEN LAAGEN, DEN BOERTIGEN, DEN GEMEENZAAMEN, EN DEN VERHEVEN STYL: SPREUKEN EN SPREEKWOORDEN.
GELYK OOK
DE GEBRUIKELYKSTE WOORDEN DER KUNSTEN EN WETENSCHAPPEN, DER HANTEERINGEN, AMBACHTEN EN UITSPANNINGEN IN BEIDE TAALEN.
DOOR
P. MARIN.
VIERDE DRUK.
Van onteibaare Feilen gezuivert, merkelyk ſedert den voorigen Druk vermeerdert, en met Taalkundige Aanmerkingen verrykt.

GRAND
DICTIONNAIRE,
HOLLANDOIS & FRANÇOIS,
CONTENANT
LES FAÇONS DE PARLER BASSES, BURLESQUES, FAMILIERES, & CELLES DU STILE SOUTENU, LES SENTENCES & LES PROVERBES,
LES TERMES LES PLUS USITEZ DES ARTS & DES SCIENCES, CEUX DES PROFESSIONS, DES METIERS & DES DIVERTISSEMENS EN L'UNE & L'AUTRE LANGUE.
QUATRIEME EDITION,
Corrigée d'un nombre infini de Fautes, & augmentée conſiderablement depuis l'Edition precedente, avec des notes de Grammaire.
TE ROTTERDAM,
By HENDRIK BEMAN,
M. D. CC. LXVIII.

Un livre doré ſur tranche. Een zilver vergulde beker. *Un gobelet de vermeil.*
VERGULDER. m. Werkman die verguld. *Un Doreur, artiſan qui dore.*
VERGUNNEN. v. a. Toeſtaan, toelaaten. *Accorder. permettre.* Voorregten aan een Stad vergunnen. *Accorder des Privilèges à une Ville.* De Koning heeft hem vergund te reizen. *Le Roi lui a permis de voyager.* Vergun dat ik u zeg... *Permettez, trouvez bon que je vous diſe...*
VERGUNNING. f. Toelaating. *Conceſſion, permiſſion. tolerance, licence, f.* Vergunning van voorregten. *Conceſſion de privilèges.* Met vergunning van zyn Majeſteit. *Avec la permiſſion de ſa Majeſté.*
VERHAAL. n Beriet, vertelling. *Rélation, narration. f. Récit. m.* Een opregt verhaal. *Une rélation fidelle.* Verhaal van een reis, van een intrede. *Rélation d'un voyage, d'une entrée.* Een lang, een vertrietig verhaal. *Un long, un ennuyeux récit.* Doet ons daar 't verhaal eens van. *Faites nous en le récit, contez nous cette affaire.*
VERHAAL; vergoeding. *Dédomagement.* m. Waar zal ik myn verhaal op zoeken? *Sur qui, ſur quoi me dedomager? où prendrai-je mon dédomagement? ſur qui aurai je mon recours, mon action?*
VERHAALEN. v. a. Een verhaal doen. *Raconter; faire une rélation, un récit.* Een geſchiedenis verhaalen. alles omſtandig verhaalen. *Raconter une avanture; raconter tout pertinement.* Ik zal het u kortelyk verhaalen. *Je vous le raconterai en peu de mots.*
VERHAALEN. v. a. Hervatten. *Reprendre, rêïterer l'action.* Verhaald u nog eens, als de wyn u ſmaakt. *Buvez encore un coup reprenez en encore, ſi le vin eſt de vôtre goût, vous plait.*
VERHAALEN. Wreeken. *Venger.* Ik zal het op u verhaalen. *Je m'en vengerai ſur vous, je m'en prendrai à vous; j'aurai mon recours ſur vous, mon action contre vous.*
VERHAASTEN. v. a. Grooter haaſt maaken. *Accélerer, précipiter.* De uitruiling van een Vloot ver-

...ſement du cœur. m.
VERHEEREN. zie OVERHEEREN.
VERHEERGEWAADEN. v. a Een leen verheffen; als Heerſchap erkennen, met het aanbieden van Handſchoenen, valken, enz trouw en hulde bewyzen. *Relever un fief, reconnoître en qualité de Seigneur Feudataire, faire hommage en offrant des Gans, des Faucons de leurre &c. à ſon Seigneur Feudataire.*
VERHEERLYKEN. v. a. Groot maaken. *Glorifier, relever, exalter.* Gods naam verheerlyken. *Glorifier, exalter le nom de Dieu.*
VERHEERLYKING van Gods naam. f. *Exaltation du nom de Dieu. f.*
VERHEERLYKING der uitverkooren. *La glorification des élus.*
VERHEFFEN. v. n. Hooger opſteeken. *Elever, hauſſer, exhauſſer.* Le Preterit *Verhief*, le Participe *Verheeven.* Zig in de lugt verheffen. *S'élever dans l'air.* De Hoſtie verheffen. *Elever, hauſſer l'Hoſtie.* VERHEFFEN, ſterker worden. *S'élever, ſe renforcer, ſe redoubler.* Zyn ſtem verheffen. *Elever ſa voix* De wind verhief zig ſchielyk. *Le vent s'éleva ſubitement* Als de koorts begind te verheffen. *Quand la fiévre commence à redoubler.* VERHEFFEN. v. a. Verhoogen, aanzienelyker maaken. *Elever, rendre plus conſiderable.* Iemand tot een hooge ſtaat verheffen. *Elever quelqu'un à un haut rang.* Hy wierd tot die waardigheid verheven. *Il fut élevé à cette dignité.* Zig verheffen, zig verhovaardigen. *S'élever s'enorgueilir.* Een Leen VERHEFFEN, van Heerſchap wegens een Leen hulde zweeren. *Relever un fief.* Zie VERHEERGEWAADEN.
VERHEFFING, Opſteeking van den H. Ouwel. *Exaltation, élevation de l'Hoſtie.* De Kruys verheffing. *L'exaltation de la Croix, Fête.* VERHEFFING van de ſtem. *Elevation de la voix.* Verheffing van de wind *Renforcement du vent.* m. Verheffing van de koorts. *Redoublement de la fiévre.* VERHEFFING tot eenig ampt. *Elevation à quelque charge. f.* Hy is zyn

図4　マーリン『蘭仏大辞典』1768年版（個人蔵）
良沢が何年版を使用したのかは不明。

第二章

前野良沢

―出生から長崎遊学まで―

一　前野良沢の出生と家系

「はじめに」でも述べたが、前野良沢の伝記の根本史料として繰り返し引用されるのは大槻玄沢『蘭学階梯』（一七八八刊）、野崎謙三「蘭化先生碑」（一八〇四）、杉田玄白『蘭学事始』（一八一五稿）、江馬細香「蘭化先生伝」（一八三八－六一の間）で、明治以後に大槻如電「蘭化先生年譜」（一八九四）、富士川游「前野家系図」（一九三四）等が新出の情報を加えている。伝記も含めた前野良沢の研究史は岩崎克己『前野蘭化1』（東洋文庫、初版は一九三八）に整理されており、有意義である[1]。江戸時代の史料と「蘭化先生年譜」には、誤りや大げさな記述もみられるので、可能な限り指摘してゆきたい。

前野良沢に日記や自伝はないが、複数の記録を総合すれば享保八年（一七二三）におそらく江戸で生まれた。この生年は、「享和三年十月十七日」の享年八一歳から逆算したもので、名は熹《よみす》、字は子悦、号は蘭化または楽山、良沢は通称である。名を「余美寿」「Jomis」と自署することもあり、源姓も名乗っていた。

良沢の実の父は筑前藩士谷口新介で、良沢七歳の享保一四年に没したので、「外舅宮田全沢」に養われたという。これは「蘭化先生年譜」にのみ記された情報で、『蘭学事始』の「この人幼少にして孤となり、その伯父淀侯の医師宮田全沢といふ人に養われて成り立ちし男なり」という記述、そして家系図から岩崎克己氏が穿鑿《せんさく》した結論は、家系の上で良沢の曾祖父にあたる前野左京（一七一九没）の娘三人が養子東庵、宮田全沢、谷口新介に嫁したと考えればつじつまが合うというものだ。岩崎氏の考証は綿密だが、「外舅（妻の父）」の考察が何故か抜けている。「年譜」を信用すれば宮田全沢は叔父ではなく祖父になってしまう。また谷口新介なる人物も『福岡藩分限帳集成』をみたかぎりでは探せなかった。このように若干の疑問は残るのだが、今はこれ以上追求するすべがない。

良沢を養育した宮田全沢については『蘭学事始』が詳しく、次の部分がよく引用される。

この全沢、博学の人なりしが、天性奇人にて、万事《よろず》その好むところ常人に異りしにより、その良沢を教育せしところもまた非常なりしとなり。その教へに、人といふ者は、世に廃《すた》れんと思ふ芸能は習ひ置きて末々までも絶えざるやうにし、当時人のすてて世ぬことになりしをばこれをなして、世のために後にその事の残るやうにすべしと教へられしよし。いかさまその教へに違《たが》はず、この良沢といへる男も天然の奇士にてありしなり。専ら医業を励み東洞の流法を信じてその業《わざ》を勤め、遊芸にても、世にすたりし一節截《ひとよぎり》を稽古してその秘曲を極め、またをかしきは、猿若狂言の会ありと聞きて、これも稽古に通ひしこともありたり。かくの如く奇を好む性なりしにより、青木君の門に入りて和蘭の横文字とその一二の国語をも習ひしなり。

これは良沢自身が玄白に語ったのだろうが、まるで奇人の教育（というより調教？）が徹底した結果、良沢も奇人になり、それ故オランダ語を学んだ、といわんばかりである。「東洞の流法」とは、古医方の大成者吉益東洞（一七〇二－七三）の流れの意で、東洞は親試実験を重んじ、万病一毒説を唱えたことで名を成した。良沢の人格形成に決定的な影響をおよぼした宮田全沢も、その著書『医学知津』からみると古方派だったようだ（小川、「前野良沢」）。しかし玄白は、東洞について「陰陽五行の妄説を看破せられしは卓識なれども、外に実徴を取りて折衷すべきもの、備らざる時に生まれし身なれば、其論説する所臆断を免れず、疎漏なる事あり。これ其人の罪にあらず、時未だ開けざるゆゑなるべし」（『形影夜話』）と、決して高い評価はしていない。良沢が「東洞の流法を信じ」たのは、玄白にしてみれば「奇」ゆえだったのだろう。

「一節截」は尺八に似た楽器（図5）で、晩年まで親交のあった中津藩士簗《やな》次正は、良沢にこれを習い、鉄砲洲の中津藩邸でよく合奏していたという。腕前もなかなかのものだったようだ（小川、「前野良沢」、川嶌眞人『医は不仁の術務めて仁をなさんと欲す』）。良沢の門人江馬蘭斎の娘細香の「蘭化先生伝」にも「日以弄尺八為事」というくだりがあるが、玄白には理解できなかったとみえる。江馬細香によれば、良沢は小柄で目立たない男だった。

良沢が前野家を継ぐのは寛延元年（一七四八）、当主東元が二六歳の若さで没した後（東元の享年には疑義があるようだが）、良沢も二六歳であった。家系図によれば、分かるうち最も古いのは良沢

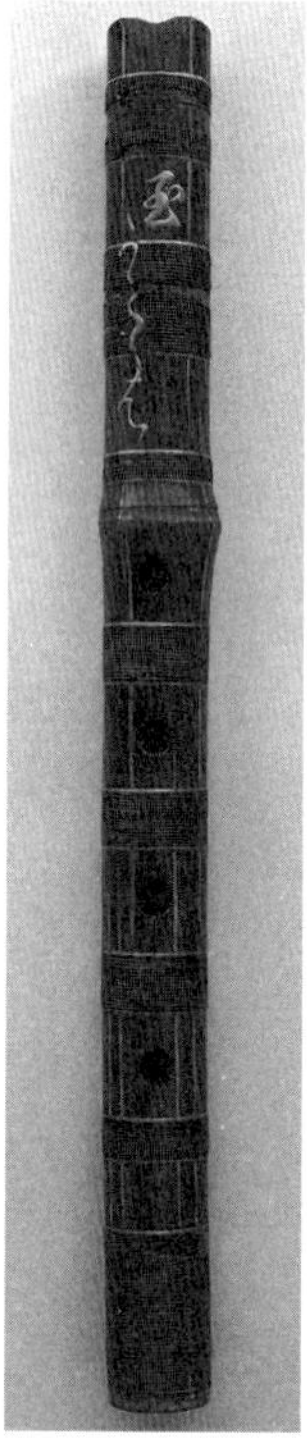

図５　一節截（個人蔵）

約35㎝。良沢と関係の深い簗家に伝来したもの。

の曾祖父に当たる左京で、その養子東庵が元文五年（一七四〇）に没して嫡子東元が継ぐ。「蘭化先生年譜」によれば東庵が「始以医仕中津藩奥平侯。食禄三百石」ということで、前野家が代々中津藩医を務めるのは一八世紀以降と考えられる。ところで江馬細香は、良沢の禄を「二百石」と記している（「蘭化先生伝」）。「三百石」と「二百石」の差は大きい。果たしてどちらが正しいのか。ここで中津藩医についてふれておきたい。

二　中津藩江戸屋敷と「医師」の格

図６　中津藩中屋敷跡にある「蘭学の泉はここに」の碑（右奥）
左は「慶応義塾発祥の地」の碑（東京都中央区明石町）

のちに『解体新書』翻訳の舞台となる中津藩中屋敷は、延宝九年（天和元＝一六八一）に鉄砲洲（東京都中央区明石町）に賜ったもので、藩の江戸屋敷としては他に上屋敷（木挽町・東京都中央区銀座）・下屋敷（高輪二本榎・東京都港区高輪）があった。良沢の居住した中屋敷は、表門通り南北八一間半、路巾五間一尺五寸…惣坪数四一六二坪強という規模で、三〇〇余名が暮らしていた。

上邸は主公一家の居住所なれば…家老以下重要なる勤務者居住し閑職者及び無職の士卒は中邸・下邸に分散居住す（黒屋直房『中津藩史』）

ということは、良沢はやはりヒマだったのか。

中津藩は一帯に家格と門閥の厳しい藩で、藩士間の婚姻でも上下間の通婚には厳しい規則があったばかりか、礼儀作法にも尊卑の差があり、言語・文字から屋敷の広さまで上下で区別されていた。藩士格は第一級から五級まで五段階、第一・二級が「上士」、「儒者・医師・祐筆」は第三級に位置し、儒者と医師は「上士」に準じる扱いであった。江戸育ちの良沢はお国言葉には疎《うと》かったと思われるが、江戸詰藩士・藩医はどのような言葉を日常生活で使っていたのだろうか。興味を覚える。

前野家の禄高が二〇〇石なのか三〇〇石なのかは（閑職にしては多い）、残念ながら確認できなかった。中津藩分限帳がきっちり残っていないためだ。中津市の小幡記念図書館が所蔵する分限帳二種は、活字化されており、一種は「江戸家中分限帳　享和三癸亥年」（図7）と題されている（『中津藩　歴史と風土』第九輯）。享和三年（一八〇三）といえば良沢の没後一年なのだが、中味は明治になってから短冊を貼り合わせて仕立てた代物で、表紙とは別物。そこに登場する「御医師」は「高弐百五拾石　石川元章」を筆頭に、「高弐百五拾石　宮沢精義」「高弐百石　江戸　宇佐美宗悦」等三三名、うち肩に「江戸」と書かれた医師は三名のみである。残りは中津で活躍したはずの人で、根来東庵・村上又玄・大江雲澤・辛嶋正庵・田代一徳・神尾格の名前もみえる。幕末の江戸詰藩医で幕末から明治初めにかけ中津に屋敷を構えた「前野春澤」が「高百石」で掲載されているのをみつけたことが、この「看板に偽りのある史料」から得られたわずかな収穫だった。ただし、前野家の墓碑に「春澤」という名は見えないので、この人物と良沢の関係は不詳。前野家の良沢の時代の禄高も不明のままである。

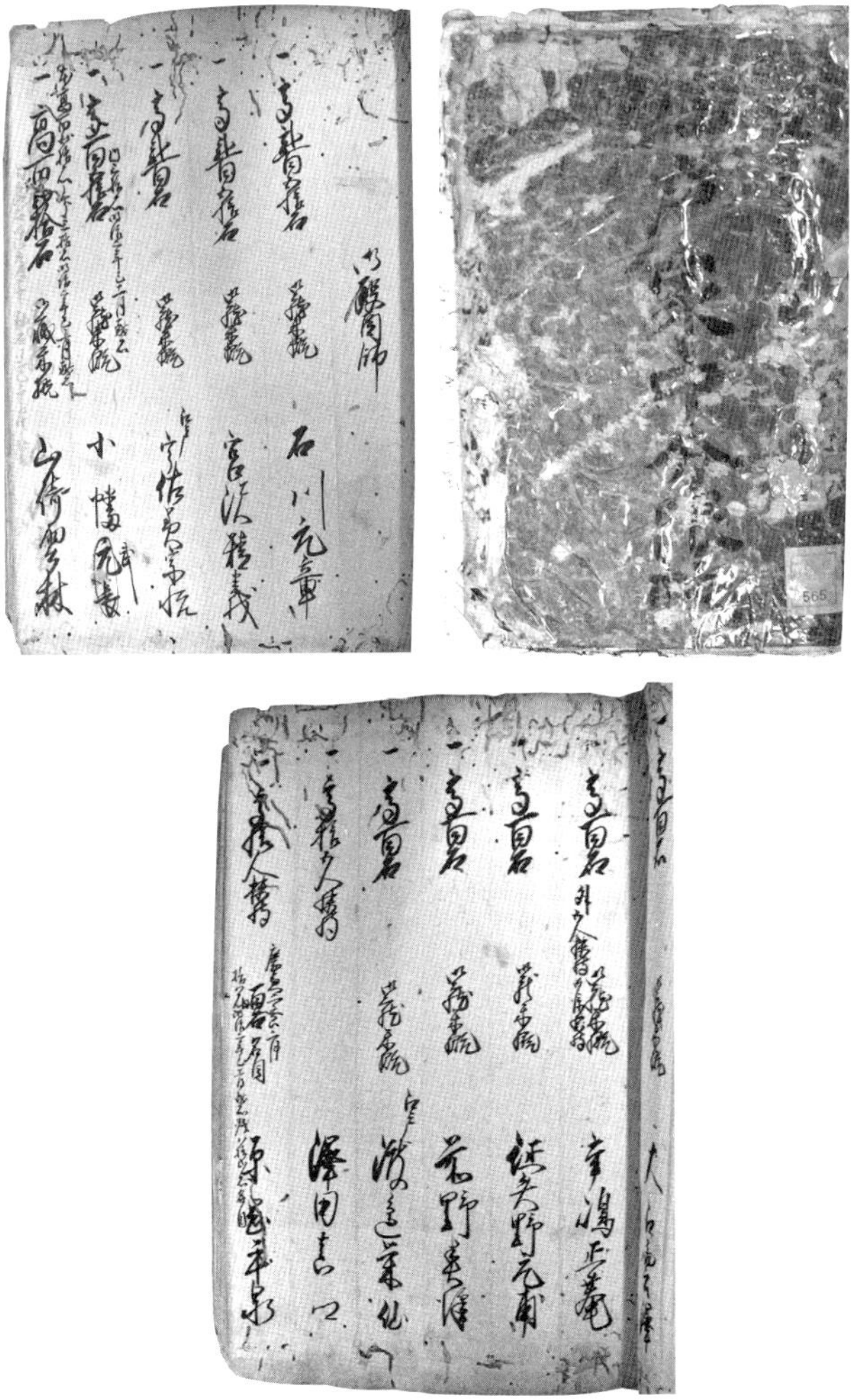

図7　「江戸家中分限帳　享和三癸亥年」（大分県中津市立小幡記念図書館蔵）
中央に「前野春澤」とある。

三　オランダ語との出会い

良沢について岩崎克己氏は、「要するに蘭語研究に着手する迄の彼は、医家としても、亦た趣味人としても、精々非凡人中の平凡人、或いは平凡人中の非凡人の程度を、往来していたものではなかろうか。」（『前野蘭化1』）と厳しくいっておられるが、たしかに地味で平板な前半生にみえる。それではいつ、良沢はオランダ語研究を始めたのか、これも諸説あって、判定が難しい。

まず良沢が「予弱齢ノ時、藩ノ士坂江鷗ナル者ヨリ和蘭都書ノ脱簡ヲ得テ初テ本国ノ文字ヲ見ル。後昆陽青木先生ノ和蘭話訳ヲ読テ初テ言語ノ一端ヲ知レリ」と「蘭訳筌」（一七七一）に記している。「和蘭話訳」は寛保三年（一七四三）成立なので、「言語ノ一端」を知ったのは良沢二一歳以降、初めてオランダ文字を見たのはそれ以前とすると十代の可能性もある。そうであれば「弱齢」にふさわしい。

ところが「蘭化先生年譜」は明和三年（一七六六）、良沢四四歳の項に「先生始覧蘭書零紙。有欲読之志」としている。根拠は不明だし、良沢自身の弁明とかけ離れているので訂正すべきだろう。もしかすると大槻如電の祖父大槻玄沢が『蘭学階梯』に、

東都城南鉄砲洲ト云所ニ、蘭化先生ト云人アリ。医ヲ以テ世々中津侯ニ仕フ。天資豪邁ニシテ、

異書ヲ探リ、奇思ニ耽ケル。其性、世ノ未ダ発セザル者ヲ発セントスルノ癖アリ。

とした上で、ある日坂江鷗という藩の隠士が蘭書の残編をみせると、「忽然と」読んで理解しようと志し、紹介を求めて青木昆陽の塾に入門、昆陽も熱心に教えたと記している（つまり坂江鷗の一件と青木昆陽入門が直結している）のが影響したのかもしれない。

他に「四十七歳」始業説もある。この根拠は、良沢晩年の愛弟子、大垣藩医江馬蘭斎が入門の際、自分はすでに四十七歳なので、オランダ語を勉強しても難しいのではないかと聞くと、自分も同じ年で勉強を始めたのだから大丈夫、と励ましたことにある（江馬細香「蘭化先生伝」）。また寛政三年（一七九一）頃の最上徳内宛かと思われる書簡の「熹四十八ヨリコレヲ学デ今歳犬馬ノ齢六十九」という記述を根拠にした「四十八歳」説もないわけではない。しかし、『解体新書』翻訳開始時（良沢四九歳）に彼が一定の語学力を有し、杉田玄白ら記述グループ一同にオランダ語を教授しながら作業を進めていったという事実を考えれば、四七、四八歳始業説には無理がある。これらの年齢は、あくまで「本格的に」始めたという意味でいったのだろうし、励ましや謙遜の気持ちでさばを読んだ可能性もある。

明和三年（一七六六）春、杉田玄白は前野良沢に誘われて、初めて江戸参府のオランダ人を宿舎（長崎屋）に訪ね、大通詞西善三郎と対談した。（緒方富雄校注『蘭学事始』の註記による。しかし片桐一男『杉田玄白』によれば、玄白は明和二年に平賀源内・中川淳庵らと長崎屋を訪問している）。良沢は訪問理由を「通詞に逢うて和蘭のことを聞き、模様により蘭語なども問ひ尋ねんがためなり」といっている（『蘭学事始』）。この時、西善三郎は、前述のようにオランダ語学習の困難を説いたのだが、この時点で良沢はすでにオランダ語を学び始めていたことが推測される。

良沢の青木昆陽入門時期についても、これまで「明和三年説」と「明和六年説」が並び称されてきたが、これは長崎遊学を「明和六年」とみるか「明和七年」とするかの問題と連動しており、今回中津藩史料により、長崎遊学は「明和六年」と確定した（長崎遊学のところで再述する）ので、「明和六年説」は完全に否定される。すなわち、明和六年（一七六九）一〇月に七二歳で没する昆陽にその年の初めに入門したとしても、夏に江戸を出発して中津へ向かう良沢には半年あまりの時間しかなかったし、この年二月に藩主奥平昌鹿の婚礼もあった（「記註撮要」）。良沢にとって敬愛する大切な君主である。バタバタして、オランダ語を学ぶ環境にはなかったであろう。

杉田玄白はこのことについて「これは青木先生長崎より帰府の後のことと聞ゆ。先生長崎へ行かれしは延享の頃にやと思はる。良沢の入門は宝暦の末、明和の初年、歳四十余の時なりしか。これ医師にて常人の学べるはじめなるべし」（『蘭学事始』）といっている。青木昆陽の長崎遊学は、大岡忠相の日記からも否定され、その事実は無かったというのが現在の通説だが、「宝暦の末、明和の初年、歳四十余年の時」は、明和三年にすでにオランダ語を学び始めていた（良沢四四歳）とすれば、大いにあり得る説となる。長崎屋訪問（明和三年）を可能にしたのは幕臣青木昆陽の紹介ではなかったか。

なお、良沢をさんざん「奇人」呼ばわりする玄白が、ここで「常人」といっているのは「通詞ではない」という意味である（もっとも「寛政三奇人」のように人並みはずれた、優れた人物の意で「奇人」と称することは当時あったようだ）。

四　明和六年の長崎遊学

吉雄耕牛

明和三年（一七六六）以前に青木昆陽に入門していた可能性のある前野良沢は、明和六年（一七六九）春、オランダ商館長の江戸参府に付き添ってきた吉雄耕牛と懇意になり、長崎遊学を志したようだ。きっかけは中津藩邸で奥平昌鹿公の母君が座敷内で脛部を折傷するという不慮の事件で、大騒ぎして何人も医師を呼んだが、幸い耕牛が江戸に居たので招き、療治が効を奏したのである（『蘭学事始』）。

図８　「吉雄耕牛肖像」（部分）
（名古屋市博物館蔵）

吉雄耕牛（一七二四－一八〇〇）は長崎のオランダ通詞・蘭方医で名は永章、通称が幸左衛門、のち耕作、号は耕牛・養浩斎など。ちなみに、祖母は豊前国中津の出身である（『長崎県史　史料編四』所収「明和八年九月阿蘭陀通詞由緒書」）。寛延元年（一七四八）に大通詞に昇進、寛政二年（一七九〇）まで五三年間通詞職にあった。オランダ商館長の江戸参府には一一回付き添い、江戸の蘭学者との関わりも深い。紅毛外科吉雄流の祖として知られ、特にスウェーデンのツュンベリーから、梅毒に有効なスウィーテン水（水銀剤）を教示されたことが注目される。『因液発備』ほか医学書の翻訳も数種あり、『解体新書』には序文を寄せている。彼は政治力にたけ、オランダ人から「通詞仲間のボス」と呼ばれるほどの権勢を誇り、平戸町の吉雄邸（現長崎県庁前・長崎県警察本部。二階が輸入品の調度でしつらえた「オランダ坐敷」になっていた）は、文人・学者が多数訪れる長崎名所であった（片桐一男『江戸の蘭方医学事始　阿蘭陀通詞・吉雄幸左衛門　耕牛』ほか参照）。

図9　吉雄邸跡
（長崎県警察本部正面入り口付近）

ツュンベリー（Carl Peter Thunberg 1743-1828）は、リンネの高弟で安永四年（一七七五）夏に出島商館付医師として来日、安永六年（一七七六）秋までの滞在中に日本の植物・動物を調査して、帰国後に研究成果を出版した。彼の『日本植物誌』は八一二種の植物を扱い、リンネの体系でまとめたもので、多くの学名を日本植物に与えている。また『日本動物誌』でも、数種の昆虫に初めて学名を与えた。

　ツュンベリーはスウェーデン帰国後、ウプサラ大学の教授から学長にまでなるのだが、離日後も日本人と学問的内容を含む文通をしていたことが知られている。

江戸で親交を結んだ桂川甫周と中川淳庵（ともに『解体新書』訳述グループのメンバー）、吉雄耕牛ほかの通詞の書簡計二五通はすべてオランダ語で、現在もウプサラ大学図書館に保存され、日本の蒐集品や標本類も同大学植物学教室で保存・公開されている（『ツュンベリー研究資料』、片桐『江戸の蘭方医学事始』）。

杉田玄白は、明和六年の江戸参府の際、吉雄耕牛からヘイステル（L.Heister）の外科書を借り受け、図版を写した（翻訳は結局門人大槻玄沢に委ねることになるが）。

良沢の長崎遊学について、玄白は次のようにいっている。

その後その主の供にて中津へ行きしかば、侯へ願ひ奉りてかの地へ下り、専ら吉雄、楢林等に従ひて百日ばかりも逗留し、昼夜精一に蘭語を習ひ、先に青木先生より学びし類語と題せる書の諸言を本として復習訂正し、なほこれに足し補ひて僅かに七百余言を習ひ得、それよりかの国の字体文章等のことなどもあらまし聞書して持ち帰りしことありたり。この時少々は蘭書を求めて帰府せり。これ長崎へ外治稽古のためならでかの書説学ばんとて参りし人のはじめなり。

（『蘭学事始』）

その後とは奥平昌鹿（グラビア参照）の母君を吉雄耕牛が治療した後だが、主の伴をして中津から長崎へ行った時期については、従来明和六年説と同七年説があり、それが良沢の青木昆陽入門の時期の推定にも影響していたことは前にも述べた。

「記註撮要」にみる長崎遊学

沼田次郎氏は中津藩の記録「記註撮要」に着目、前野良沢が藩主に従って中津に赴いたのは明和六年の参勤交代時に間違いなく、「六年の十月か十一月頃から百日余りつまり翌七年の一月か二月のあたりまで長崎に遊学して帰藩、三月にはまた藩主に従って江戸に帰ったと考えてよいのではないか」といっておられる（『洋学』）。しかし、「記註撮要」には、時期を特定する決定的な記述がある。

「記註撮要」は享保元年から安政頃まで、九七冊におよぶ国元の記録で、「公儀被仰出類」「御触」「御参勤」「年中行事」「養子縁組」「家督役替」「公用他所行」「私用他所行」「詮議」「変事」「雑事」等々を内容とする（中津市立小幡記念図書館蔵）。そのうち「公用他所行類」の「明和六己丑下巻」に、

一　十一月六日、前野良沢御用有之候ニ付　長崎へ遣され候段申伝事

　但　御借人賃銀渡被下候事　十六日之記ニ有之事

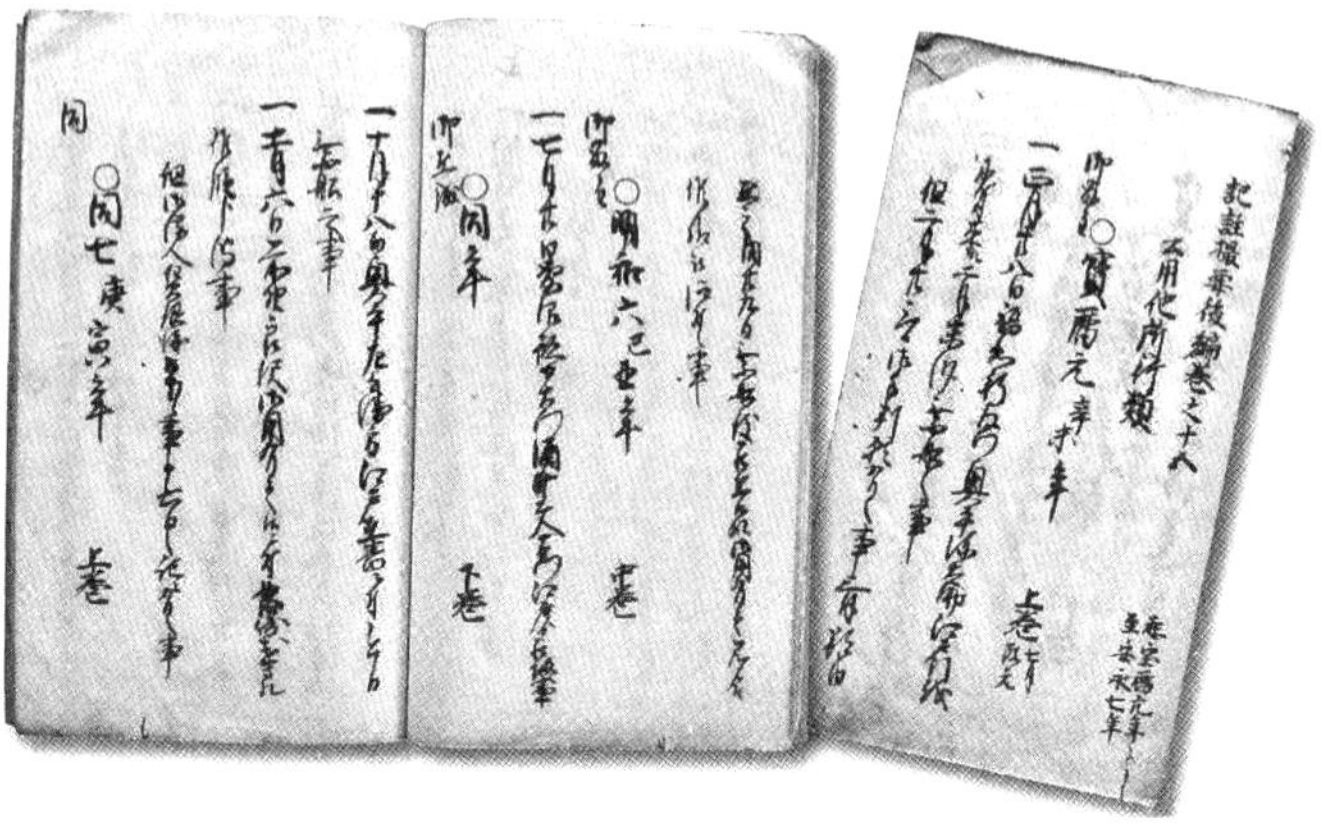

図10　「記註撮要　後編巻之十五　公用他所行類」(大分県中津市立小幡記念図書館蔵)
明和6年11月6日の記事に前野良沢を長崎へ遣したことが記されている。

と記されているのである（引用は『中津藩歴史と風土』第五輯より）。「十六日之記」が何を指すのかは、前後にそれらしい記述がみあたらないので不明だが、良沢が「公用」扱いで一一月六日かその前日あたりに長崎へ向かったこと、それなりの手当もされたことが判明する。

なお、「前野良沢」が「記註撮要」に登場するのはおそらくこの一回のみ、明和～安永期の「公用他所行」「私用他所行」類は全部目を通したが、良沢の長崎再遊の事実も確かめられなかった。大槻玄沢・江馬細香・大槻如電ほか幾人かは「長崎再遊」を主張するが、もしも二度目があったとしたら、中津藩経由以外ありえないので、藩の根本史料に記載されるはずである。明和六年の良沢はすでに四七歳、年齢的にも江戸～長崎を短期間に二往復するとは考えにくい。大槻玄沢と如電、そして杉田玄白は青木昆陽の長崎遊学も主張しているが、これも完全に否定されている（既述）。明治期以降の「洋行帰り」に近い「キャリアの箔付け」の機能を「長崎遊学」は持っていたのだろう。

前野良沢が公用出張のかたちで長崎に行くことができたのは、藩主奥平昌鹿の特別なはからいがあってこそだ。そこで、良沢を語るさいに忘れてはならない人物奥平昌鹿について述べておきたい。

奥平昌鹿

中津藩主奥平昌鹿（一七四四－八〇）の在位は宝暦八年（一七五八）から安永九年（一七八〇）の二三年間だが、三七歳で死去したように、身体は虚弱であったようだ。「記註撮要」をみると「疝《かん》積《しゃく》」の持病があり、体調不良で参勤交代の延期を願い出ることがたびたびある。明和二年（一七六五）以降の動向を史料で追うと、八月二三日には江戸を発って九月一四日中津着、翌三年四月一日中津発で五月一八日に江戸着まではよいが、それから明和六年夏まではあれこれ理由をつけてずっと江戸にいた。「不快」「長旅が体にさわる」等々、どうも江戸の方が暮らしやすく、性に合っていたらしい。その間明和四年昌鹿と改名、同六年二月四日結納、二月一一日婚礼を経て、記述はないが八月頃江戸を出発、九月一八日久しぶりに中津に帰着している。この時前野良沢も同行して、一一月六日頃から「百日ばかり」長崎遊学、明和七年三月二二日に昌鹿に従って中津を発った。

昌鹿が世を去るのは安永九年（一七八〇）夏である。「記註撮要」に次のような記事がみられる

（『中津藩　歴史と風土』第十二輯より関連部分を抽出）。

安永九子年　中巻

御留主

一、七月廿六日、殿様御不快ニ付、為伺御機嫌奥平武兵衛出府被　仰付候、同廿九日、御勝不被遊候間、早々罷出候様、尚又被　仰付候事

一、八月四日、殿様御不快御勝不被遊候ニ付、奥平典書・山崎蔵人方出府被　仰付、後而御免有之候事

一、同五日、奥平修理・奥平織衛両人ヨリ殿様萬々一之儀も御座候ハヽ、御継目御礼相整度内咄有之候事

　但、同六日、御挨拶之事

一、同七日、殿様御逝去ニ付、奥平修理・生田内匠助出府被　仰付候ニ付、段々伺有之、同八日、御挨拶之事

昌鹿はこの年の春までは中津に「御在城」であった。江戸に戻り、七月には病いが重篤になって国元にもその報が伝えられ、動きが慌ただしくなった様子がうかがえる。八月七日というのは、江戸か

らの訃報が届いた日であろう。享年三七歳、良沢は五八歳であった。
昌鹿が親子ほど年の離れた良沢に示した厚意は、『蘭学事始』にほぼ尽くされている。良沢が「天性多病」といって家に閉じこもり、ほとんど人とも付き合わず、オランダ語に通達して蘭書を読むことだけを楽しみに暮らしていても、昌鹿はその志をよく知り、「かれは元来異人なり」と深くとがめもしなかった。それでも本務を怠りがちな良沢について「勤め方疎漫」と告げ口する者がいた。その返答がまさに至言なのである。

日々の治業をつとめるも勤めなり、またその業のためをなし、終《つい》には天下後世生民の有益たることをなさんとするも、とりも直さず、その業を勤むるなり。かれは欲するところありと見ゆれば、そのこのむところに任せ置くべし

こういって告げ口を無視したばかりか、高価なボイセンのプラキテーキ（内科書）（グラビア参照）を求めて印章を押し、良沢に与えたこともあった（このボイセンについては後述する）。また常に「良沢は和蘭人の化物なり」と面白がって言うので、後に良沢がみずからを「蘭化」と称するにいたった。これほどの寵遇ゆえ、良沢は心のまま学問ができたのだし、これは「この学開くべき天助の一つ」だった、と杉田玄白はいう。

昌鹿は良沢の「奇異の才」を愛し、庇護し、良沢はその恩を深く感じつつ修行に励んだはずだ。主君昌鹿の存在がまさに「天助の一つ」、早過ぎる死が良沢に与えた打撃は決して小さくはなかっただろう。

中津藩と長崎

話を良沢の長崎遊学にもどすにあたり、中津藩と長崎の関係を押さえておきたい。当時長崎に蔵屋敷を置いていたのは西国一四藩（福岡・佐賀・熊本・対馬・平戸・小倉・薩摩・長州・久留米・柳川・島原・唐津・大村・五島）で中津藩にはない。蔵屋敷を持たない諸藩は用達商人の町屋敷で事務を代行させ、そのうち独自の用邸を持つ藩も現れるが、中津藩は家老の下に「長崎役」を置き、長崎役が管掌する「長崎御用屋敷」を享保七年（一七二二）五月に設置していた（『中津藩　歴史と風土』第七輯所収　奥平藩制の機構図参照）。用達商人は長崎の有力町人で、二藩掛け持ちの場合もあった。『長崎県史　対外交渉編』所収の「諸藩蔵屋敷と用達商人」一覧表によると、中津藩の用達商人は「本博多町　茶屋新左衛門」（元禄二～三年）、「東浜町　河面重右衛門」（元禄一七年）、「坂田金右衛門」（寛政一一年～文政三年）の三名である。長崎御用屋敷の所在地は不明だが、享保七年以降は用達商人がこの御用屋敷を拠点にしたのかもしれない。

ところで、たびたび紹介している「記註撮要」（十三後編「届　乾」）明和六年己丑年の項に、

一、六月八日　長崎御用達松田四郎太隠居致、悴市太夫へ家督跡役被　仰付候付、御目録三百疋
　被下候段、長崎役より通達有之事

という記事がある。良沢長崎遊学の年の六月に用達商人が松田四郎太から市太夫に代わったようだ。また寛政九年一一月の記事には「松田金右衛門」からの情報がある（「朝鮮国釜山江異国船到着之由尤対州江茂五六艘相見へ候段申来候事」）。『長崎県史』にみえる「坂田金右衛門」は「松田金右衛門」の単純ミスで、少なくとも明和～文政頃は松田家が中津藩の用達商人を務めていたと考えられる。

さらに年代不詳だが「兵備必用附録　長崎御手宛役割帳　拾弐附六番入」と題する史料もあり、影印・読下しが『中津藩　歴史と風土　第十七輯』に収められている。これは「長崎異変之節」に指出す人・馬の数と役割を記したもので、その中に

一、長崎江着致候ハヽ、長照寺並御用立松田輔十郎江人数指出候ニ付、兼々申談置候通、諸事取
　計置呉候様可申通事
一、長崎着致候ハヽ、兼而申渡置候通、御目付江致対談、陣小屋取敷可申事
但、陣場御渡被成候場所次第ニ者候得とも、先者長照寺地内ニ而炊出し致相運ひ候積り候間、

其心得ニて小屋可被申付候

と、やはり「御用立松田輔十郎」が登場する。「長照寺」（長崎市寺町にある日蓮宗の寺）が中津藩と特別な関係にあったらしいことも、この史料から判明する。

図11　長照寺（長崎市寺町）

この用達商人松田は、長崎の反物目利を一八世紀まで務め、その後乙名に転じた家と関係がある。石田千尋『日蘭貿易の史的研究』によれば、宝永五年（一七〇八）に松田金右衛門、享保六年（一七二一）には松田金右衛門と見習松田市太夫が反物目利の職にあったが、享保一七年（一七三二）には松田金右衛門が「乙名ニ替」、その後は一切反物目利の一覧表に出てこない。天明七年の「長崎地役人分限帳」をみると、中津の「御用聞町人」として「南馬町　松田金右衛門」の名があがっている（長崎歴史文化博物館）。また寛政三年以降は、松田金右衛門・松田友太郎・松田金右衛門・松田輔十郎・松田市太夫・松田金次郎が今町の乙名を務めたようだ。

松田四郎太については、長崎歴史文化博物館の「酉三月」の

「惣町乙名組頭筆者日行使無役之者分限帳」には「南馬町乙名　松田四郎太」とある。酉の年は明和二年（一七六五）もそうなので、明和六年に隠居した松田四郎太と同一人物であろう。いずれにせよ公用で出張した前野良沢が、親から用達商人を継いだ松田市太夫に大いに世話になったであろうことは想像にかたくない。

中津から長崎へ

明和六年（一七六九）一一月六日頃に長崎へ向かった良沢は、どのルートを通ったのだろうか。良沢が旅の途中で太宰府天満宮（福岡県太宰府市）に立ち寄り、学問の大成と名利を求めないことを誓ったという話（野崎謙蔵「蘭化先生碑」）は、『解体新書』に名前がない理由としてよく語られるし、当時は多くの旅人が長崎街道の内野・山家・原田（いずれも福岡県）の三宿で休んだ後、それぞれの宿場から太宰府天満宮へ向かう参詣道を通って「さいふまいり」をした（九州歴史資料館『長崎街道』）。良沢もおそらく往路で太宰府に詣で、復路は寄り道せずに中津にもどったと思われる。

ここで同じ頃、国東半島の富永村（大分県国東市）から中津経由で長崎に遊学した三浦梅園（晋、字は安貞、一七二三－八九）の例をみてみたい。自然の探求に没頭し、生涯のほとんどを生まれ故郷で過ごした梅園は、二三歳（一七四五）と五六歳（一七七八）で二度、長崎遊学を果たした。特に二度目の体験は、「帰山録」「西遊日記」に詳述されている。彼はこの時八月一三日に富永村を出発、一

図12 『イタリア図』(個人蔵・三浦梅園資料館収蔵)
ゾイター (Georg Matthäus Seutter, 1647-1756)はドイツの著名な地図製作者。

六日に中津、二一日に英彦山、小石原から太宰府へ向かい、二五日には久留米、二七日に佐賀、二八日武雄、二九日有田、九月二日大村を経て九月六日に長崎に到着した。

梅園は一〇月一日までの滞在中、吉雄耕牛宅をたびたび訪問、蘭書・望遠鏡・顕微鏡・タルモメエトル（温度計）やロヤール（夜行性の猿、オランダ語luiaardはナマケモノの意だが、当時ロヤール、ロイアールルトと称されたのは、東南アジア産の原猿スローロリス）を目にしている。またオランダ語アルファベットを習い、ブラウ世界地図の星座図と地図の一部を謄写したのも遊学の成果といえる。梅園資料館にあるゾイターのイタリア図（図12）も、「帰山録」に関連する記述があるので、吉雄耕牛に贈られたものかもしれない。耕牛との交流はその後も続くのだが、彼の復路は長崎―武雄―唐津―博多―赤間―中津―富永村というルートをたどり、一二日間で長崎から帰着した（『陸の道・海の道』）。

中津から長崎へは、日田街道と長崎街道の組み合わせが数種あり、前野良沢のルートは記録がないため推測するしかないが、往路は三浦梅園と同じ道をたどった可能性がある。復路は最短距離をとったとして、往復何日かかったのだろうか。中津と長崎の往復は、最速で二〇日であった（「記註撮要」）。寄り道をすれば三〇日にはなる。良沢の長崎遊学は「百日斗り」（『蘭学事始』）あるいは「十旬」の暇（「蘭化先生伝」）といわれるが、一一月六日から翌年三月初め（三月二一日に中津を発って江戸に向かう長旅を考えれば、遅くとも三月初めには中津にもどっていたはず）の日数から三〇日を引いた九〇日弱が、実質的な長崎滞在期間ということになる。

良沢が長崎でどこに滞在したのかも、史料がないのではっきりしないが、「公用」出張となれば、中津藩長崎屋敷か御用達の松田家が考えられる。

五　長崎遊学の成果

江戸に帰ってから明和八年（一七七一）にまとめた「蘭訳筌」には、

崎陽ニ到リ訳人吉雄幸左衛門・楢林栄左衛門ナル者ニ就テ西洋ノ医術ヲ学ビ、随テ其言辞ヲ質問スルニ至ル

「蘭訳筌」

と書かれている。吉雄幸左衛門（耕牛）と楢林栄左衛門（高完、一七二二－八七）の二人の通詞が良沢のオランダ語の師となり、医術は吉雄耕牛に就いて学んだのだろうが、同じく長崎遊学の成果である「蘭言随筆」に茂節右衛門・小川悦之進も登場する。小川は「蘭訳筌」にも言及があるので、良沢は吉雄・楢林以外にも複数の通詞からオランダ語を学んだことがわかる。

「蘭訳筌」（図13）は、『前野良沢資料集第二巻』所収本（鶴峯戊申自筆写本の謄写本、鶴峯本は関東大震災で焼失）が現存する唯一の写本で、内容は良沢のオランダ語学習の動機（「予弱齢ノ時　藩ノ士坂江鷗ナル者ヨリ和蘭都書ノ脱簡ヲ得テ　初テ本国ノ文字ヲ見ル」）、オランダ語の文字・字体・数字・音韻の紹介、一二の単語・一七の短文の発音と訳である。

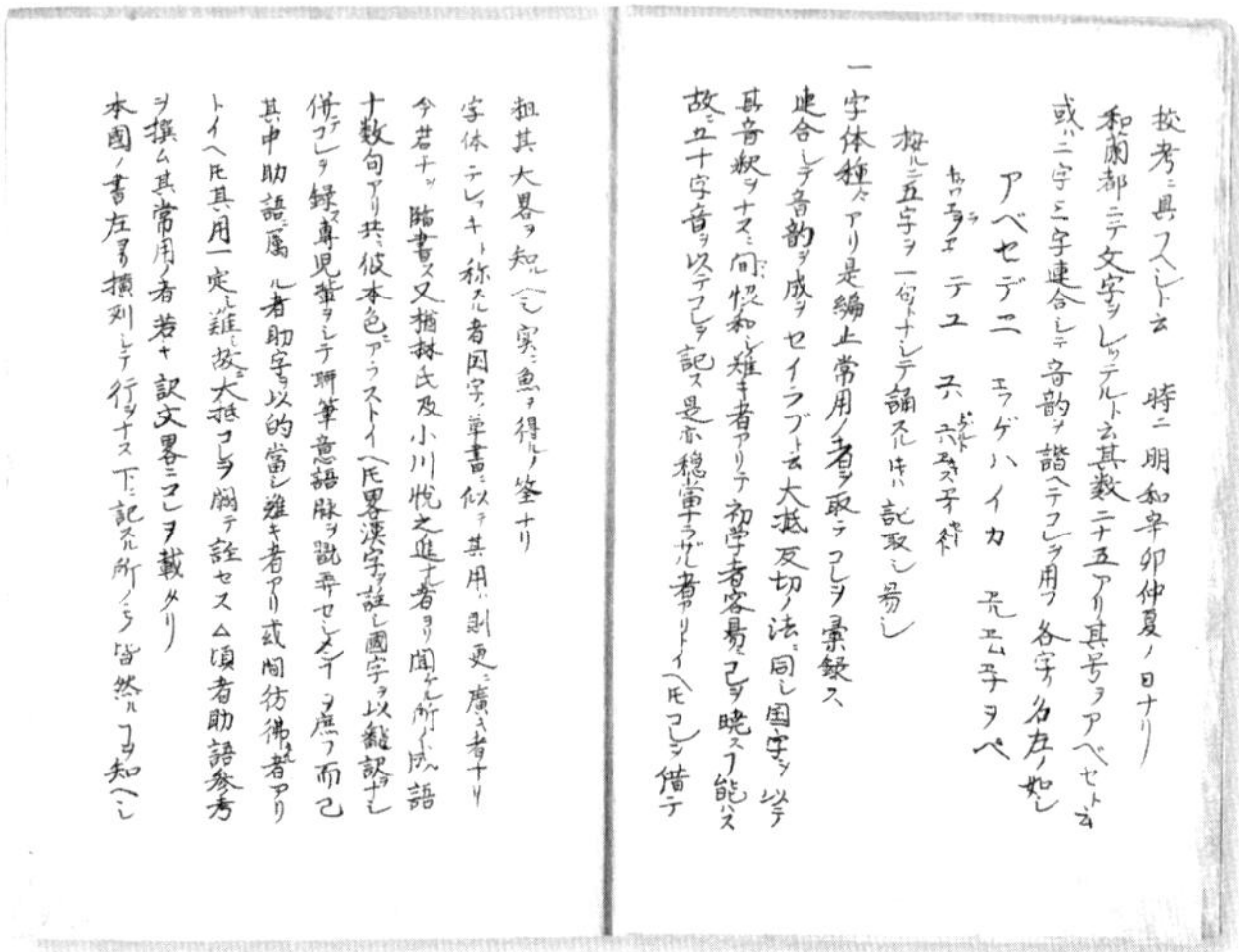

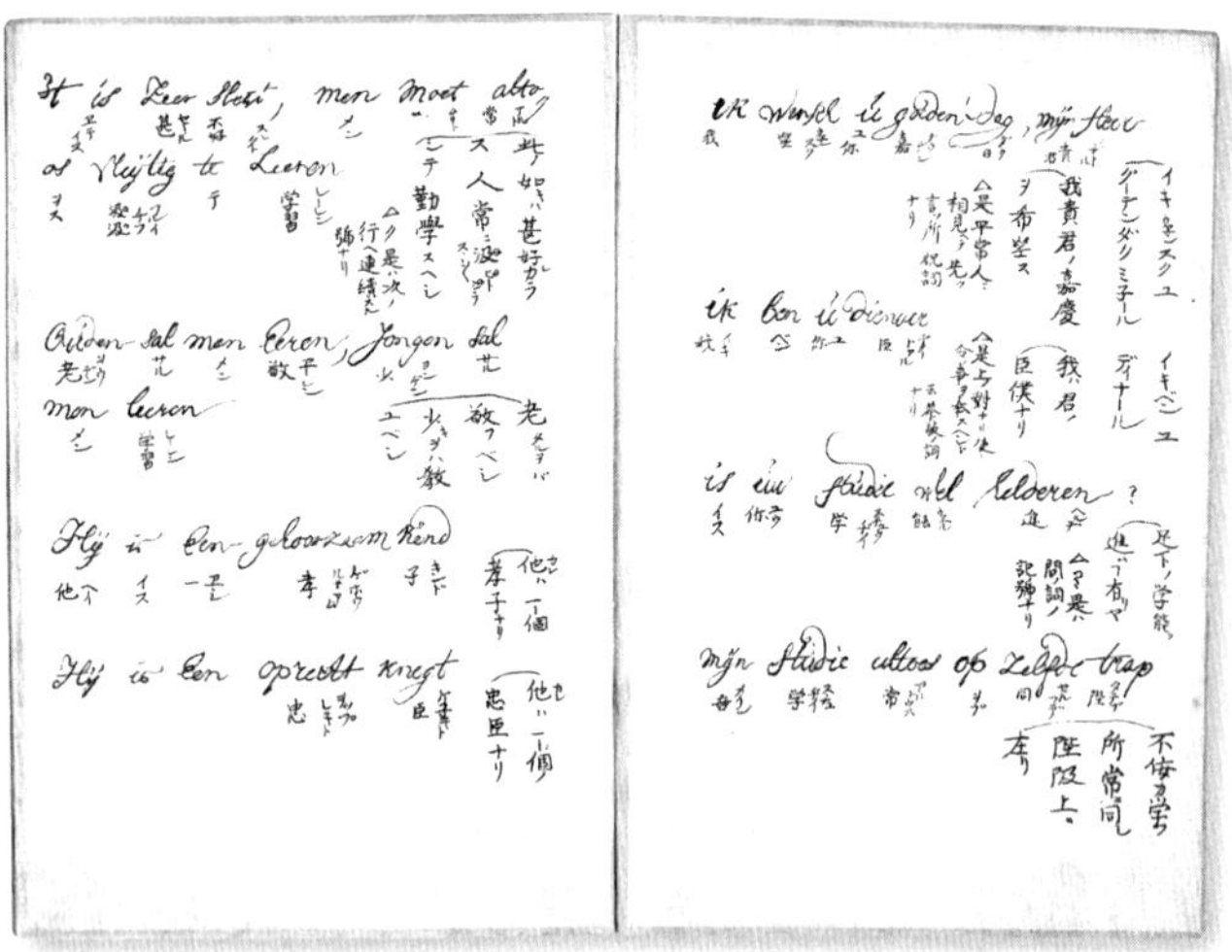

図13　「蘭訳筌」(京都大学文学研究科蔵)

冒頭で、最近しきりに求める人がいるので、青木昆陽の著作に倣《なら》ってこの小著を成したと述べているが、「時ニ明和辛卯仲夏ノ日ナリ」というのは明和八年（一七七一）五月、三月四日に小塚原（以下骨ケ原）の刑場で解屍を見学、「ターヘル・アナトミア」訳読を開始して二か月ほどの頃である。『解体新書』訳述グループにオランダ語の基礎を説くためのテキストだったと考えられる。

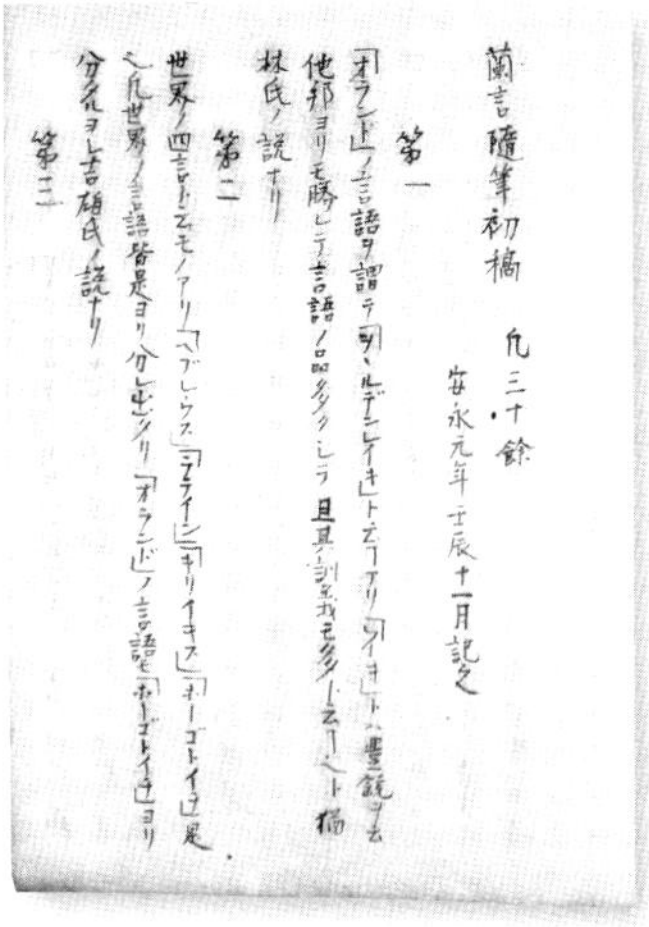
蘭言随筆初稿　凡三十餘
安永元年壬辰十一月記之
第一
林氏ノ説ナリ
第二
世界ノ四言ト云モノアリ「ヘブレウス」「ラテイン」「キリイキス」「ホーゴトイチ」是也
凡世界ノ言語皆是ヨリ分レ出タリ「オランド」ノ言語ハ「ホーゴトイチ」ヨリ
第三

図14　①「蘭言随筆初稿」（①、②）（一関市博物館蔵）

「蘭言随筆初稿」

次に安永元年（一七七二）一一月に成った「蘭言随筆初稿」は類似の「蘭語随筆」の草稿とも考えられるが、三〇項目にわたり、良沢が通詞に投げかけた質疑応答に論評を加えたものである（図14）。「蘭語随筆」の詳しい考察は岩崎克己氏に譲るが（『前野蘭化1』）、ここでも幾つかの例は示しておきたい。

世界ノ四言ト云モノアリ「ヘブレウス」「ラテイン」「キリイキス」「ホーゴドイチ」是也　凡世界ノ言語皆是ヨリ分レ出タリ　「オランド」

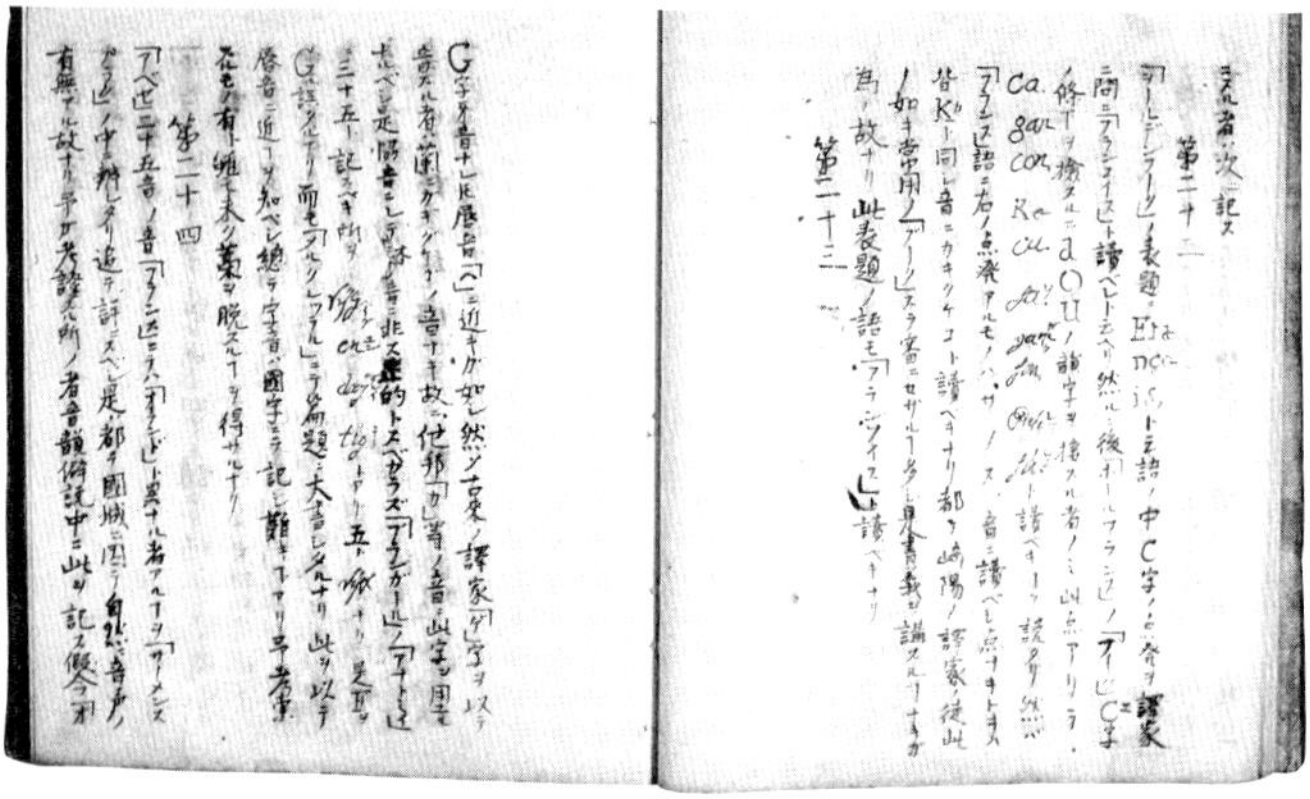

図14　②

ノ言語モ「ホーゴトイチ」ヨリ分タルヨシ　吉雄氏
ノ説ナリ

ヘブライ語・ラテン語・ギリシア語・高地ドイツ（ゲルマン）語が「世界の四言」というこの説に対し、辞書でこの説を検討した良沢は、

上ノ訳家ノ説ニ　凡世界ノ四言ト云コト穏ナラズ
訳家ニテ「ウェーレルド」ト云コトヲ世界ト訳ス
今按ルニ独世界トノミ訳スベカラズ　区域トモ訳ス
ベキナリ　然レバ「エウロッパ」州中ノ四言ト云ウ
コトナルベシ

と通詞の説を批判する。彼は何事も徹底しなければすまない気質なので、「C字」はオランダ語では「K字」と同じ牙音（カキクケコ）、ラテン語・フランス語では歯

音（サシスセソ）だという「楢林氏ノ説」に対しても、辞書を検索して証拠をあげ、反駁している。
良沢は他にも言語名と国名の違い、オランダ語に外来語が多いことと方言差があること、通詞の翻訳には長崎方言があって江戸人良沢には通じ難いことを認識し、「ハルマ」と「マーリン」の辞書を比べると「マーリン」の方が良いことを「吉雄氏」に教わった（良沢はこの説に従って「マーリン」を購入、その後も愛用した）。我が国を「イヤパン」と呼ぶことの語源的考察は、のちに孫弟子山村昌永の世界地理書『訂正増訳采覧異言』に引用された。

しかし良沢が最もこだわったのはオランダ語の音声である。「エル」と「エラ」、即ちLとRの発音の弁別が難しいのを容易にする方策として、Lを支那の半舌音、Rを半歯音に比定し（岩崎克己氏によれば驚嘆すべき卓見）、アクセントの有無による母音の変化にも注目した。オランダ語の特徴的な子音「G」の考察もユニークだ。

G音牙音ナレトモ唇音「ヘ」ニ近キガ如シ　然シテ古来ノ訳家「ゲ」字ヲ以テ音スル者ハ　蘭ニガギグゲゴ　ノ音ナキ故ニ　他邦「カ」等ノ音ニ　此字ヲ用ユルナルベシ　是協音ニシテ本音ニ非ス　正的トスベカラズ　「ブランガール」ノ「アナトミイ」ニ二十五ト記スベキ所ヲ　vijg《ヘイグ》 en《エン》 drij《デレイ》 tig《チク》トアリ　五ハ vijf ナリ　是FヲGニ誤タルナリ　而モ「メルクレッテル」ニテ篇題ニ大書シタルナリ　此ヲ以テ唇音ニ近コトヲ知ベシ　総テ字音ハ国字ニテ記シ難キコトアリ

予考索スルモノ有ト雖モ　未タ藁ヲ脱スルコトヲ得サルナリ

長崎で入手し、『解体新書』の訳述のさいも利用したブランカルトの解剖書（Stephan Blankaart, *De nieuwe hervormde anatomie*. Amsterdam, 1678. 或いは *Anatomia practica rationalis.*）に「三十五」が「メルクレッテル」（merkletter 印刷用の字体つまり活字体）で大書してあるのをみて、「ゲ」よりも唇音「ヘ」に近いと主張するのである。

「G」は口蓋摩擦音で、発音記号は〔g〕（国際音声字母 IPA では〔ɣ〕または〔x〕）、日本語にはない音なので、実のところ「ゲ」でも「ヘ」でもない。耳が鋭敏だったのか、オランダ語を日本語で表記するのは難しいことを良沢は認識していた。オランダ通詞が妥協して「ゲ」としていたのに納得せず、彼はさらに努力工夫して驚くべきカナ表記を発明するのだが、それについては後述する。

「蘭言随筆初稿」が成るのは安永元年一一月、『解体新書』訳読の最中である。また書中に「音韻僻説」「地名考」の自著があることを述べている。通詞への質問や疑問のレベルからも、良沢が長崎遊学以前にオランダ語を一定程度学んでいたことが確認できる。良沢の語彙数について、青木昆陽に就いて「五百語」（江馬細香）、「六七百言」、「七百余言」（杉田玄白）などというが、単語帳を得たという意味にとどまらず、音韻も含めてオランダ語を言語学的に考察した点が重要である。

長崎で得た知識を批判的に検証するオランダ語研究は、良沢のライフワークとなり、その後も「思思未通」「和蘭訳文略草稿」「字学小成草稿」「仁言私説」等々の著作が生み出されることになる（これらの内容は後述する）。

オランダ語以外の遊学の成果といえば、蘭書を購入したことである。これも「数部」（江馬細香）、「少々」（杉田玄白）、「訳家ニ秘蔵セシ彼ノ邦釈辞ノ書、並ニ医術ノ書、五六部」（大槻玄沢）といろいろだが、玄沢が最も具体的で真実に近そうだ。『解体新書』には「ターヘル・アナトミア」は勿論、参考書の「安武児《アンブル》外科書解体篇」「武蘭加児《ブランカール》解体書異本」が「中津藩医前野良沢蔵スル所」と記されている（同書凡例）。「安武児」は、フランス人アンブロアズ・パレ（Ambroise Paré 1517?-90）の『外科書解体篇』であろうとされるが、小川鼎三氏によれば、『解体新書』挿図の記号とは合致しない。また「武蘭加児」は先に述べたStephan（Steven）Blankaart（1650-1702）の解剖書の「異本」（岩波『洋学下』参照）。これら医学書三冊に加え、マーリン『蘭仏・仏蘭辞典』一部二冊か『蘭仏辞典』のみ一冊（Pieter Marin , *Compleet Fransch en Nederduitsch woordenboek*. 又は *Groot Nederduitsch en Fransch woordenboek*. 何年の版かは不明）、「ヤンロウイス」蘭仏辞典（Ian Louys D'Arsy , *Het Groote Woorden-Boeck, vervattende den Schat der Nederlantsche Tale met een fransche uyt-legginghe*. Utrecht,1643. または後年の版）、メイエル『語彙宝函』（L.Meyer , *Woordenschat*. 1745）、さらに「ビクロトン」「キリアヌス」も、彼の著作の年代から、長崎で購入した可能性がある。「ビクロトン」はM.Binnartusの『蘭羅辞典』をJohannes de Wildeが改訂した書（一七一九刊）で、副題に *Biglotton amplificatum*

（二言語対訳辞典　増補版）とあるもの。「キリアヌス」は Cornelis Kilianus（?-1607）の『ドイツ語（オランダ語）－ラテン語－フランス語対訳辞典』（一六四二刊）を指すという（原田裕司「前野良沢のラテン語辞典と近世日本輸入ラテン語学書誌」）。

以上のように医学書三冊と辞書三冊はほぼ確実、ラテン語辞典二冊ももしかすると購入して、良沢は明和七年（一七七〇）三月二二日に中津を出発、五月九日に江戸に帰り着いたのである（「記註撮要」）。中津藩にとっては出費のかさむ、しかし良沢にとっては実り多い長崎遊学であった。

第三章

『解体新書』

一　杉田玄白と「ターヘル・アナトミア」

良沢が江戸にもどって、長崎で得たオランダ語の知識を整理していたであろう明和八年（一七七一）春、江戸参府のオランダ商館長一行が携えてきた蘭書の中に「ターヘル・アナトミア」と「カスパリュス・アナトミア」があった。かねてオランダや西洋本草学に興味を持っていた若狭藩医中川淳庵が長崎屋を訪ね、希望者があれば譲るというそれらの書を、同僚杉田玄白にみせたところ、玄白は一目みるなり欲しがったという。ところが高価で、とても自分では買えない。そこで藩主酒井忠用の重臣を介して、必ず役立てるとの約束で藩に購入してもらったのである。玄白が入手した最初の蘭書だった（『蘭学事始』）。オランダ語を全く解さない玄白がなぜそこまで執心したのか、ここで杉田玄白の経歴をみてみたい。

杉田玄白

杉田玄白（一七三三－一八一七）は名を翼《たすく》、字を子鳳、号を鷧斎《いさい》といい（玄白は通称）、享保一八年（一七三三）に、小浜藩医杉田甫仙の子として江戸牛込の小浜藩邸内で生まれた。難産で母は死去、八歳で小浜詰となった父に従って小浜へ行き、一三歳の時、父とともに江戸にもどった。漢学を徂徠派の宮瀬竜門に、オランダ流外科を西玄哲に学ぶ。外科は杉田家の家学であった。

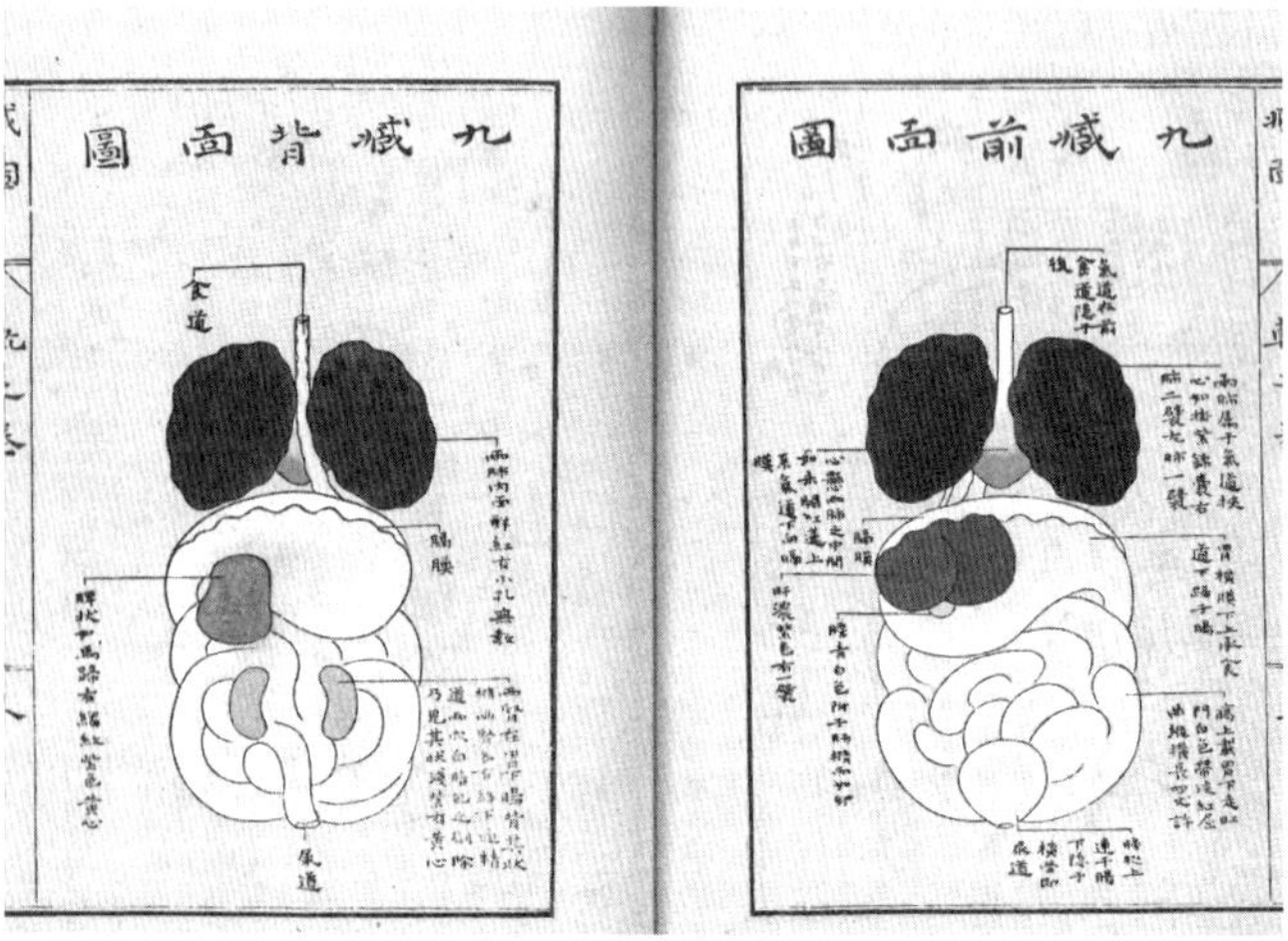

図15　『蔵志』（復刻版）（大分県立先哲史料館蔵）

宝暦四年（一七五四）、山脇東洋（一七〇五－六二）が日本で初めての解屍（腑分と同じ、解剖のこと。以下腑分）を京都で公許のもと行い、従来の五臓六腑説が誤りで、人体の内景は西洋の解剖書の図と一致することを主張した。

この記録は宝暦九年（一七五九）に『蔵志』（図15）として出版されるが、腑分を許したのは京都所司代の小浜藩主酒井忠用、願書に連署したのは小浜藩医で東洋の門人あるいは学友の原松庵・伊藤友信・小杉玄適であった。このうち小杉玄適が、腑分に立ち会ったのち江戸に出て、杉田玄白にその様子と親試実験の大切さを語ったので、玄白は刺激を受けたようだ。この時玄白は二二歳だが、血気盛んな若者とみえ、二六歳の頃には、和・漢・洋の外科療法を集成し、それを漢文にして「不及ながら唐人までも、日本流の外科為致可申」と著述を企てていた（『和蘭医事問答』）。

そして明和三年（一七六六）三四歳の時、前野良沢とともに長崎屋を訪問、大通詞西善三郎にオランダ語学習について質問し、一旦はあきらめたことは前に述べた。しかし、明和六年（一七六九）春には、江戸参府中の吉雄耕牛からヘイステル外科書を借りて挿図を写し、吉雄に入門している。

このような経緯で明和八年（一七七一）、「ターヘル・アナトミア」を藩の援助で入手したのである。

「ターヘル・アナトミア」

杉田玄白が『蘭学事始』でそう呼んだことで一般に知られるようになった「ターヘル・アナトミア」の正確な書名は、ドイツ語原著 *Anatomische Tabellen.* の蘭訳本 *Ontleedkundige Tafelen.* である。著書はドイツ人医学者でダンチヒ（現ポーランド、グダニスク）の解剖学教授ヨハン・アダム・クルムス（Johann Adam Kulmus, 1689-1745）で、原著の初版は一七二二年（他に一七二一年説、一七二五年説もある）、外科の実用書・入門書として人気を博し、ラテン語・フランス語・オランダ語版、ドイツ語版それぞれが繰り返し刊行された。海賊版も出たという。大阪の杏雨書屋には、各国語訳を含む二〇種三三点の「ターヘル・アナトミア」がある（『解体新書とターヘル・アナトミア―解剖図の洋風表現―』）。

『解体新書』の原書は、ライデンの外科医ヘラルドゥス・ディクテン（Gerardus Dicten）がオランダ語に訳し、一七三四年にアムステルダムで刊行されたもの。冒頭にライデン大学解剖学・外科教授ベルナルドゥス・ジークフリート・アルビーヌス（Bernhardus Siegfried Albinus 1697–1770）へのディクテンの献辞と訳者の序文が一八ページ分、著者クルムスの序文四ページ、目次二ページ、本文二四九ページ、人名索引四ページ、ラテン語の用語索引七ページ、人体各部の銅版挿図が二〇枚という構成である。冒頭の「献辞」は、『解体新書』でも後の『重訂解体新書』でも翻訳されることはなかったが、アルビーヌスは解剖学上重要な人物なので、紹介しておきたい。

アルビーヌス

アルビーヌスはドイツに生まれたが、父が母校ライデン大学の医学教授に就任したため一七〇二年にオランダ・ライデンに移住、若くしてライデン大学でラウ（Johannes Jacobs Rau 1668–1719）、ビドロー（Godfried Bidloo, 1649–1713）、デッケルス（Frederik Dekkers 1648–1720）、ブールハーヴェ（Herman Boerhaave, 1668–1738）に学んだ。ラウは一七一三―一九年に医学教授として外科学・解剖学を講じた人物、ビドローは外科学・医学教授（一六九四―一七一三）、デッケルスは実用医学の教授（一六九四―一七一九）。一八世紀ライデン学統の巨峰、医学教育におけるベッドサイド・ティーチングの創始者であるブールハーヴェは、一七〇九―三八年に植物学・医学・化学の教授を歴任、一時期学長も務めた。外国への影響力も大きく、日本の蘭学にも深い関わりを持つ文字通りの大

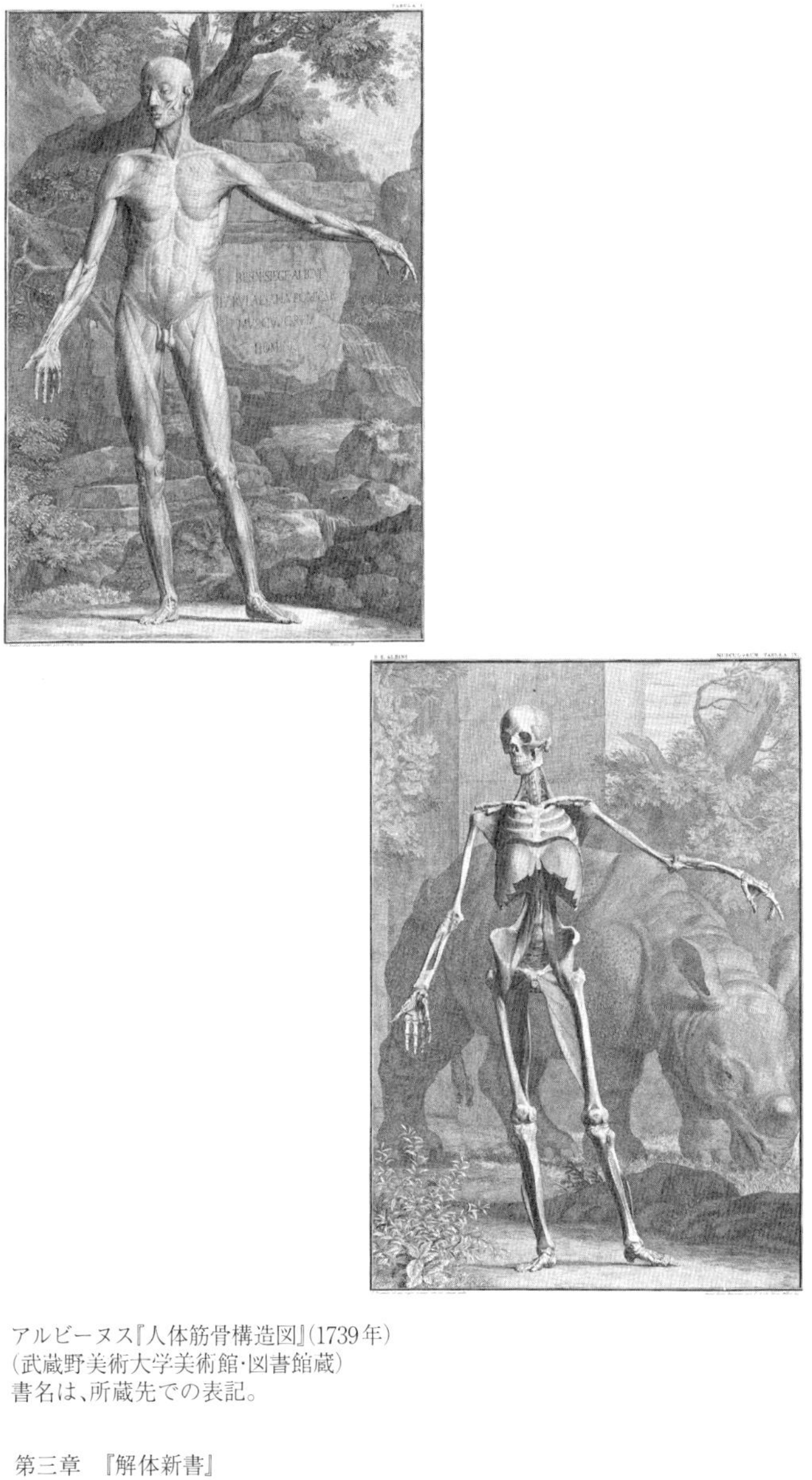

図16　アルビーヌス『人体筋骨構造図』(1739年)
(武蔵野美術大学美術館・図書館蔵)
書名は、所蔵先での表記。

家である。このようなそうそうたる教授陣の教えを受けたアルビーヌスは、一七二一年に二四歳で父の死を承けて解剖学・外科学教授に任命された。彼はヴェサリウス、エウスタキオらの有名解剖書を出版、自身も銅版画家ワンデラールと組んで代表作『人体の筋肉と骨格の構造(*Tabulae sceleti et musculorum corporis humani*)』を出版したが、これは人体の理想的な美しさ、解剖学的な正確さが際立ち、以後の銅版解剖図に多大な影響を与えたという(図16参照、『死にいたる美術－メメント・モリ』)。

アルビーヌスは一七四五年からは医学・生理学教授を務めたが、ほぼ同時代に医学の多分野で活躍したペトゥルス・カンペル(Petrus Camper, 1722–89)は彼について de grote Albinus(偉大なアルビーヌス)、de prins der anatomen(解剖学界のプリンス＝解剖王子?)と呼んだという話がある(Baumann, *Uit drie eeuwen Nederlandse Geneeskunde.*)。アルビーヌスの弟子として解剖学を学んだらしいディクテンも、学恩への最大級の感謝と敬意を込めて、一七三三年一二月二〇日付けでクルムスの蘭訳をアルビーヌスに献呈している。

杉田玄白も前野良沢も、この「献辞」には目をとめることもなく、ひたすら精密な人体各部の銅版画とその解説に目を凝らしたのだろう。銅版画を制作したのは、著名な画家ヤン・カスパル・フィリプス(Jan Caspar Philips, ca.1700–75)、これまた現代人の目をも驚かすに足る出来映えである(図17)。『解体新書』で訳されたのは原著書クルムスの序文と本文、つまり詳細かつ厖大な脚注を除い

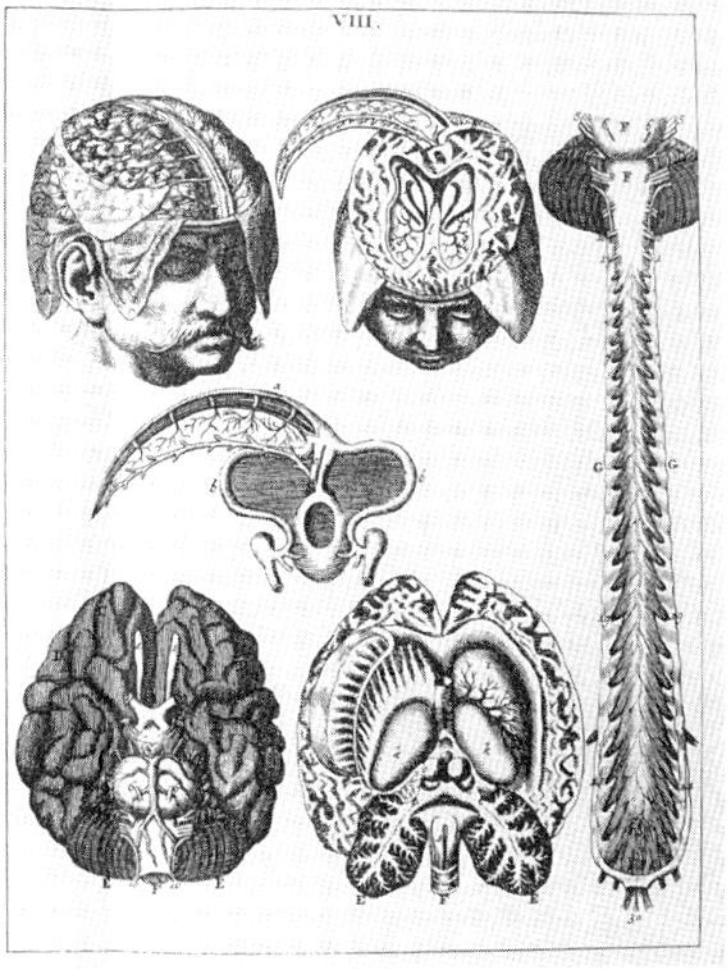

図17　①「ターヘル・アナトミア」挿図（①、②）
（復刻版）
（図17〜20、22、23 大分県立先哲史料館蔵）

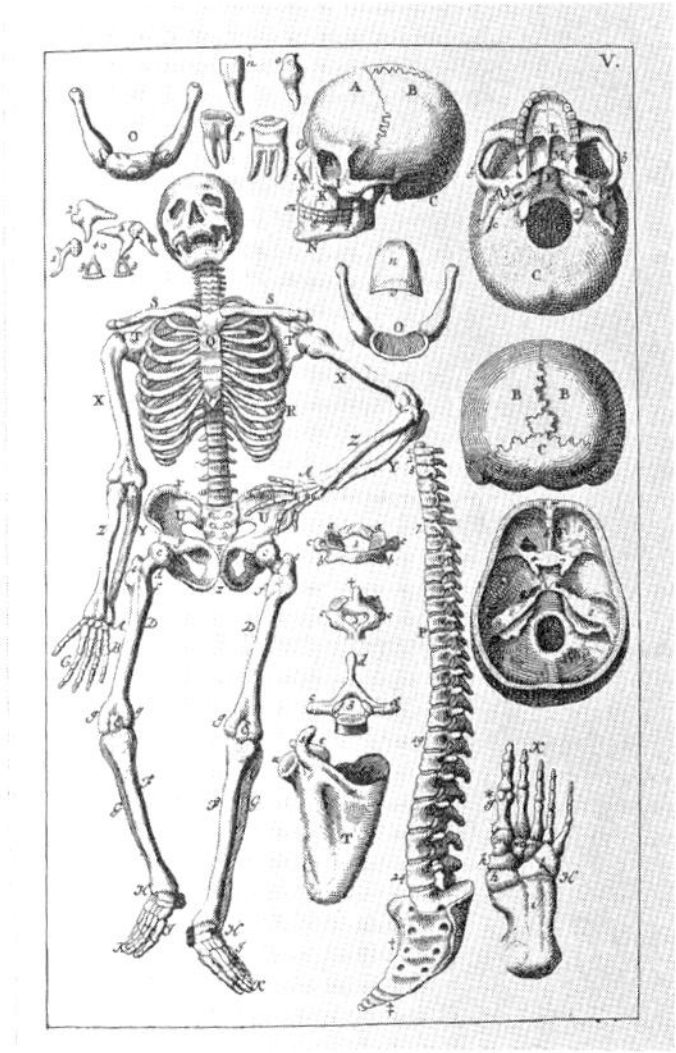

②

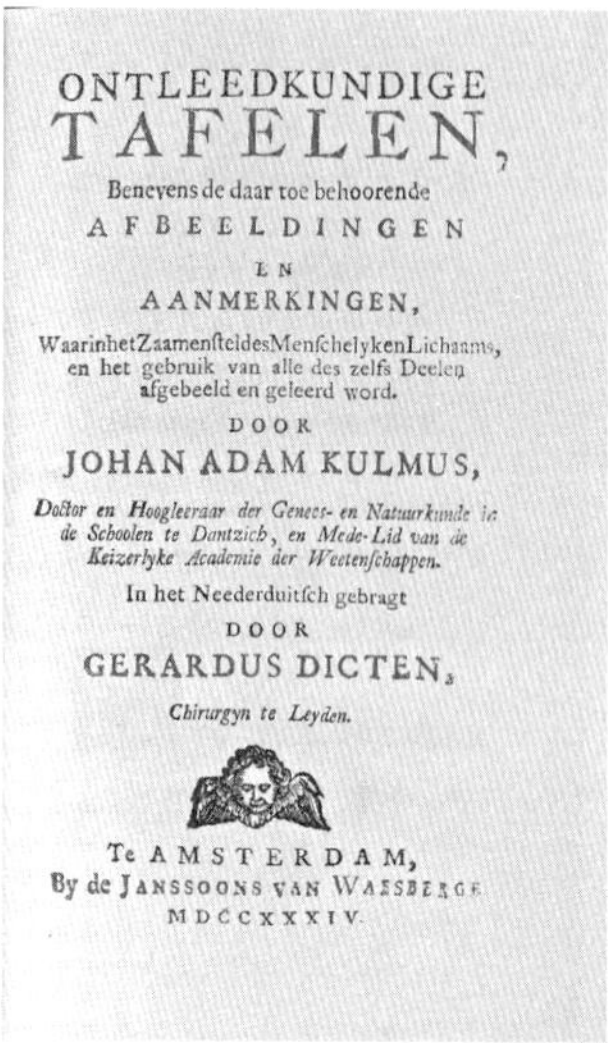

ONTLEEDKUNDIGE
TAFELEN,
Benevens de daar toe behoorende
AFBEELDINGEN
EN
AANMERKINGEN,
Waarin het Zaamenſtel des Menſchelyken Lichaams, en het gebruik van alle des zelfs Deelen afgebeeld en geleerd word.
DOOR
JOHAN ADAM KULMUS,
Doctor en Hoogleeraar der Genees- en Natuurkunde in de Schoolen te Dantzich, en Mede-Lid van de Keizerlyke Academie der Weetenſchappen.
In het Neederduitſch gebragt
DOOR
GERARDUS DICTEN,
Chirurgyn te Leyden.
Te AMSTERDAM,
By de JANSSOONS VAN WAESBERGE
MDCCXXXIV.

図18 「ターヘル・アナトミア」標題

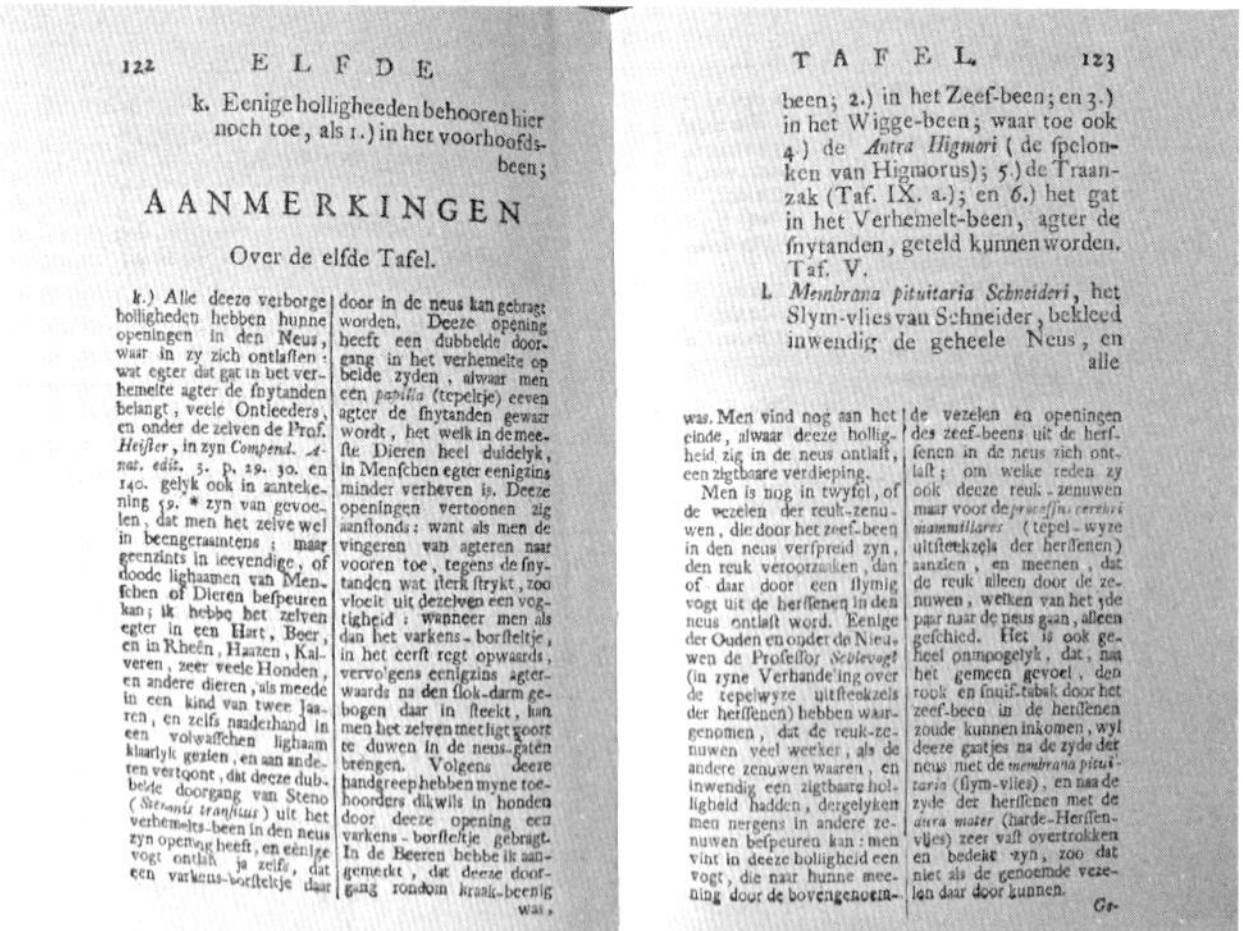

122 ELFDE

k. Eenige holligheeden behooren hier noch toe, als 1.) in het voorhoofds-been;

AANMERKINGEN

Over de elfde Tafel.

k.) Alle deeze verborge holligheden hebben hunne openingen in den Neus, waar in zy zich ontlaſten: wat egter dat gat in het verhemelte agter de ſnytanden belangt, veele Ontleeders, en onder de zelven de Prof. *Heiſter*, in zyn *Compend. Anat. edit.* 5. p. 29. 30. en 140. gelyk ook in aantekening 59. * zyn van gevoelen, dat men het zelve wel in beengeraamtens; maar geenzints in leevendige, of doode lighaamen van Menſchen of Dieren beſpeuren kan; ik hebbe het zelven egter in een Hart, Beer, en in Rheën, Haazen, Kalveren, zeer veele Honden, en andere dieren, als meede in een kind van twee jaaren, en zelfs naderhand in een volwaſſchen lighaam klaarlyk gezien, en aan anderen vertoont, dat deeze dubbelde doorgang van Steno (*Stenonis tranſitus*) uit het verhemelts-been in den neus zyn opening heeft, en eenige vogt ontlaſt, ja zelfs, dat een varkens-borſteltje daar door in de neus kan gebragt worden. Deeze opening heeft een dubbelde doorgang in het verhemelte op belde zyden, alwaar men een *papilla* (tepeltje) eeven agter de ſnytanden gewaar wordt, het welk in de meeſte Dieren heel duidelyk, in Menſchen egter eenigzins minder verheven is. Deeze openingen vertoonen zig aanſtonds: want als men de vingeren van agteren naar vooren toe, tegens de ſnytanden wat ſterk ſtrykt, zoo vloeit uit dezelven een vogtigheid: wanneer men als dan het varkens-borſteltje, in het eerſt regt opwaards, vervolgens eenigzins agterwaards na den ſlok-darm gebogen daar in ſteekt, kan men het zelven met ligt voort te duwen in de neus-gaten brengen. Volgens deeze handgreep hebben myne toehoorders dikwils in honden door deeze opening een varkens-borſteltje gebragt. In de Beeren hebbe ik aangemerkt, dat deeze doorgang rondom kraak-beenig was,

TAFEL. 123

been; 2.) in het Zeef-been; en 3.) in het Wigge-been; waar toe ook 4.) de *Antra Higmori* (de ſpelonken van Higmorus); 5.) de Traanzak (Taf. IX. a.); en 6.) het gat in het Verhemelt-been, agter de ſnytanden, geteld kunnen worden. Taf. V.

l. *Membrana pituitaria Schneideri*, het Slym-vlies van Schneider, bekleed inwendig de geheele Neus, en alle

was. Men vind nog aan het einde, alwaar deeze holligheid zig in de neus ontlaſt, een zigtbaare verdieping.

Men is nog in twyfel, of de vezelen der reuk-zenuwen, die door het zeef-been in den neus verſpreid zyn, den reuk veroorzaaken, dan of daar door een ſlymig vogt uit de herſſenen in den neus ontlaſt word. Eenige der Ouden en onder de Nieuwen de Profeſſor *Schlevogt* (in zyne Verhandeling over de tepelwyze uitſteekzels der herſſenen) hebben waargenomen, dat de reuk-zenuwen veel weeker, als de andere zenuwen waaren, en inwendig een zigtbaare holligheid hadden, dergelyken men nergens in andere zenuwen beſpeuren kan: men vint in deeze holligheid een vogt, die naar hunne meening door de bovengenoemde vezelen en openingen des zeef-beens uit de herſſenen in de neus zich ontlaſt; om welke reden zy ook deeze reuk-zenuwen maar voor de *proceſſus cerebri mammillares* (tepel-wyze uitſteekzels der herſſenen) aanzien, en meenen, dat de reuk alleen door de zenuwen, welken van het 5de paar naar de neus gaan, alleen geſchied. Het is ook geheel onmogelyk, dat, naa het gemeen gevoel, den rook en ſnuif-tabak door het zeef-been in de herſſenen zoude kunnen inkomen, wyl deeze gaatjes na de zyde der neus met de *membrana pituitaria* (ſlym-vlies), en naa de zyde der herſſenen met de *dura mater* (harde-Herſſen-vlies) zeer vaſt overtrokken en bedekt zyn, zoo dat niet als de genoemde vezelen daar door kunnen.

Ge-

図19 「ターヘル・アナトミア」本文脚注

た部分で、分量的には原書一冊の三分の一程度だが、人体各部の名称を知ることが目標なので、煩雑な学説史等（Aanmerkingen）を省いたのは先行研究でもいわれる通り賢明だった（図18、19参照）。

杉田玄白は、フィリプスの挿図に魅かれてクルムスの解剖書を手に入れたわけだが、なぜ蘭訳本の書名 *Ontleedkundige Tafelen* ではなく「ターヘル・アナトミア」なのか。

『解体新書』凡例には「オランダ人キュルムスのターヘルアナトミイを訳した」とある。さらに「亜那都米《アナトミイ》」を「解体」と訳し、「打係縷《ターヘル》」は「譜」なので、「解体新書」と題したといっている。ドイツ人クルムスをオランダ人と思ったのだが、「ターヘル・アナトミイ」「ターヘル・アナトミア」がどこからきたかというと、ドイツ語 Anatomische Tabellen でもフランス語 Tables Anatomiques でもなく、ラテン語 TABULÆ ANATOMICÆ である。ディクテンによる蘭訳本の扉絵（図20）は部屋の中央の解剖台に女性の死体が横たわり、手前の机上に外科道具が二〇近く置かれ、机の前面に TABULÆ ANATOMICÆ と記されている。絵の左下方には J.C.Philips（フィリプス）のサイン、一七三一年にアムステルダムで出版されたことがわかる。

岩崎克己氏はこの奇妙な言葉（「ターヘル・アナトミア」では「譜解体」にしかならない）について、二通りの仮説を紹介しておられる。

一、出島のオランダ商館員がこの書を通詞に売りつける際、標題を De Tafel van der Anatomie

フィリプス署名
「J.C.Philips」

図20の左下拡大図

図20 「ターヘル・アナトミア」扉絵

とでも呼んでいたのを、買い手が勝手に「ターヘル・アナトミイ」と略称したのではないか。
二、通詞達が扉絵記載のラテン語の意味をオランダ人に尋ね、Tabulae を Tafelen に、Anatomicae を Anatomie と単純に当てて記載し、転売の際「ターヘル・アナトミイ」と呼んだ。

ともかく『タブラエ・アナトミカエ』の誤称『ターヘル・アナトミア』は、少なくともオランダ語の『オントレートキュンダッハ・ターフェレン』よりも遥かに快い響きを持っている、と（『前野蘭化2』）。

たしかに蘭書のタイトルは長い（長すぎる）ものが多く、発音も難しいので、書名の一部あるいはラテン語を略称として用いる例は、当時よくみられた。一例をあげると、日本に幾度も舶載され、広く使われたウォイト（Johannes Jacob Woyt, 1671-1709）の医学事典『医薬宝函』のタイトルは ***GAZOPHYLACIUM MEDICO-PHYSICUM OF SCHAT-KAMER DER GENEES-EN NATUUR-KUNDIGE ZAAKEN, BEHELZENDE.*** *De meeste Konst-woorden die in de Genees-kunde gebruikelyk zyn, Verhandelingen van veele in- en uitwendige ziektens, beneffens derzeler Genees-middelen, alle de Mineralen, Metaalen en Aerden*……と延々と続く（図21）。そこで通詞と蘭学者はタイトル二行目の Schat-kamer（宝庫の意）を取り、「ウヲイツ　シカットカーメル」と呼んだのである。この書は通詞の間では「レキシコン」としても知られていた。なぜそうなのか（標題紙のタイトルページには「レキシコン」などみあたらない）、長年の謎が解けたのは同書の古渡り本を入手してページを繰っていた時だった。最初のタイトルページ GAZOPHYLACIUM MEDICO-PHYSICUM……の数枚後に、またタイトルページのようなページが現われ、そこにLEXICONと大書されていたのである（図21）。Lexiconは語彙集の意なので、意味も妥当だ。『ガゾフィラシウム　メディコフィジクム……』に比べ、「シカットカーメル」「レキシコン」の方が言いやすく、覚えやすいことはいうまでもない。

岩崎説に対しては、幼少期から語学の訓練をしている通詞が「ターヘル・アナトミイ」「ターヘル・アナトミア」のような珍妙なオランダ語を書物の略称にするだろうか、という若干の疑問も感じるが、「タブラエ・アナトミカエ」が訛ったものという点はまず間違いない。『蘭学事始』によれば、杉田玄白も前野良沢も「ターヘル・アナトミア」という書を入手しているのだから、書名は長崎でついたと考えるべきだろう。

GAZOPHYLACIUM
MEDICO-PHTSICUM,
OF
SCHAT-KAMER
DER
GENEES- EN NATUUR-KUNDIGE ZAAKEN,
BEHELZENDE
DOOR DEN HEER
JOHANNES JACOB WOYT,
Med. Doct. en Hoog-leeraar op de Koninglyke Pruyssische Hooge-School te Konings-berg.
DOOR
JOANN: CHRIST: SCHMELLENTIN,
AMSTERDAM,
By { JANSSOONS VAN WAESBERGE, HENDRIK VIEROOT, ABRAHAM EN ISAAK GRAAL. }

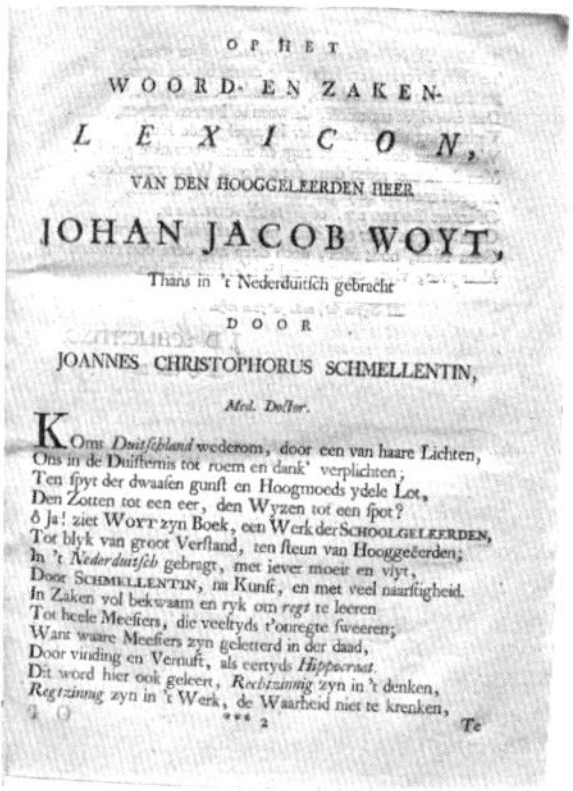
OP HET
WOORD- EN ZAKEN-
LEXICON,
VAN DEN HOOGGELEERDEN HEER
JOHAN JACOB WOYT,
Thans in 't Nederduitsch gebracht
DOOR
JOANNES CHRISTOPHORUS SCHMELLENTIN,
Med. Doctor.

Koms Duitschland wederom, door een van haare Lichten,
Ons in de Duisternis tot roem en dank' verplichten;
Ten spyt der dwaasen gunst en Hoogmoeds ydele Lot,
Den Zotten tot een eer, den Wyzen tot een spot?
ô Ja! ziet WOYT zyn Boek, een Werk der SCHOOLGELEERDEN,
Tot blyk van groot Verstand, ten steun van Hooggeleerden;
In 't Nederduitsch gebragt, met iever moeit en vlyt,
Door SCHMELLENTIN, na Kunst, en met veel naarstigheid.
In Zaken vol bekwaam en ryk om regt te leeren
Tot heele Meesters, die veeltyds t'onregte sweeren;
Want waare Meesters zyn geletterd in der daad,
Door vinding en Vernuft, als eertyds Hippocraat.
Dit word hier ook geleert, Rechtzinnig zyn in 't denken,
Regtzinnig zyn in 't Werk, de Waarheid niet te krenken,
*** 2 Te

図21　ウォイト『医薬宝函』1741年版（個人蔵）

二　翻訳開始とその方法

「ターヘル・アナトミア」翻訳開始の動機となった千住骨ケ原での腑分（解剖）とその後の経緯は、『蘭学事始』に詳しく述べられており、それが唯一の史料でもあるので、繰り返し諸書に引用され、有名な話となっている。『解体新書』についても富士川游・岩崎克己・小川鼎三・酒井シヅ各氏らの専門的な研究が蓄積されていて、その歴史的意義も喧伝され尽くした感がある。

『解体新書』刊行まで、終始主導権を握ったのはたしかに杉田玄白だし、訳文を整える労をとったのも玄白、功績は大きい。それでは前野良沢は、訳述のリーダーとして具体的に何をしたのか。良沢にとって『解体新書』はどれほどの意味を持っていたのか。ここでは、そのような観点から「ターヘル・アナトミア」翻訳事業を追うことにする。

骨ケ原の腑分

山脇東洋の腑分に刺激され、「ターヘル・アナトミア」も入手して観臓の機会をうかがっていた玄白に、腑分実見を許可する通知が届いたのは、明和八年（一七七一）三月三日の夜だった。この幸運を独り占めできなかった玄白は、同僚の中川淳庵をはじめ誰かれとなく知らせたが、その中に前野良沢もいた。玄白はこの時三九歳、「良沢は翁よりも齢十ばかりも長じ、われよりも老輩のことにてありしゅゑ、相識にこそあれ、つねづねは往来も稀に、交接うとかりしかど、医事に志篤きは互ひに知り合ひたる仲なれば、この一挙に漏らすべき人にはあらず」(『蘭学事始』)との判断からだが、その夜良沢は、江戸参府のオランダ商館長アルメノールト(D. Armenault)、外科医コトウェク(I. J. Kotwijk)、付添通詞ら一行の宿泊する日本橋本石町の長崎屋にいた。この時の商館長日記によれば、一行は四月六日に江戸到着、八日〜一二日は複数の大名・医者・学生(蘭学を学ぶ者)が宿舎を訪問している。大名らの訪問は一八日もあり二四日に江戸を出発するまでの間、将軍拝謁(一五日)、二度の大火(一三日、一七日)、強い地震(一九日)を体験したことも記されている("*The Deshima Diaries. Marginalia* 1740–1800")。明和八年三月三日は西暦で四月一七日にあたる。良沢の目的は通詞にオランダ語の質問をすることのはずなので、商館長の記録には登場しないのだろう。参府付添の大通詞は名村勝右衛門、小通詞は名村金蔵だった。小川鼎三氏は大通詞を「名村助左衛門」とされる(「前野良沢」)が、商館長日記でもKatsuemon となっている。

玄白が、良沢は「この夜も蘭人滞留の折なればかの客屋にありける」といったのは、良沢が江戸参府のたびに長崎屋を訪問していたことを示唆するものだ。

玄白がここであきらめれば、『解体新書』は生まれなかった。彼は何としてでも良沢に腑分のことを知らせようと、手紙を書き、知人と謀って辻駕《つじかご》の者を雇い、置捨てにして帰れといって(多分鉄砲洲の中津藩中屋敷、良沢の宅へ)遣《つか》わした。早朝、浅草三谷町(のちの山谷)出口の茶屋で待ち合わせる約束だった。この手紙は幸い良沢の許に届き、翌三月四日朝、玄白と「朋友」、そして良沢は首尾よく出会うことができた。

時に良沢一つの蘭書を懐中より出だし、披き示して曰く、これはこれターヘル・アナトミアといふ和蘭解剖の書なり、先年長崎へ行きたりし時求め得て帰り、家蔵せしものなりといふ。これを見れば、即ち翁がこの頃手に入りし蘭書と同書同版なり。これ誠に奇遇なりとて、互ひに手をうちて感ぜり。

（『蘭学事始』）

知り合ってはいたが特に親しくもない良沢に声をかけたところ、玄白のものと全く同じ蘭書を携えてきたのである。二人の興奮ぶりが察せられる。

良沢長崎遊学のうち、かの地にて習ひ得、聞き置きしとてその書をひらき、これはロングとて肺なり、これはハルトとて心なり、マーグといふは胃なり、ミルトといふは脾なりと指し教えたり。

良沢はすでに「ターヘル・アナトミア」を読みかけていたようだ。「ロング（long）」「ハルト（hart）」「マーグ（maag）」「ミルト（milt）」を皆に図を指して教えたが、一同は「漢訳の図には似るべくもあらざれば」」、みないうちはと納得しなかった。

ところがいよいよ骨ケ原の刑場で腑分を実見してみると、「良沢と相ともに携へ行きし和蘭図に照らし合せ見しに、一《ひとつ》としてその図に聊《いささ》か違ふことなき品々なり。古来医経に説きたるところの、肺の六葉両耳《りょうじ》、肝の左三葉右四葉などいへる分ちもなく、腸胃の位置形状も大いに古説と異なり」、さらに「刑場に野ざらしになりし骨どもを拾ひとりて、かずかず見しに、これまた旧説とは相違にして、たゞ和蘭図に差《たが》へるところなきに、みな人驚嘆せるのみなり」(『蘭学事始』)という状況になった。

この日の刑屍はあだ名を「青茶婆《あおちゃばば》」という五〇歳ほどの女性、京都生まれで大罪を犯した者と玄白は述べている。巧《たく》まずして医学に貢献し、歴史に名を残すことになったのである。

骨ケ原からの帰途、玄白・良沢そして中川淳庵は「苟《いやし》くも医の業を以て互ひに主君主君に仕ふる身にして、その術の基本とすべき吾人《ごじん》の形態の真形をも知らず、今まで一日一日とこの業を勤め来りしは面目もなき次第なり。なにとぞ、この実験に本《もと》づき、大凡《おおよそ》にも身体の真理を弁《わきま》へて医をなさば、この業を以て天地間に身を立つるの申し訳もあるべしと、共々《ともども》嘆息」した。そして杉田玄白が「ターヘル・アナトミア」を、「通詞らの手をからず」翻訳したいと提案すると、

良沢曰く、予は年来蘭書読み出したきの宿願あれど、これに志を同じうするの良友なし。常々これを慨《なげ》き思ふのみにて日を送れり。各々がたいよいよこれを欲し給はば、われ前の年長崎へもゆ

き、蘭語も少々は記憶し居《お》れり。それを種としてともども読みか丶るべしや

という。（良沢はここでも、年来＝何年も前からといっている。オランダ語学習歴が浅くなかった証拠だ。）玄白がそれならば同志で力を合わせて精を出そうと答えると、良沢の喜びようは並大抵ではなく、善は急げと翌日、自宅への参集を呼びかけた。良沢にしてみれば、蘭書を読む仲間が欲しかったところへの嬉しい申し出、オランダ語を知らない玄白にとっても「渡りに船」の合意だった。

そしていよいよ三月五日、築地鉄砲洲の良沢宅での訳読会が始まるのである。『蘭学事始』で最も有名な箇所だろう。

先づ、かのターヘル・アナトミアの書にうち向ひしに、誠に艫舵《ろかじ》なき船の大海に乗り出だせしが如く、茫洋《ぼうよう》として寄るべきかたなく、たゞあきれにあきれて居たるまでなり。

この茫然自失状態は、当然アルファベットも知らない杉田玄白のもので、彼は一〇歳年上でオランダ語を学んだ前野良沢を「盟主と定め、先生とも仰ぐこと」にした。

翻訳の方法

彼らが初めに訳したのは「ターヘル・アナトミア」の第二図「仰伏全象の図」、男女の外形の各部に符号がつき、本文で解説するところで、これが『解体新書』巻一「形体名目篇」となる。

その頃はデの、ヘットの、またアルス、ウェルケ等の助語の類も、何《いず》れが何れやら心に落付きて弁《わきま》へぬことゆゑ、少しずつは記憶せし語ありても、前後一向にわからぬことばかりなり

（『蘭学事始』）

「デ（de）」は定冠詞、男性・女性名詞単数と男・女・中性名詞（als）複数に付く。「ヘット（het）」は中性名詞単数に付く定冠詞、ともに代名詞の用法もある。「アルス（als）」は接続詞、「ウェルケ（welk）」は疑問・関係・不定代名詞である。一八世紀末まで、ほとんどのオランダ通詞は文法を十分には理解していなかった。冠詞・接続詞・副詞・一部の動詞は「助語」と一括され、それぞれの働きを正確に知ることはなかったので、通詞に学んだ前野良沢も、良沢の門人大槻玄沢も、文の構造把握には苦労した。日本で最初に西洋文法を研究したのは、長崎の元オランダ通詞志筑忠雄（一七六〇―一八〇六）である。

ということで杉田玄白が「助語」を理解できなかったのは無理もないが、「その頃ウォールデン

ブック（釈辞書）といふものなし。漸く長崎より良沢求め帰りし簡略なる一小冊ありしを見合せたるに…」は正しくない。確かに蘭和辞書はまだない（通詞の単語帳は存在した）が、マーリンとハルマの蘭仏辞典は通詞の間で活用されていた。良沢が長崎から持ち帰って愛用したのはマーリンで、これは決して「簡略なる一小冊」ではない。

フルヘッヘンド

かつてよく教科書に紹介された「フルヘッヘンド」の話も、翻訳の苦労談としては面白いが、玄白の記憶違いということになっている。ただ、これは訳語決定のプロセスを示す逸話なので、岩崎克己氏の研究も援用して少々検討してみたい。玄白によれば、原著の「鼻」の説明に「フルヘッヘンドせしもの」とあるのがわからなかった。良沢の辞書（マーリン）を引くと「フルヘッヘンドの釈註に、木の枝を断ち去れば、その跡フルヘッヘンドをなし、また庭を掃除すれば、その塵土《じんどあつ》聚まりフルヘッヘンドすといふやうに読み出だせ」たので、その意味をこじつけて考えた結果、「鼻は面中に在りて堆起《たいき》せるものなれば、フルヘッヘンドは堆（ウヅタカシ）といふことなるべし。然ればこの語は堆と訳しては如何《いかん》といひければ、各々これを聞きて、甚だ尤《もっと》もなり。堆と訳さば正当《せいとう》すべしと決定せり。その時の嬉しさは、何にたとへんかたもなく、連城の玉をも得し心地せり」と得意満面だ。

実際はどうであったのか。原文と『解体新書』を並べてみよう。まずクルムスから。

ELFDE TAFEL.

Van de Neus.

I. Bepaaling: NASUS, de Neus, is een dubbelde uitgehold en midden in het aangezigt zigtbaar vooruitsteekend deel, het welk zig boven de opening des monds, onder het voorhoofd, tot agter boven aan het verhemelte uitstrekt. Het is het werktuig des Reuks, en werpt veele onnutte vogten uit.

○鼻篇　第十一

○夫レ鼻者。隆-起《シテ》而居《ス》二面之中一。口-上額-下《ニ》一。其裏則達《ス》二上-腭《ニ》一矣。使《ム》下知《リ》香-臭《ヲ》瀉《セ》中涕-洟レ上

ラテン語は省略、訳文も簡略になっている（dubbelde uitgehold = 穴が二つ、もここでは訳されていない）が、問題の箇所は「フルヘッヘンド」ではなく vooruitsteekend（フォーアウトステーケンド）、それを「堆《ウズタカシ》」ではなく「隆起」と訳している。そして蘭書原文（図22）では同じページの下の方にある部分は、

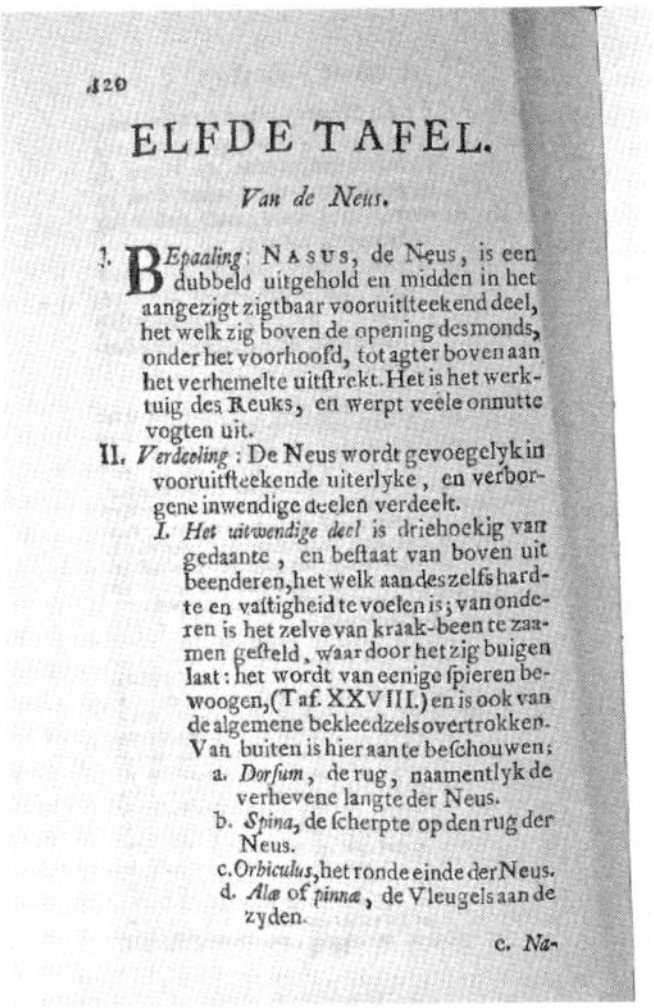

420

ELFDE TAFEL.

Van de Neus.

I. B*Epaaling*: NASUS, de Neus, is een dubbeld uitgehold en midden in het aangezigt zigtbaar vooruitsteekend deel, het welk zig boven de opening des monds, onder het voorhoofd, tot agter boven aan het verhemelte uitstrekt. Het is het werktuig des Reuks, en werpt veele onnutte vogten uit.

II. *Verdeeling*: De Neus wordt gevoegelyk in vooruitsteekende uiterlyke, en verborgene inwendige deelen verdeelt.

I. Het uitwendige deel is driehoekig van gedaante, en bestaat van boven uit beenderen, het welk aan deszelfs hardte en vastigheid te voelen is; van onderen is het zelve van kraak-been te zaamen gesteld, waar door het zig buigen laat: het wordt van eenige spieren bewoogen, (Taf. XXVIII.) en is ook van de algemene bekleedzels overtrokken. Van buiten is hier aan te beschouwen;

a. *Dorsum*, de rug, naamentlyk de verhevene langte der Neus.

b. *Spina*, de scherpte op den rug der Neus.

c. *Orbiculus*, het ronde einde der Neus.

d. *Alæ* of *pinnæ*, de Vleugels aan de zyden.

c. *Na-*

図22　「ターヘル・アナトミア」鼻篇

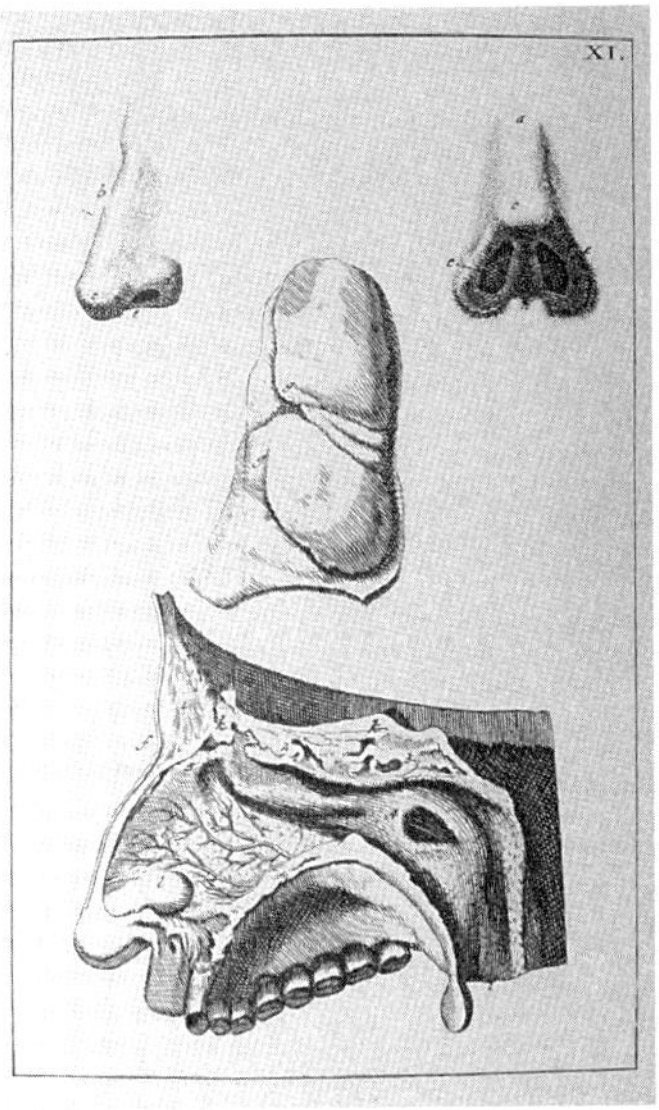

図23　「ターヘル・アナトミア」鼻篇挿図

a. Dorsum, de rug, naamentlyk de verhevene langte der Neus.

イ頞。鼻茎之所《ナリ》レ起《ル》

となっている。「頞」は鼻背である。ここに verhevene（フェルヘーヴェネ、またはフルヘーヴェネ「そびえ立つ」「小高い」の意）とある単語こそ「フルヘッヘンド」のもととされるのだが、「堆《ウヅタカシ》」ではない。「堆」が登場するのは『解体新書』巻之三「〇胸並隔膜篇　第十三」である。

B. Mammae, de Borsten, zynde twee ronde verhevene, klieragtige deelen van vooren op de borst aan beide zynen, met de algemeene bekleedzelen overtrokken : ……

ロ乳。其形円《ニシテ》而堆《ク》。如《シ》二機《キ》里《リ》爾《ル》状《ノ》一。在《リ》二胸之両旁《ニ》一。皮覆《フ》レ焉。

ところが、verhevene と名詞形 verhevenheid, verhevenheden は、玄白らが最初に訳した「形体名目篇」に少なくとも三か所、「脳髄並神経篇第八」にも数か所出てきて、それらはいずれも「所起・

突起・隆起・高起」などと訳されている（岩崎克己『前野良沢1』）。「鼻」で突然うろたえるのはおかしいのである。

岩崎氏の考察で面白いのは、「木の枝を断ち去れば、…」とか「庭を掃除すれば、…」が何によるかというところだ。辞書をみたというので、「マーリン」と「ハルマ」で動詞の不定法 verheffen 形容詞 verheven を調べてみる（良沢が「マーリン」を使用したのは確実だが、「ハルマ」は確認できないので、以下「ハルマ」の引用は省略する）。岩崎氏の引いた「マーリン」にはこうあった。

VERHEFFEN. v.n. Hooger opsteeken. *Elever, hausser*. Le Preterit *Verhief*, le Participe *Verheven*. Zig in de lugt verheffen. *S'élever dans l'air*. De Hostie verheffen. *Elever, hausser l'Hostie*. VERHEFFEN, sterker worden. *s'élever, se renforcer, se redoubler*. Zyn stem verheffen. *Elever sa voix*. De wind verhief zig schielyk. Le vent s'èleva subitement.（下略）

VERHEVEN. Adj. Hoog, *Elevé, dans l'élevation*.（下略）

私自身も手元の「マーリン」（一七六八年版）でほぼ同じ記述を見出した。あえて長く引用したのは、オランダ語を日本語に訳すのに、長い間、このような蘭仏辞典によるしかなかったことを示すためである。通詞や草創期の蘭学者の苦労が推察されよう。

岩崎氏は説明文の"Zyn stem verheffen,""De wind verheft zig"(これはハルマの方にある)をあれこれこじつけた結果が長い歳月を経て「木の枝…」の表現になったにではないかといわれる。Zyn stem verheffen. は「声を上げる」「声をはり上げる」意、De wind verheft zich. は「風が起こる」意(「マーリン」の De wind verhief zig schielyk. は「風が強くなる」意)にすぎないが、"stem"を"stam"と誤って「声」を「木の幹」と訳したというのである。

私も以前、ある蘭学者の翻訳をチェックしていて、stam(幹)と stem(声)を取り違えているのを発見したことがある。ありうることだ。岩崎氏の例にもう一文加えてみたい。"Zig in de lugt verheffen"(空中に舞い上がる)である。想像をたくましくすれば、『蘭学事始』の「木の枝を断ち去れば、その跡フルヘッヘンドをなし、また庭を掃除すれば、その塵土聚まりフルヘッヘンドす」に発展しないこともない。

ただし『解体新書』では、この語 verheven はおおよそ正しく訳されている。また、「フルヘッヘンド」の直前に紹介されている「眉(ウェインブラーウ)といふものは目の上に生じたる毛なりとあるやうなる一句も、彷彿として、長き春の一日には明《あき》らめられず、日暮るゝまで考へ詰め、互ひににらみ合ひて、僅か一二寸ばかりの文章、一行も解し得ることならぬことにてありしなり」という話も、実際の経験とは無関係な玄白の創作、と岩崎氏は証拠をあげて断定しておられる(『前野蘭化1』)。

オランダ語が解せないところには「轡十文字《くつわ》」をつけ、一か月に六〜七回集まっては辛苦を重ねるうち、一年余りでかなり翻訳が進むようになったというのはその通りだろうが、「眉（ウェインブラーウ）」や「フルヘッヘンド」は、翻訳の苦労話を大げさに吹聴している、と割引いて読んだ方がよさそうだ。

杉田玄白に語らせると、『解体新書』訳述における前野良沢の役割は「盟主」ということしかみえてこない。しかし、訳述グループ（メンバーは後述する）の中でオランダ語を学んでいたのは良沢ただひとりで、彼が同志にオランダ語の文字・発音・記号・初歩的文法を教えながら辞書を読み解き、困難な翻訳作業を推進したのである。玄白は、通詞の手を借りずに「ターヘル・アナトミア」を解読したいといったが、良沢はオランダ語の先達である長崎の通詞の力を借り続けた。江戸参府の際の長崎屋訪問、吉雄耕牛との文通がその例だが、『解体新書』が誤訳はあっても一定のレベルに達しているると評価されるのは、良沢自身の研鑽と同志への指導の賜物といえるだろう。そこで次に、『解体新書』訳述中にまとめられたと思われる著作にふれることとする。

三　良沢のオランダ語指導

良沢の著訳書には年代不明のものが多いが、先行研究と資料の内容から「思思未通」「蘭訳筌」「和蘭訳文略草稿」「点例考」は明和八〜安永初年の成果と考えられる。当時、長崎の通詞は「アベブック」「レッテルコンスト」「サーメンスプラーカ」を教科書にオランダ語の文字・綴り方・会話を学び、「ヲップステルレン」（作文）を練習することで、読み・書き・話し・聞く技能を身につけていたが、江戸で学べるオランダ語の入門書はなかった。

そこで良沢が、師青木昆陽から習得した語彙と長崎遊学で得た知識を総合して、初心者向けのオランダ語解説書を著わしたのである。もともとオランダ語を極めたいという願望を持っていたので、『解体新書』訳述グループ同志の要求に応えるのは自分の勉強ともなり、楽しい作業ではなかったかと推測する。

「思思未通」

これは長崎のオランダ通詞西が訳した諺の一語一語について良沢が穿鑿《せんさく》し、「未通」として批判したものである。良沢と関わりのあった通詞で西といえば、西善三郎の可能性が最も高い。明和三年（一七六六）に杉田玄白とともにオランダ語に関する質問をしているので、その時に得た断簡を土台に、「マーリン」の辞書等で考証したのか、あるいは（西善三郎は明和五年に五二歳で没している）明和六年（一七六九）の長崎遊学時に誰かから断簡を入手して、思いをめぐらせたのか。いずれにしても「サーメンスプラーカ」「マーリン」を使い、資料中に「和蘭切韻略」「其説或問」という良沢の著作名（ともに現存しない）が記されているので、長崎遊学中に手をつけ、江戸でまとめたと考えられる。諺は次の通り。

geen A voor een B kennen, figuurlijk spreekwoord, heel bot heel dom zijn.

無レ認《ミシルコト》二以《テ》レ阿《ア》当《ヲルコトヲ》レ別《ベニ》是比諺也　言至鈍〔至愚〕矣　（『前野良沢資料集第二巻』）

良沢は冒頭のgeen（否定に用いる不定代名詞）から「是予カ未通ノ所」とし、一語ずつ徹底的に追究し、最終的に「愚稿」として、

不レ識《シラ》二阿《ア》与《トヲ》レ別《ベ》　比諺ノ言二大《ナリ》鈍才《ヲ》一也…

とする。この諺は「Bの前のAも知らない、つまり大馬鹿」の意。日本ならば「いろはも知らない」というところか。これを西は「Aを以てBに当ることを知らない、至て鈍（愚）だ」とし、あれこれ批判した良沢は「AとBとを知らない、大鈍才だ」という。どちらが正しいか。実はどちらも正しくない。前置詞 voor にはさまざまな意味があるが、この場合は単純に「Bの前のA」でよい。

というわけで、良沢の西批判は勇み足に終わった。しかし、この資料は、彼の翻訳へのこだわりもみられるし、翻訳法を「切意・読法・釈言」の三段階で示し、「直訳」「義訳」という表現を「翻訳」と使い分けている点が『解体新書』との関連をうかがわせるのである。

「**蘭訳筌**」

これが長崎遊学の成果のひとつであることは既に述べた。繰り返すが、「蘭訳筌」の冒頭には、長崎で吉雄耕牛に医術と言語を学んだ後のこととして、

頃嘗テ童蒙　頻リニ求テ止ヲ得サル者アリ　是ニ於テ昆陽氏ノ作ニ擬テ　此小冊ヲ述テコレヲ与テ須他日ノ校考ニ具フヘシト云　時ニ明和辛卯仲夏ノ日ナリ（『前野良沢資料集第二巻』）

と記されている。日付けは明和八年（一七七一）五月、『解体新書』訳述開始から二か月弱、「童蒙」

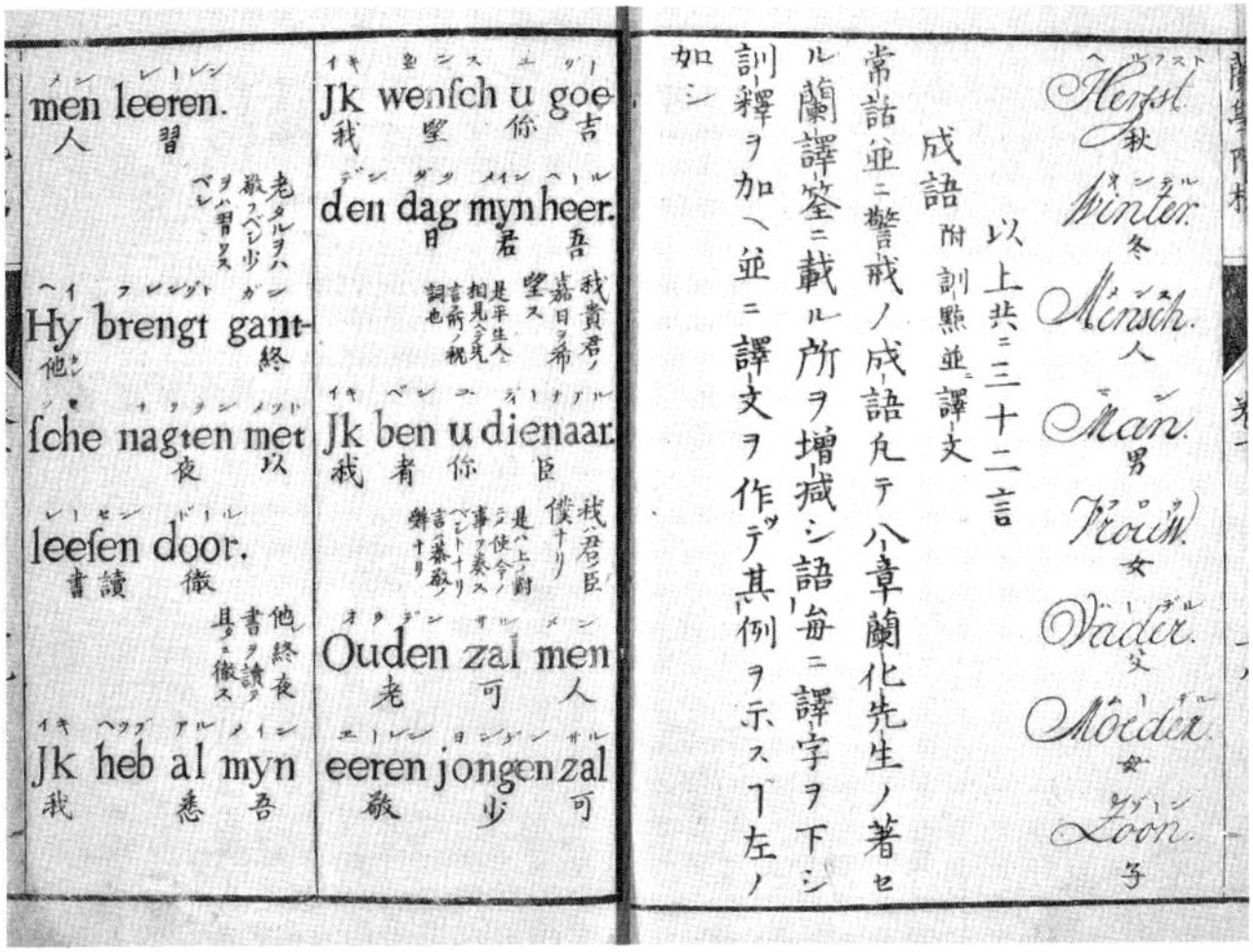
Herfst. 秋
Winter. 冬
Mensch. 人
Man. 男
Vrouw. 女
Vader. 父
Moeder. 母
Zoon. 子
以上共ニ三十二言
成語 附 訓點並ニ譯文
常話並ニ警戒ノ成語凡テ八章蘭化先生ノ著セル蘭譯筌ニ載ル所ヲ増減シ語毎ニ譯字ヲ下シ訓釋ヲ加ヘ並ニ譯文ヲ作テ其例ヲ示ス丁左ノ如シ
Jk wensch u goeden dag myn heer.
Jk ben u dienaar.
Ouden zal men eeren jongen zal men leeren.
Hy brengt gantsche nagten met leesen door.
Jk heb al myn

図24　『蘭学階梯』（大分県立先哲史料館蔵）

は一〇歳年下の杉田玄白と思われる。良沢はこの時四九歳、オランダ語学習歴も（青木昆陽に明和初年に入門したとして）六年はあったはずだ。

前野良沢のオランダ語学の代表作といえば天明五年（一七八五）八月に成る「和蘭訳筌」だが、これは「蘭訳筌」で扱ったオランダ語のアベセ・字体・数字・短文などを十数年かけて増補・修正したものである。

また、「蘭訳筌」の短文一七のうち七つは、門人大槻玄沢の蘭学入門書『蘭学階梯』（天明三年序文、刊行は天明八年）にほぼそのまま引用されている。同書下巻「成語」（図24）には、

　常話並ニ警戒ノ成語、凡テ八章、蘭化先生ノ著セル蘭訳筌ニ載ル所ヲ増減シ、語毎ニ

訳字ヲ下シ、訓釈ヲ加へ、並ニ訳文ヲ作ッテ、其例ヲ示スこと、左ノ如シ。

として、

Ik《イキ》 wensch《ウェンス》 u《ユ》 goeden《グーデン》 dag《ダク》 myn《メイン》 heer《ヘール》.
（我貴君ノ嘉日ヲ希望ス「今日は」の意）

Ik《イキ》 ben《ベン》 u《ユ》 dienaar《ディーナアル》.
（我ハ君ノ臣僕ナリ）

Ouden《オウデン》 zal《ザル》 men《メン》 eeren《エーレン》 jongen《ヨンゲン》 zal《ザル》 men《メン》 leeren《レーレン》.
（老タルハ敬フベシ　少ヲハ習ワスベシ）

以下、日常会話文・ことわざ・格言の類が十例並んでいるのだが、最初の七例（つまり大半）は良沢の「蘭訳筌」とほとんど一致しているのである（『洋学上』）。

ちなみに初めの二例である Ik wensch u goeden dag myn heer. Ik ben u dienaar. は、通詞が勉強する「サーメンスプラーカ」の最初の例文である。

SAMENSPRAAKEN. 143

BEKNOPTE en LEERZAAME

SAMENSPRAAKEN

Over allerhande Stoffen.

DIALOGUE PREMIER.	EERSTE SAMENSPRAAK.
Je vous souhaite le bon jour, Monsieur.	*Ik wensch u goeden dag, Myn Heer.*
Je suis votre Serviteur.	*Ik ben uw Dienaar.*
Comment vous portez-vous?	*Hoe vaart gy?*
Je me porte bien, Dieu merci.	*Ik vaar wel, God dank.*
J'en suis bien aise.	*'t Is my zeer lief.*
Où allez-vous?	*Waar gaat gy na toe?*
Je m'en vais chez Monsieur P.	*Ik gaa na myn Heer P.*
Où demeure-t-il?	*Waar woond hy?*
Dans la Rue neuve.	*In de Nieuwe straat.*
Que fait-il?	*Wat doet hy?*
C'est un Marchand.	*'t Is een Koopman.*
J'ai l'honneur de le connoître.	*Ik heb de eer van hem te kennen.*
C'est un fort honnête homme.	*'t Is een zeer eerlyk Man.*
Faites-lui mes baisemains, s'il vous plait.	*Doet hem myn gebiedenis, als 't u belieft.*
Je n'y manquerai pas.	*Ik zal 't niet vergeeten.*
Vous m'obligerez beau-(coup.	*Gy zult my veel verplichten.*
Quelles nouvelles?	*Wat nieuws?*
Je n'ai rien appris.	*Ik heb niets gehoord.*

Avez-

図25 「サーメンスプラーカ」
〔『新仏蘭会話教程』(1762年)(松浦史料博物館蔵)〕
図13の「蘭訳筌」例文も参照されたい。

「和蘭訳文略草稿」

『蘭学階梯』では「和蘭訳文略」とされ、やはり大槻玄沢の重要参考書であった「和蘭訳文略草稿」は、不完全な写本しか現存していない。本来は総説とレッテレン（字体）・セイッラベン（字音）・ウヲ、ルデン（言語）・レーセン（読法）・シケレーヘン（書法）の五編に分かれていたようだが（「題例」）、現存写本（早稲田大学図書館蔵他）は、総説・レッテレン・セイッラベンの一部のみである。

内容は、オランダ通詞が使う「アベブーク　*A.B.C.Boek, ABBoek*」「レッテルコンスト　*Letter-Konst*」「スペルトブーク　*Speld-Boekje*」（良沢は「本国ニテ幼童ヲ教ル書」という）からの抄出に「往々見分スル所ノ者ヲ以テ輯録」したもの。「蘭語(言)随筆」にたびたび言及し、「蘭草採秀」というさまざまな字体を集めた草稿、「説言・類語」と題する著作があることも述べている（「蘭草採秀」・「説言・類語」は現存しない）。

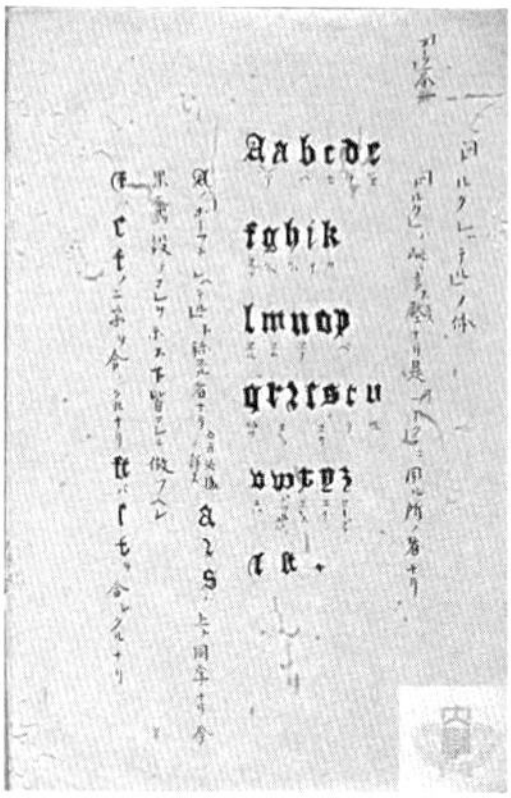

図26　「和蘭訳文略草稿」
（早稲田大学図書館蔵）

成立については、「蘭語(言)随筆」とほぼ前後する明和末年から安永初年説（松村明、『洋学上』）と明和八年以前説（杉本つとむ、『江戸時代蘭語学習の成立とその展開Ⅱ』）があるが、「題例」を読めば『解体新書』訳述中の成立と考えられる。長文になるが、大切な内容を含んでいるので引用する。

題例

一予嘗テ和蘭都ノ医術ヲ訳家ニ就テ学フ　然シテ彼カ伝ル所者　僅ニ瘡瘍止骨金簇ノ科ノミニシテ其他ニ及ハズ　或ハ云フ　本国ノ医内証ヲ治スルモ亦只外ヨリスト　予窃ニ意フ　然ラスト　遂ニ其書ヲ請テ　コレヲ学バント欲ス　乃チ取テコレヲ看ルニ科斗蚊脚　コレヲ読ニ鴂舌鳥語　断然トシテ通暁スヘカラス　且医書ノ言フ所自常ニ語ト異ナル者アリテ　訳家トイヘトモ　尚悉クコレヲ朗読スルコトタ(ヲ)モ能ハス　況ヤ其訳ニ於テヲヤ　只是十百ノ一ノミ　竟ニ卒業シ難キニ至ル　是ニ於テ乎　発憤忘食　夙夜コレヲ執テ措カス　夫《カノ》　或ハ児女ノ言　或ハ　閭港の語　笑談諷詠ノ如キ　唯訳コレヲ問フ　斯如キモノ日久シテ　漸ク末ニ得ル所アルニ似タリ　則其科斗鴂舌　頗ル昔日ノ者殊ナリ　然シテ　間《コノコロ》　嘗テ二三ノ同士ヲ得テ　旦暮ニ論難スル者アリ　乃チ粗ク聞(々)ケル所ヨリ類推シテ読書ノ階梯ヲ作リ　倶ニ与ニ己ヲ切磋セント欲ス　故ニ鄙俚俗言ヲ避ケス　専ニ其暗《暁》シ易キニ取ル然トモ寡聞浅識　実ニ勉強シテコレヲ為ス　庶幾彼カ将養慎疾ノ一端ヲ窺ント欲ス　此書ハ全ク草稿ニ附スル而已

（『前野良沢資料集第二巻』）

良沢がかつて長崎で医術を通詞に学んだ時、その内容は外科のみで、オランダ本国の医者は内科的治療も外から行うということに納得できなかった。そこで蘭書を求めて、これを学ぼうとしたのだが、細い文字（科斗蚊脚）も意味の通じない音（鴂舌鳥語）も全く訳がわからない。その上医書の表現は日常の言葉とは違うところがあって、通詞でも全部朗読することはできない。訳はなおさらで、「千分の一」程度、とても最後まで訳し通せない。良沢はここで発憤し、蘭書を離さずに熱心に取り組んで日を過ごすうち、以前は訳の分からなかった文字や音が理解できるようになったというのだ。

明和六年一一月初めからの長崎遊学で吉雄耕牛に医術を学んだが、納得がいかず、遂に自分で蘭書を入手して読解しようとした。この蘭書は「ターヘル・アナトミア」に間違いないだろう。通詞であっても訳読困難な医書に猛然と立ち向かうとは、まさに「あきらめない人」前野良沢の面目躍如の感がある。こうして「ターヘル・アナトミア」に日々取り組むうち、少しずつ理解が進んだ。その頃「二三ノ同志」を得たのである。

「二三ノ同志」とは杉田玄白・中川淳庵は勿論、早くから訳述グループに加わった将軍家侍医桂川家の嫡子甫周（国端《くにあきら》）も含むと考えられる。「二人」を表現するのに「二三人」とはいわないからだ（桂川甫周については後述する）。この同志が朝夕質問攻めにするので、蘭書を読むための入門書（「読書ノ階梯」）を作り、互いに切磋したい。この入門書は草稿にすぎないが、というのが良沢の述べるところだ。

以上、本書「題例」の冒頭部分を解説したが、「和蘭訳文略草稿」が『解体新書』訳述グループのためのオランダ語指導書として書かれたものであることは明らかだ。『前野良沢資料集第二巻』に収録した早稲田大学図書館本の表紙には朱で Katsuragawa と記されている。この時二一歳の若き秀才桂川甫周（一七五一－一八〇九）の遺品であれば面白いのだが、ローマ字表記が良沢の「蘭訳筌」の「ツ（toe）」「ラ（la）」とは異なり、後年のものなので、少なくとも署名者は甫周ではないだろう。

オランダ語の要素のうち「音韻」にとりわけ強い関心を持っていた良沢は、日本語のカナ表記にさまざまな工夫を凝らしている。本書「題例」に、次のような記述がみられる。

又国字ヲ以テ協叶シ難キ者ハ　別式ヲ立ツ
其ノ引呼スル者ハ　字下ニ竪点ーヲ添フ「ブーク」「レーゼン」ノ如キコレナリ
　是訳家嘗テ此例アリ
其促呼スル者ハ　字ノ下傍ニ横点ーヲ添フ「レーテル」「テレーキ」ノ如キ是ナリ
　是清国ノ訳家嘗テ此例アリ
又他字ヲ帯テ音ヲ発スル者アリ　則字ノ左角ニコレヲ小書ス「ヶヘ」「ァハ」ノ如キ是ナリ　以テ単発スル者ト混セサラシム
又両字反切シ一音トナル者アリ　則コレヲ合書ス「ウヲ」「ンョ」ノ如ニ是ナリ　以テ二音ニ続（読）ム者ト混セサラシム

此二法　予カ設ル所ナリ　庶幾ハ謬読ナカラシメンコトヲ

少々説明を加えれば、母音を延ばす長音はタテに「｜」を添えて「ブ｜ク」「レ｜ゼン」とする。これは通詞も使っている。つまる音、促音はヨコに「ー」を添え「レーテル」「テレーキ」などとする。これは唐通事に例がある。また単発の音ではなく他の字音を帯びるものは、それを左の角に小書して「ケヘ」「アハ」とする（本書によればｇが「ケヘ」、ｈが「アハ」）。また両字が一音となる場合は合書して「ウヲ」「シヨ」のようにする。最後のふたつは「予カ設ル所ナリ」、つまり長音・促音の表記法は先例があるが、複雑な音（拗音など）の表記法は、自分の発明だというのである。

大槻玄沢は『蘭学階梯』巻下、音韻を扱った「訓詁」（図27①）に良沢の「和蘭訳文略」をほぼ全面的に引用し、

右ノ類、蘭化先生、和蘭訳文略ノ中ニ所レ載ノモノなり。今、其二三ヲ採録シテ、増減ヲナシ、以テ吾党ノ蒙生ニ示スモノナリ。（『洋学上』）

というほか、「文字」「数量」の項、「配韻」の音節表（図27②）などでも書名は明記せず、しかし明らかに相当量を引用している。

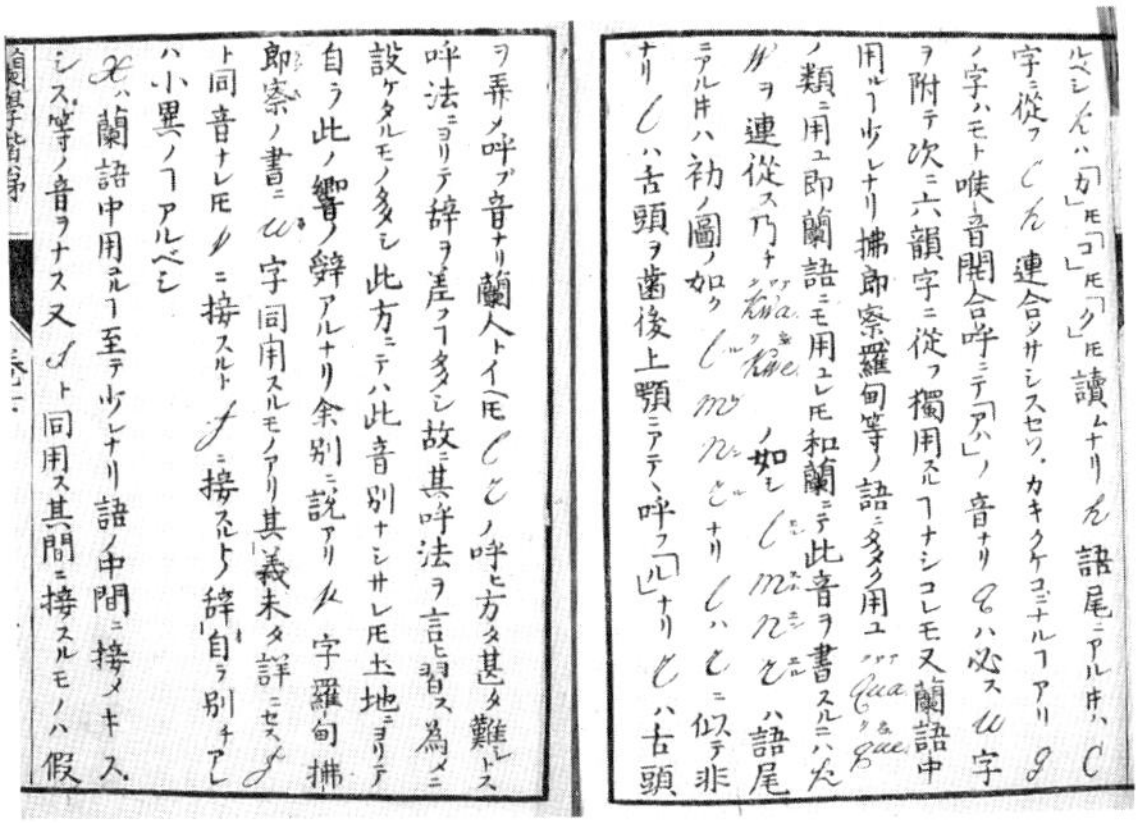

①

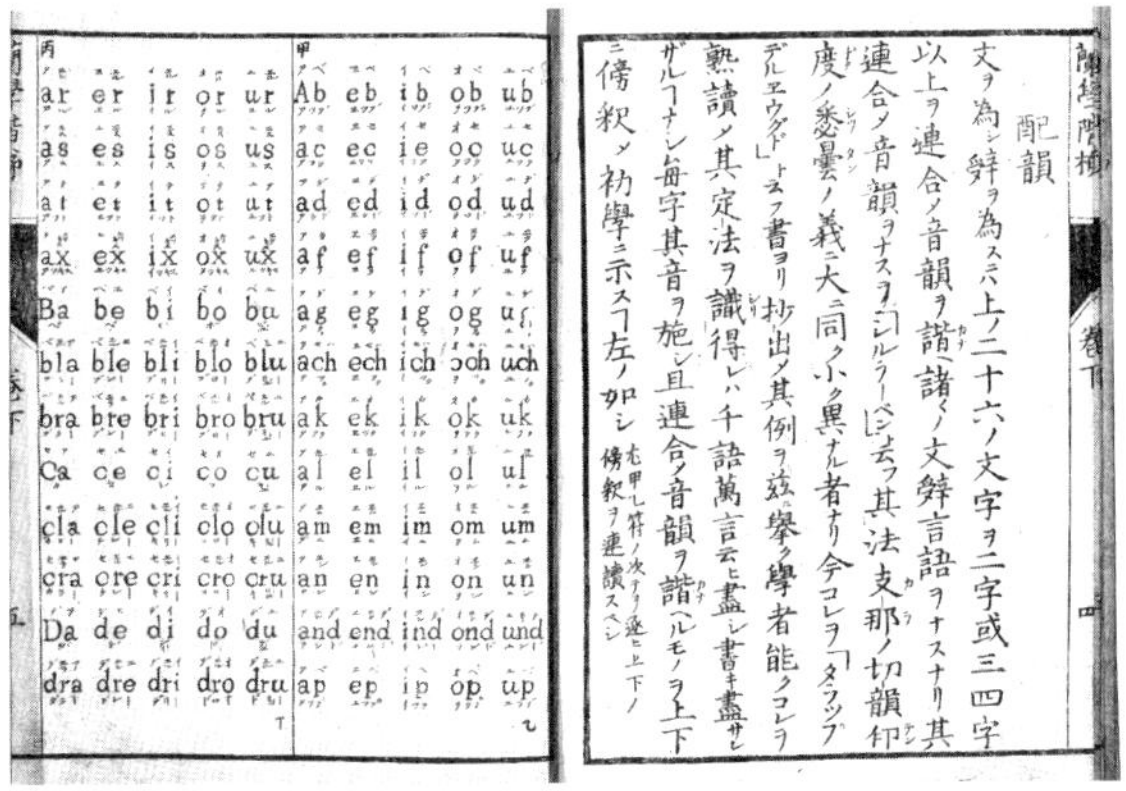

②

図27　『蘭学階梯』巻下（①・②）（大分県立先哲史料館蔵）

「点例考」

この資料は今日伝わらないが、『蘭学階梯』に引用されており、のちに増補されて「和蘭点画例考補」（天明七年成立）となる。『蘭学階梯』「点例」では、「蘭化先生ノ点例考ニ由テ、其ノ一二ヲ称シ、学者ノ求ニ備フ」として［,］「コムマ」［;］「ピュンクトコムマ」［:］「ドゥピュンクタ」［?］「フラーガテーケン」［//］「ジヒシヲ」［・］「ピュンクトム」等ノ欧文記号の訳と用法が紹介されている。「点例」とは漢文の訓点・訓読をさすが、ここではオランダ語における句読点・符号である。なじみのない記号に対し、どのような訳語を当てたのか、みておきたい。

［,］（komma）分点
［;］（punctkomma　現在は kommapunt）半節点
［:］（dupuncta　現在は dubbelepunt）重点
［?］（vraagteken）問点
［//］（ラテン語 diffissio）分言点
［・］（ラテン語 punctum）畢点

これらのほか、名称も用法もないが［/］（スラッシュ）と［—］（ハイフン）が「如レ此モアリ」として紹介されている。
この「点例考」も、『解体新書』訳述グループのための解説とされている（片桐一男「『和蘭點画例考補』と『西文譯例』」）。

「**助語参考**」

「点例考」同様、今日伝わらない。また残念ながらその後増補された成果も確認されていないが、『蘭学階梯』で蘭化先生の著作としてあげられ、「助語」の項で紹介されている。

助語ハ蘭語「リットウョールド」ト云フ。其数ト其転意と甚ダ多端ナリ。能クコレヲ会得セザレバ、其書貫通シ難シ。然レドモ、前後文章ノ応接ニ随テ其意転ズルヲ以ヲ、一定ノ義ヲ得難シ。…誦読数遍ニ及ベバ、自ラ其旨ヲ会得スルコトナリ。…（『洋学上』）

と苦しい説明だ。そもそも助語をリットウョールド lidwoord（冠詞）とするのが間違い、前にも述べたように、当時は文法理解が不十分で、冠詞・前置詞・接続詞・副詞・一部の動詞を一括して「助語」と称していた。翻訳の不正確さの要因でもあり、前野良沢も助語には苦しんだと思われる。大槻玄沢は、其学ニ入ルノ後、助語参考等ノ書、且ツ其学者ニ尋問シテ可ナリ。

と述べるが、このレベルの「助語参考」では、参考にならなかっただろう。

以上、『解体新書』訳述期間中に良沢が同志のために著わした「蘭訳筌」「和蘭訳文略草稿」「点例考」等について述べた。医書翻訳をめざし、彼は持てる知識を総動員して精励したのだ。

四 『解体新書』完成へ

翻訳の同志

明和八年(一七七一)三月五日、築地鉄砲洲の中津藩中屋敷、前野良沢宅で「ターヘル・アナトミア」の翻訳が始まった。メンバーは良沢、杉田玄白、中川淳庵、それに桂川甫周も早い時期から参加した。良沢を盟主として一か月に六、七日集まったのだが、小川鼎三氏は「意外なのは彼らが翻訳の仕事をはじめてから一年一〇か月程経った安永二年の正月には、本文二八章、頁数二四九のターヘル・アナトミアが一応は訳し終えていたことである」(『洋学下』解説)といっておられる。『蘭学事始』のやや大げさな苦労話を信じれば「意外」かもしれないが、良沢は骨ヶ原に行く前に「ターヘル・アナトミア」を読み始めていたし、一定のオランダ語力を有していた。そして前述のように、複数のテキストを著わし、文字・発音・翻訳の基礎を同志に教えつつ、辞書を引いて語彙を増やしていったのである。一か月に六、七回で一年一〇か月というと、概算で一四〇回前後の会合数となる。原書二四九ページを単純に割ると、一日一~二頁(平均)訳したことになり、彼らの出精ぶりを称えこそすれ、「意外」とは思わない。

具体的には、良沢が原書を音読し、他のメンバーがカタカナで書き取る。そして良沢がマーリンの辞書を引きつつ訳語を模索、訳語が定まれば皆、一語ずつカタカナの傍に書き込む。抽象的でわかりにくい表現は、辞書の記述や自分たちの知識に基づいて議論したり、想像力をふくらませたりする。毎回、訳語は杉田玄白が自宅で文章化する。作業はこのように進んだのではないだろうか。

この会合で良沢にオランダ語を学び、その後蘭学者として活躍した人々もいる。次に翻訳の同志・協力者を紹介する。

中川淳庵

杉田玄白の「ターヘル・アナトミア」入手を仲介した小浜藩医中川淳庵（一七三九－八六）は、江戸で生まれ、早くから本草学に関心を持っていた。平賀源内（一七二八－七九、本草学者・戯作者・発明家としても知られた）との交友も深く、ともに火浣布（石綿による耐火織物）を完成させた（一七六四）ほか、オランダ文字を習い、江戸参府の通詞から知識を得ていた。

この火浣布だが、前野良沢にも成立年不詳の「火浣布」という著作があり、蘭書により火浣布（オランダ語 asbest）の性質・用途・製法・ヨーロッパの産地・薬効等を説明している（『前野良沢資料集第二巻』）。平賀源内に火浣布の情報を提供したのは中川淳庵だというが、源内の『火浣布略説』（一七六五刊）には薬効がないので、良沢の「火浣布」と中川淳庵の関係は今のところ不明だ。

中川淳庵は「ターヘル・アナトミア」翻訳開始時は三三歳、熱心にオランダ語を学び、『解体新書』刊行のさいも大いに貢献した。前に紹介したスウェーデンの植物学者ツュンベリーは、江戸滞在中

（一七七六）、毎日自分を訪ねてきて、物理学・経済学・特に植物学・外科学・内科学を深く究めようとしていた熱心な医師二人として桂川甫周と友人の中川淳庵に言及している。「二人とも－とくに中川は－かなりうまいオランダ語を話し、また自然誌・鉱物学・植物学についてなにがしかの知識を持っていた」と（高橋文訳『江戸参府随行記』参照）。離日後のツュンベリーとオランダ語で文通したことは先述した。ツュンベリーの『日本植物誌』にも名が載っている。

彼は安永・天明年間に三度出島商館長を務めたイサーク・ティツィング（Isaac Titsingh 1745-1812）とも親交があり、やはりオランダ語で文通している。ティツィングは、『日本風俗図誌』でも知られる日本研究者で、吉雄耕牛・桂川甫周とも文通した人物だが、後述の「輿地図編小解」とも関わりがある。

中川淳庵は未完ながら現在の日本薬局方の源流となった「和蘭局方」他の著訳書を遺し、天明六年（一七八六）六月に江戸で没した。享年四八歳。

桂川甫周

桂川家は、初代甫筑邦教《くにみち》（一六六一－一七四七）が師嵐山甫安にちなんで本姓森島を桂川（嵐山を流れる川）と改め、六代将軍家宣の奥医師となって以来（吉宗の時代に一時退いたが復活）、代々オランダ流外科で将軍家侍医を務めた特別由緒ある家柄である。

この甫周は桂川家第四代甫周国瑞《ほしゅうくにあきら》（一七五四－一八〇九）で、父の三代甫三国訓《ほさんくにのり》は青木昆陽からオランダ語を少々は学んでいた。

最初より会合ありし桂川甫周君は、天性穎敏・逸群の才にありしゆゑ、かの文辞章句を領解し給ふことも万端人より早く、未だ弱齢とは申せ、社中にても各々末頼もしく芳しとて賞嘆したりき。（『蘭学事始』）

と、「ターヘル・アナトミア」訳述開始時は二一歳だったので、良沢のオランダ語指導にもよく応《こた》えた様子だ。甫周はこの二年前の明和六年（一七六九）、一九歳で幕府の奥医師に昇任していた。つまり直参《じきさん》で、藩医前野良沢・杉田玄白・中川淳庵ら陪臣とは身分が違う。玄白が敬語を使うのはそのためで、次のようなこともあった。事を急ぐせっかちな玄白を同志が笑うので、「かたがたは身健かに齢は若し、翁は多病にて歳も長《た》けたり。ゆくゆくこの道大成の時にはとても逢ひがたかるべし。人の死生は預め定めがたし。（中略）このゆゑに翁は急ぎ申すなり。諸君大成の日は翁は地下の人となりて草葉の蔭に居て見侍るべし」といった時。

桂川君などは大いに笑ひ給ひ、のちのちは翁を渾名《あだな》して草葉の蔭と呼び給へり。

明朗で茶目っ気たっぷりの性格がうかがえるが、実際には玄白を「草葉の蔭」とからかった甫周の方が五〇代で先にこの世を去っている。

甫周は社交家で（好男子ゆえ大奥で噂になり、一時格下げされた逸話もある）、桂川家は文化人のサロン、蘭学のパトロンの役割も担っていた。前野良沢父子と桂川家の縁も浅からぬものがあったが、それは後述する。

前述のツュンベリーも、甫周について、愛想がよく陽気で、学問に熱意を持っていると称賛したが、賛辞に違わず、彼は天明三年（一七八三）には法眼（奥医師の最高位）、寛政六年（一七九四）には医学館（幕府の医学校）教授となる。そして「和蘭薬撰」「海上備要方」などを著わす一方、世界地理にも関心を寄せ、ブラウの世界図（*Nova Totius Terrarum orbis Tabula*, Amsterdam,1639）の説明文を和訳した（一七八六）。この地図は、宝永六年（一七〇九）に新井白石がイタリア人イエズス会士シドッティ Giovanni Battista Sidotti）を尋問したさいに用いたものである。

桂川甫周はまた、漂流民で寛政四年（一七九二）にロシア使節に送還された大黒屋光太夫から得た情報に蘭書の知識を加え、「漂民御覧之記」「北槎聞略」を編著、蘭書から「魯西亜誌」を訳して、幕府の北方問題対策に貢献することになるのだが、これらも前野良沢のロシア研究と関わりがあるので、再度ふれる。

のちに多くの蘭書を読みこなし、中川淳庵同様ツュンベリー、ティツィングとオランダ語で文通するだけの語学力は、「ターヘル・アナトミア」訳読の会合に参加する中で基礎づけられたと考えられる。桂川家が築地にあったことも幸いしたかもしれない。

翻訳の同志すなわち「同臭の人」として杉田玄白が名をあげているのは、他に嶺春泰・烏山《うやま》松円・桐山正哲である（『蘭学事始』）。

嶺春泰（一七四六－九三）は高崎藩医で宝暦一二年（一七六二）から江戸に住み、前野良沢に師事してオランダ語を学んだ。そしてボイセンの翻訳を企てたが、完成せずに四八歳で病没した。

烏山松円については不明、桐山正哲（?－一八一五）は弘前藩医で本草学者だが、実際にどれほど翻訳の仕事に携わったかは明らかでない（『洋学下』解説）。

訳語の創出

そもそも江戸にてこの学を創業して、腑分《ふわけ》といひ古《ふ》りしことを新たに解体《かいたい》と訳名し、且つ社中にて誰いふともなく蘭学といへる新名を首唱し、わが東方闔州《にっぽんそうこくじゅう》、自然と通称となるにも至れり。

（『蘭学事始』）

このようにOntleedkunde に「解体」という新しい訳語を与え、「蘭学」という新名を首唱した前野良沢・杉田玄白・中川淳庵・桂川甫周らは、精緻な西洋解剖学を日本に移植するにさいして、数多くの新しい日本語を生み出した。古来「五臓六腑説」に対応する語彙しか持たなかった日本語の世界に、異なる医学体系・理論を受け容れるとなれば、ふさわしい訳語を模索し、新しい概念を提示することが求められる。

『解体新書』における異文化受容の基本方針は、次の「凡例」に示されている。

一、訳に三等あり。一に曰く翻訳、二に曰く義訳、三に曰く直訳。和蘭呼びて価題験《ベンデレン》と曰ふ者は、即ち骨なり、則ち訳して骨と曰ふが如きは、翻訳これなり。また、呼びて加蠟仮価《カラカベン》と曰ふ者、骨にして軟かなる者を謂ふなり、加蠟仮《カラカ》なる者は鼠の器を嚙む音の如く然るを謂ふなり、蓋し義を脆軟に取る、価《ベン》なる者は価題験《ベンデレン》の略語なり、則ち訳して軟骨と曰ふが如きは、義訳これなり。また、呼びて機里爾《キリイル》と曰ふ者、語の当つべきなく、義の解すべきなきは、則ち訳して機里爾《キリイル》と曰ふが如きは、直訳これなり。

（『洋学下』所収本より引用）

翻訳・義訳・直訳は、良沢の「思思未通」にも出てくる用法で、「翻訳」が既存の漢語・日本語に当てはめる方法、現在の「直訳」に相当する。「五臓六腑説」と同じ「脳・眼・耳・心・肺・胃・肝・腎」等々、ここの例のベンデレン（beenderen）＝骨でいうと、sleutel-beenderen＝欠盆骨（現在は鎖骨、「欠盆」は漢方用語で鎖骨の上のくぼみ）が翻訳である。

「義訳」は翻訳できない時に意味をとって訳す方法で、例えばカラカベン（kraakbeen）は、カラカ（kraak＝ものが壊れるような音、カリカリと砕く音）を「軟らかい」と解釈、ベン（been：骨）と合わせて「軟骨」とした。現在の「意訳」にあたる。

「神経」も、以前から「ゼイヌン、世奴《セイニュ》、世奴《セヌ》」と「直訳」されていたzeenuwに対し、「唐にていふ神気」と漢方用語の「経脈」を合わせて義訳した造語だと玄白はいう（『和蘭医事問答』）。ただ、一七世紀末長崎のオランダ通詞本木良意がレメリン解剖書の翻訳を試みた中に「神経」が登場し、これは明和九年（安永元＝一七七二）に鈴木宗云により『和蘭全軀内外分合図』と題して出版された。これまでのところ『解体新書』への影響は認められないというが、「神経」の発想は偶然の一致だろうか。またこれは良沢の発想か玄白のそれかも判然としない。

「義訳」には「軟骨」のような合成語が数多くみられる。het Trommel-vlies は、よくわからないhet（定冠詞、当時は助語）は無視して trommel（太鼓）＋vlies（膜）の「鼓膜」、drie（三）＋halfronde（半円）＋buizen（管）で「三半規管」、slekken（蝸牛）＋huis（家）で「蝸牛殻」、twaalf（一二）＋vingerigen（指）＋darm（腸）は「十二指腸」（「その長さ十二指横径の如し」と原文にある）

等々、単語を要素に分解して訳語をあて、それを合成するのだが、言い得て妙と感心する訳語が多い。これらは良沢がまず辞書を引き、彼の訳語を皆で吟味して決定したものであろう。

最後の「直訳」は現在の「音訳」で、例にあげられたキリイル（klier）は、のちに宇田川玄真（一七六九－一八三四／大槻玄沢・桂川甫周に蘭学を学び、一時杉田玄白の養子となったが放蕩のため離縁された。その後宇田川家を継いで津山藩医となり、精励して大成する）がキリイルに国字「腺」を当て、『医範提綱』（一八〇五刊）で公にして現在にいたっている。この「直訳」には、不明なものは不明として後世にゆだねる学問的態度をみることができる。

未知の抽象的概念の理解も、高い壁であった。「シンネン（精神）などいへること出でしに至りては、一向に思慮の及びがたきことも多かりし」と杉田玄白は回顧しているが（『蘭学事始』）、zinnenは『解体新書』では「意識」となっている。zinnenは「意味・感覚」の義だが、当時「感覚」という言葉は存在していなかったので、苦心の末、仏典から意識という訳語を借りてきたのではないかとされる（吉田忠「『解体新書』から『西洋事情』へ」）。

現代の医学用語・身体用語の多くは、このように幾多の困難を乗り越え、皆が知恵を絞って造り出したのである。玄白ひとり、良沢ひとりの力ではなく、協同作業の成果と考えるべきであろう。全員が医者で基礎知識を持っていたこと、漢字の造語力を最大限に活用したことも訳語創出において忘れてはならない要素といえる。多少の誤訳・迷訳はあっても、それを補って余りある画期的な労作であった。

『解体約図』・『解体新書』の出版

「ターヘル・アナトミア」翻訳開始から二年足らずで、本文は一応訳了したようだ。そのことを示す資料が、安永二年（一七七三）正月に江戸の須原屋市兵衛により出版された『解体約図』（図28）である。木版一枚刷り五枚で、全身骨格図、内臓の解剖図、全身脈絡図と序文・本文から成り、図も文も『解体新書』とは異なるが、実は『解体新書』の出版予告、いわゆる「報帖《ひきふだ》」だ。

僕嘗従テ二事於紅毛解体書ノニ一而訳スルコトレ焉有リレ年二於茲ニ一也 今既ニ成ル名テ曰フ二解体新書ト一矣……

侍医　玄白杉田翼　誌
若狭　同　淳庵中川鱗　校
処士　元章熊谷儀克　図

とあるのをみると、訳読中はあくまで前野良沢が盟主で、杉田玄白は文章を整える世話役、他のメンバーも対等に協力していたはずが、杉田玄白がひとりで訳し、解体新書と名づけたことになっている。

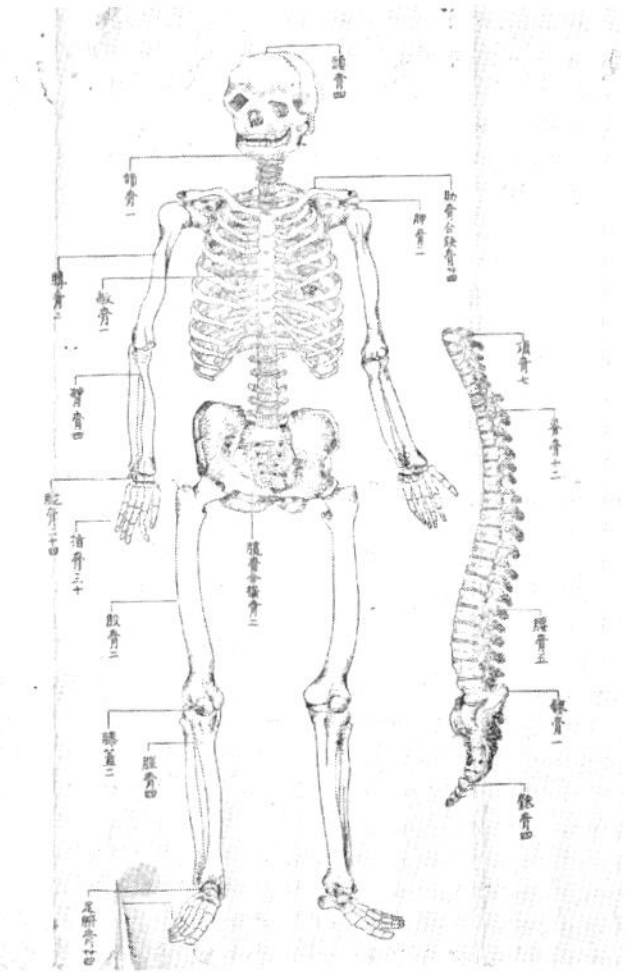

②

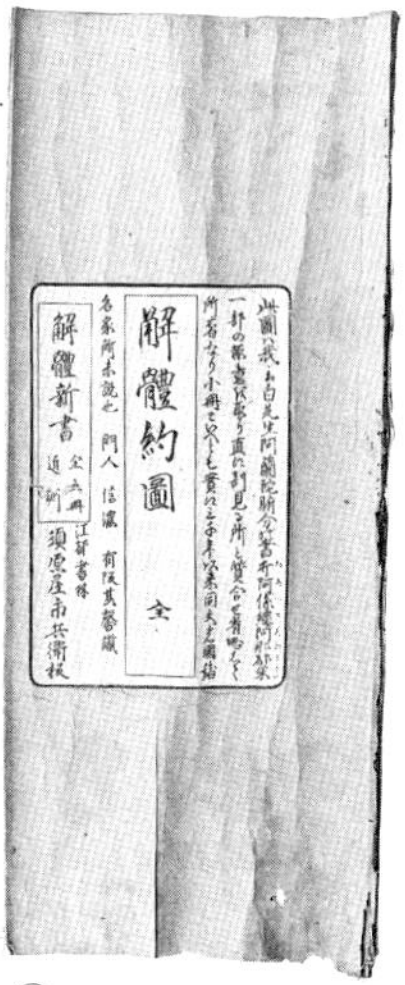

①

図28　『解体約図』（①〜④）（個人蔵・三浦梅園資料館収蔵）

さらに包み紙（貼外題）には、

此図ハ我玄白先生阿蘭陀腑分の書打阿係縷《タアヘル》阿那都米《アナトミイ》一部の趣意を取り直に割見る所と質合せ省略して所著なり小冊といへとも実に三千年以来同文の国諸名家所未説也

門人　信濃　有阪其馨識

と、やはり玄白の仕事であることが明記されている。有阪其馨（東渓）は、玄白の妻となる（安永二年五月）登恵の両親か姻戚者だというので（『杉田玄白』）、若狭藩の人間と身内で固め、いち早く『解体新書』は杉田玄白の訳であると宣言し、それを既成事実化する所業とも受け取れる。

『蘭学事始』には、後藤梨春の『紅毛談《オランダばなし》』

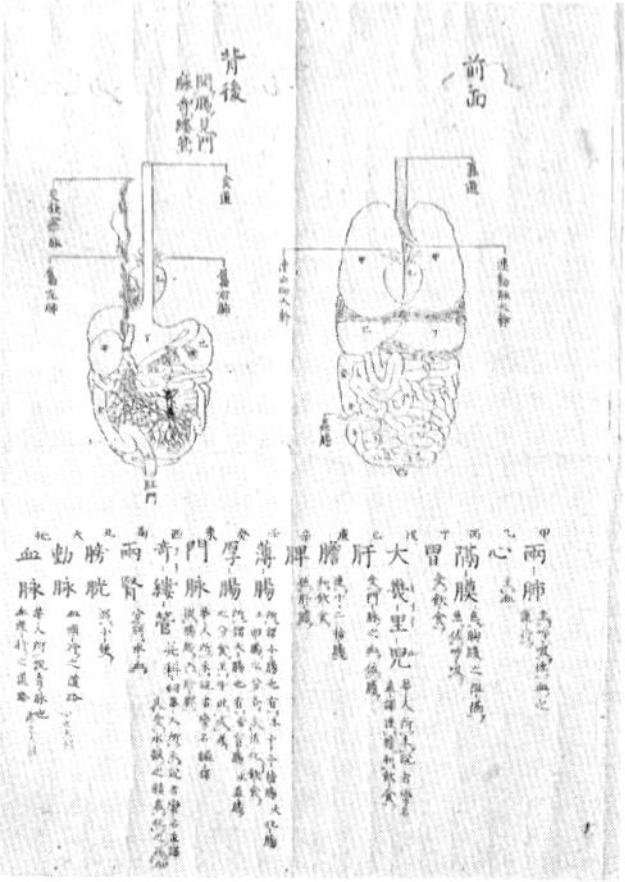

③

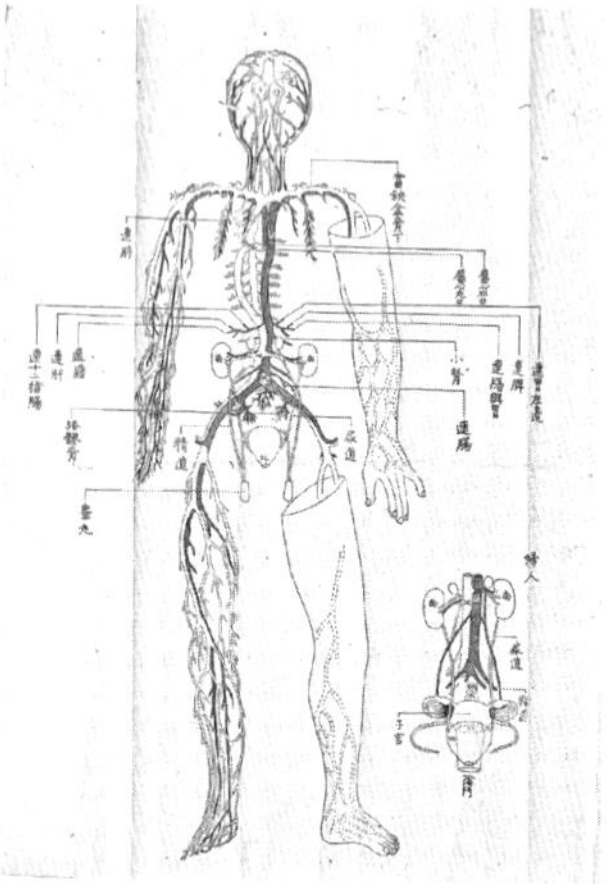
④

が明和二年（一七六五）に刊行されたが、ABC二五文字を載せたために絶版を命じられた。そこで世間の反応をみるために『解体約図』を出版したように書かれているが、『紅毛談』の絶版の話を疑問視する見方もある（『洋学史事典』）。

このようなかたちでの『解体約図』出版について、玄白の同僚で年下の中川淳庵と年若い桂川甫周はいざ知らず、最年長でオランダ語を皆に教えながら訳読でも指導的地位にあった前野良沢がどう感じたか。本人は何も書き残さないので想像するしかないが、小川鼎三氏もいわれる通り、売名的なやり方には反対で、一番槍の功名を狙った玄白の行為を愉快には思わなかったのではないか（「前野良沢」）。

良沢はしかし、この年の三月、江戸参府の吉雄耕牛を玄白と共に長崎屋に訪ね、『解体新書』への序文を依頼している（序文の内容は次に述べる）。そして、玄白はなお文章を整え、挿図を秋田藩士小田野直武（一七四九か五〇－一七八〇）に依頼した。小田野直武は角館（秋田県仙北市）生まれで安永二年（一七七三）、平賀源内に画才を認められて洋風画の手ほどきを受け、同年一二月に江戸詰を命じられた人物である。直武は木版画で、原書フィリプスの銅版画と見まがうほどの作品を多数完成させた。

『解体新書』全五冊が『解体約図』同様、須原屋市兵衛により出版されたのは安永三年（一七七四）八月であった。本文巻之一～巻之四の四冊と序文・凡例・附図一冊で、本文四冊の各巻頭には「日本　若狭　杉田玄白翼　訳、同藩　中川淳庵鱗　校、東都　石川玄常世通参、官医　東都　桂川甫周世民閲」と四人の名が並んでいる。石川玄常（一七四四－?）は漢方医で、前野良沢に入門、『解体新書』の訳述にはだいぶ遅れて参加した人物のようだ（『洋学下』）。「凡例」にクルムス以外の参考書の一冊として「米私計爾《ミスケル》解体書〈処士石川玄常蔵する所、亜爾馬泥亜《アルマニャ》国の書〉」がある。書物はドイツ語のMuskelanatomie（筋肉解剖学）かともされるが、遅く参加した石川玄常が、最初からの同志と同格の扱いで、良沢にとって『解体新書』とは何であったのかと思わざるをえない。これまでにもいろいろ推測されてきたことではあるが、今一度、良沢の心情をおもんぱかってみたい。

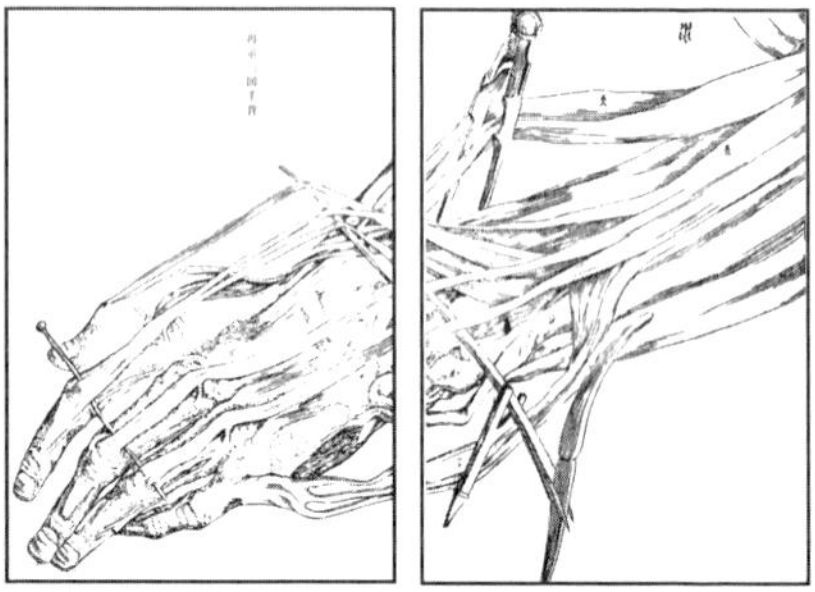

「手背」

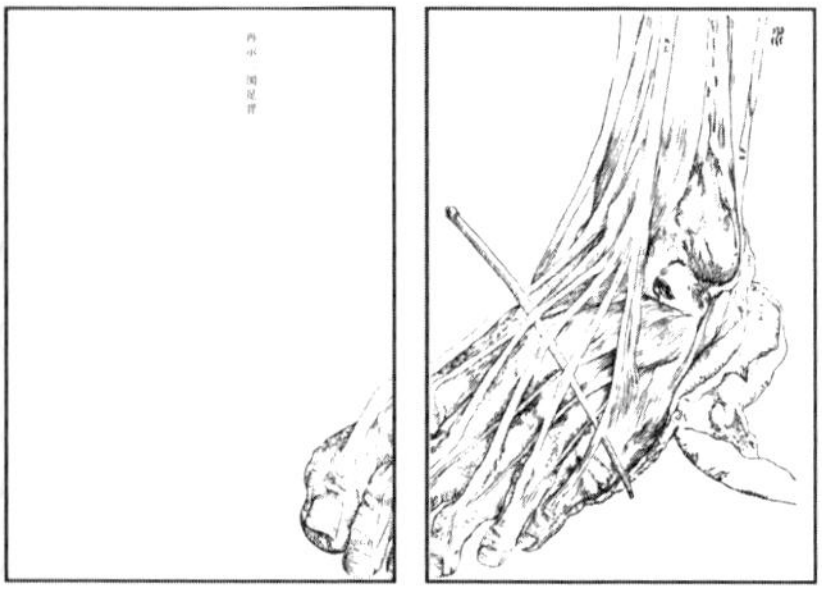

「足背」

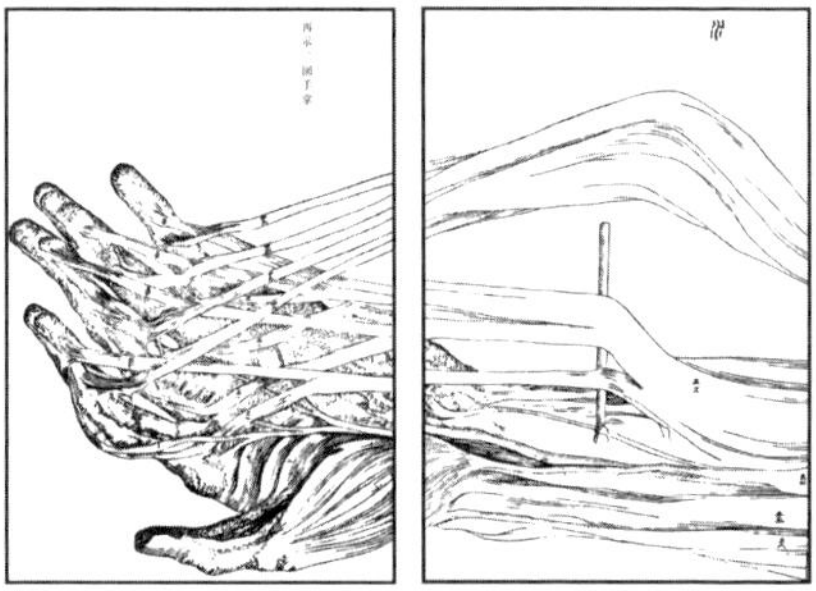

「手掌」

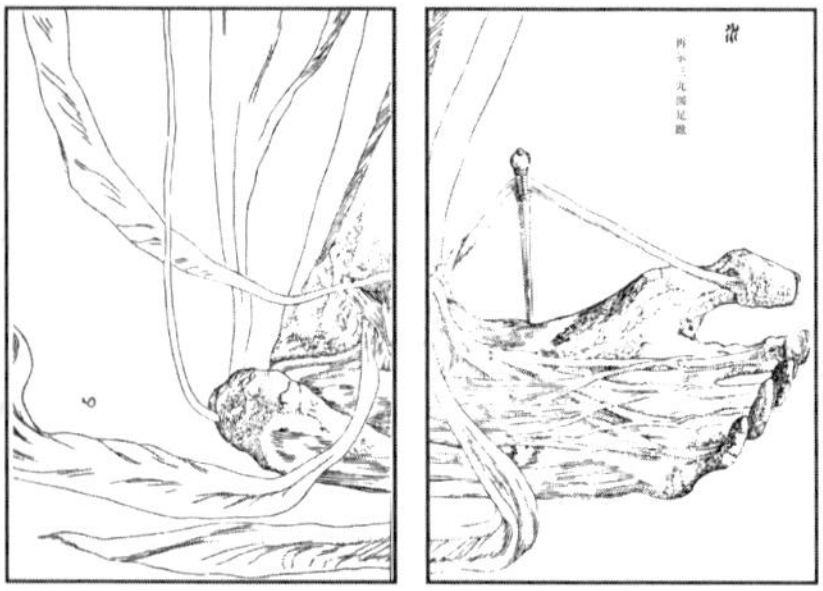

「足蹠」

図29　『解体新書』の小田野直武の挿図（『前野良沢資料集第一巻』より）

『解体新書』は、多くの挿図をクルムス以外の解剖書（「凡例」によれば五種）から取り、説も六種の解剖書から取っている。これら参考書のうち「安武児外科書解体篇」と「武蘭加児解体書異本」は「中津侍医前野良沢蔵する所」であった（「凡例」）。この「安武児」は「北」という記号で示され、『解体新書』中（少なくとも私には）最も衝撃的な「手背《しゅはい》」「手掌《しゅしょう》」「足背《そくはい》」「足蹠《そくせき》」の筋肉と腱などの図（図29）に使われているが、小川鼎三氏によればアンブロアズ・パレではなくビドローG.Bidlooの解剖図と酷似している（『洋学下』解説）。ほぼ等身大ゆえの迫力は『解体新書』の商品価値を高めていると思うが、この図の採用にははたして前野良沢は関わっていただろうか。

ビドロー（一六四九－一七一三）はアムステルダム生まれの外科医・解剖学者で、三六歳の時出版した解剖書は過激な人体描写と美麗な描写で賛否両論の反響があったが、彼は名声を得、ウィレム三世の庇護を受けることになった。ウィレムが名誉革命でイギリス国王に即位するとその侍医になり、一六九四年にはライデン大学外科学・解剖学教授となり、しばらくイギリスとオランダを往復して活躍した。前述のアルビーヌスもビドローの弟子のひとりである。

『ビドロー解剖書』の図を描いたのは、蘭学と縁の深い、リエージュ生まれの画家ライレッセ（『大画法書』は、森島中良『紅毛雑話』でも紹介された）、ライレッセの図はイギリスのカウパーが自身の解剖書に盗用し、『解体新書』には孤烏百爾（コウペル）への言及もあるので、小田野直武が模写したのがビドローかカウパーかは、未だに不明とされている（『ビドロー解剖書』については酒井シヅ・菅野陽氏らの研究がある)。

杉田玄白が友人小田野直武に木版挿図を依頼したのは、直武が江戸に来た安永二年(一七七三)一二月以降のはずである。例えば有名な扉絵は、クルムスではなくスペインのワルエルダ J.Valverda de Hamusco の解剖書扉絵に手を加えたものとされている。男女はアダムとイヴではあるが、メスを持つ女性が女性の死体解剖を始めようとするクルムスの扉絵(ちなみに後の『重訂解体新書』ではこの扉絵が使われている)と比べるとワルエルダの方がデザイン的にすぐれ、画期的な書物にふさわしい(図30~33)。玄白はそう考えただろうし、クルムスの「耳」の図(図34)では原書が四図のところを六図(図35)に増やし、内容の充実を図っている。

本文中、随所に「翼按スルニ」の按文がみられることに加え、効果的な挿図を考えて小田野直武に指示あるいは相談し、魅力的な本づくりに腐心したのはもっぱら杉田玄白。出版前の最終段階、図の選定などに前野良沢はもはや関与していなかったと推測するのだが、何故杉田玄白が『ビドロー解剖書』(フォリオ版、約五二×三六センチの大版)を「安武児」としたのか、誰がビドロー或いはカウパーを所持していたのかは謎である。

それでは良沢にとって『解体新書』とは何であったのか。何故名前を出さなかったのか。色々取り沙汰されてきたことではあるが、今一度検討したい。

図31　ワルエルダ『解剖書』扉絵

図30　「ターヘル・アナトミア」扉絵
（図30、34は復刻版）
（大分県立先哲史料館蔵）

図33　『重訂解体新書』銅版図

図32　『解体新書』扉絵
（大分県立先哲史料館蔵）

（図31、33は、武田科学振興財団杏雨書屋蔵）

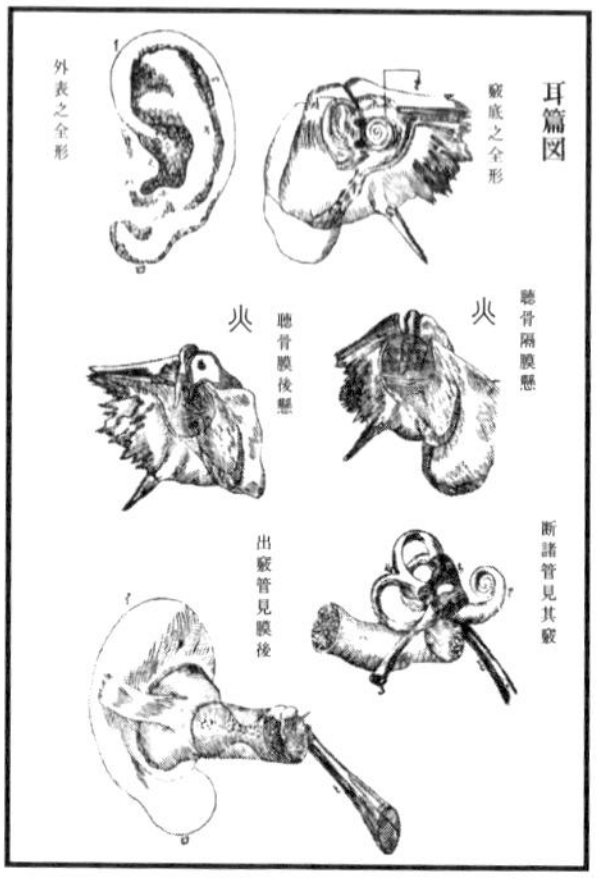

図35　『解体新書』の耳
（『前野良沢資料集第一巻』より）

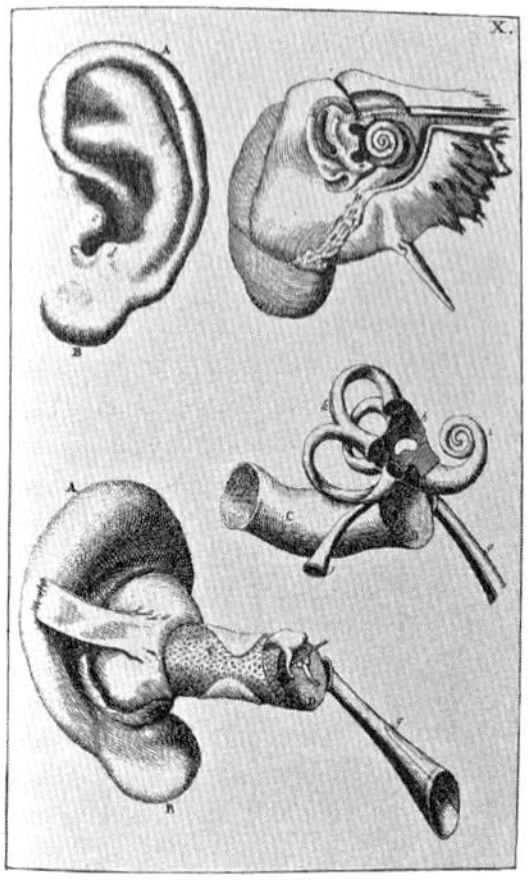

図34　クルムス「ターヘル・アナトミア」
の「耳」

記号から、桂川甫周蔵「ブランカール解体書」（ブランカルト解剖書）の２図を直武が加えたことがわかる。

五　良沢にとっての『解体新書』

吉雄耕牛の序文

『解体新書』中、同書の成立に前野良沢が深く関わったことを明言しているのは吉雄永章（幸左衛門・耕牛）の序文のみである（原漢文）。前述のように安永二年（一七七三）三月、江戸に来た吉雄を良沢と玄白が訪ね、ほぼ出来上がった訳文を見せて序文を懇請した。

「阿蘭之国精乎技術也。」に始まる序文は、天文医術から器械衣服に至るまで、その精妙工緻なことが世界で最もすぐれているオランダの学術を学んだ日本人は少なくなかったこと、しかしながら理解が難しく、中途でやめてしまう人が多いこと、オランダ通詞の家に生まれて幼少期からそれを習った自分でさえ、学術の事理の奥深いところを究めるのは容易ではないことを述べた上で、前野良沢の人物を称賛している。

「先是中津官医前君良沢者。間余乎崎陽。余視之。豪傑士也。…」、良沢が大変な勉強家なので、自分はその篤好に感じて持てる知識を伝授したが、その後は「出藍之器」、江戸に戻ってからも一、二の同好の士と研鑽を積んだと述べる。そして自分が江戸参府に付き添って来るたびに、良沢は同好の士を連れて宿舎（長崎屋）を訪問、長崎に帰れば懇ろな挨拶の文を送ってくるともいう。

今年（安永二年）の春、また良沢が自分を訪ねてきた。礼儀正しいことは以前の通りで、同道の杉田玄白が著書『解体新書』を自分に見せて「翼也従良沢氏。遥辱承先生之余教。乃就蘭書中。取其解体之書読之。従而解。従而訳。」遂に成果を得たと言う。是非読んでいただいて疑問点を正すことができれば有難いと言われ、読んでみると詳しく明確で、原文と比較してひとつも間違いがない。その努力に感じて思わず涙を流し、感嘆した。これまで学者は多くいたが、学者は訳を成すことができず、訳者（通詞）は文章が拙かった。今二君が、「豪傑之質」と「篤好之志」を以て「其心力智巧」を尽し、ここに至った。二君の功は「実天下後世之徳」である。「千古以来。未有如二君者也。…」

このように吉雄耕牛の序文の後半は、「二君」を六度も繰り返して激賞し、翻訳に間違いがないなどという誇張を割引いたとしても『解体新書』が前野良沢と杉田玄白の功績であることを強調しているのである。翻訳開始から一年一〇カ月でほぼ訳了、宣伝のための『解体約図』も正月に刊行して、『解体新書』を杉田玄白の著書としていた玄白にとっては、十分満足のゆく序文ではなかったかもしれない。

この段階では小田野直武の挿図もなく、体裁も整っていなかったはずだが、当初から「ターヘル・アナトミア」の翻訳・刊行に強い熱意と意欲を持っていた杉田玄白はその後周到な準備を重ね、序文を得て一年半弱の後『解体新書』を上梓した。出版に際しても、将軍家には侍医桂川甫三（甫周の父）を介して、京都の公家には従弟吉村辰硯《しんせき》を介して献上し、幕府の老中たち（田沼意次を含む）にも一部ずつ進呈してお咎《とが》めのないことを確認した。

『解体新書』が一般に流布するのは、安永四年（一七七五）九月二七日に須原屋市兵衛により販売手続きがとられてからで、室町三丁目の刊記をもつものが先に刷られ、後に室町二丁目の刊記のものが販売されたという（松田泰代「武田科学振興財団杏雨書屋所蔵『解体新書』」）。正確な発行部数は不明だが、幾度も増刷され、長期間にわたり全国に流布したのは確かだ。

これまでのところ、吉雄耕牛の序文を欠く『解体新書』は寡聞にして知らない。少なくともこの序文を読めば、前野良沢の関与は疑うべくもないだろう。

太宰府天満宮の誓い？

『解体新書』の訳者として前野良沢の名がない理由に、太宰府天満宮の誓いを挙げる研究者は多い。長崎遊学の途中、太宰府天満宮に参詣した良沢が、オランダの学術の勉強が成就することを願い、それは決して己れの功名心からではないので、違反したら神罰を与えよと祈ったという逸話が、いかにも潔癖で学究肌の良沢にふさわしく思えるからだ。杉田玄白に『解体新書』への序文を請われた時、太宰府での誓いを理由に断わったというもっともらしい話の出所は、野崎謙蔵が文化元年（一八〇四）春に記した「蘭化先生碑」の文章である。

野崎謙蔵という人物は、大槻如電『新撰洋学年表』（昭和二年）によれば加州（加賀国）の人、皆川淇園に学び、寛政年間に江戸に出て因幡藩主池田侯の侍講となった。因幡鳥取藩医であった稲村三伯（一七五八－一八一一、大槻玄沢門人で『波留麻和解』の編者。海上随鷗《うながみずいおう》とも称した）との親交はあったが、前野良沢との接触はない。享和三年（一八〇三）一〇月に没した良沢の顕彰碑の碑文作成を命ぜられて記したというが、「碑」そのものの実在（現在はないが、かつて亀戸天神境内にあったという話）も疑わしく、碑文草稿が転写されて伝わったようだ（岩崎克己『前野蘭化1』）。

前野良沢の門人でも知人でもない野崎謙蔵が、いったい誰からこのような情報を入手したのか。良沢が大槻玄沢に話し、玄沢が稲村三伯に伝えたことが野崎謙蔵の情報源になった、と考えられなくもないが、やはり考えにくい。あの記憶力の良い杉田玄白が、これほど面白い話を忘れて『蘭学事始』に載せないのも納得がいかないし、江馬細香の「蘭化先生伝」にも記載がない。要するに根拠が疑わしいのである。

江馬細香が、前野良沢長崎遊学時の逸話として記した「其発二江戸一日。謁二訣君侯一。侯曰。凡両事不レ全。汝非レ廃レ医。則宿志不レ可レ達。已拝二恩言一而出。於レ是乎。不三復従二事医薬一。」、つまり奥平昌鹿にオランダ語と医学の両立は難しいので、医学は廃せよと言われ、それを守ったという話は事実ではない（良沢は長崎遊学中も遊学後も、医者であり続けた）。漢学の素養があればあるほど、常《じょう》套《とう》句《く》の使用や誇張はみられるものだ。顕彰碑であればなおさらだろう。

「蘭化先生碑」に記されているのは、訳者として名を出すことではなく、序文を書くことを断わったという話である。杉田玄白が本当に『解体新書』の序文を良沢に請うたのかも疑わしいが、良沢が長崎遊学の途中、太宰府天満宮に参詣したのは事実とみてよいだろう（前述したが、それは当時の定番ルートであったから）。『解体新書』の関係者がまだ多数生きていた時代、実質的な訳述リーダーの名がないことを不思議に思った人は多かったのではないか。序文程度も売名行為とみなす、名利に恬《てん》淡《たん》な学究蘭化先生という話は、その疑問を解消する格好の逸話として噂されていたのかもしれないと思う。

以上の理由で、今のところは太宰府天満宮の誓いの話には疑問符（⊕）を付けておく。勿論、今後何か決定的な資料が出てくれれば、喜んで変説するつもりである。

杉田玄白の語学力

前野良沢は、『解体新書』訳述中の安永元年（一七七二）二月に長女を亡くすという不幸に見舞われた。痛手は大きかったであろうが、同年一一月には「蘭言随筆初稿」をまとめ、翌年三月に吉雄耕牛に序文を依頼している。淡々と続けた作業も一段落した。

安永二年（一七七三）正月の『解体約図』出版の頃から、良沢の心はもはや『解体新書』にはなかったと想像する。元々蘭書を読む仲間が欲しくて始めた会読だったが、杉田玄白が自分の業績として翻訳を出版する意図を露骨に見せるようになり、白けたとも考えられる。「名利に恬淡な良沢はオランダ語の攻究が彼にとり第一の関心事であって、太宰府天満宮での約束なども問題でなく、売名的なやり方には反対である。従って『解体約図』の出版のごときは玄白が当時よく筆舌にしたと思われる一番やりの功名をねらったものとして快よくは考えなかったのではないか」という小川鼎三氏の推測にはおおよそ賛成するが、なお一、二の観点を付け加えて考察したい。

まず医者としての立場の違いである。紅毛外科を標榜する家学のため、是が非でも業績を、という強い動機が推進力になっていた杉田玄白に対し、前野良沢は内科である。「中津侯之侍医前野良沢と申人内科にて、…」(『和蘭医事問答』)と玄白も証言している。長崎遊学後の著作「和蘭訳文略草稿」の題例には、繰り返すが

「予嘗テ和蘭都ノ医術ヲ訳家ニ就テ学フ　然シテ彼カ伝ル所者　僅ニ瘡瘍正骨金簇ノ科ノミニシテ　其他ニ及ハズ　或ハ云フ　本国ノ医内証ヲ治スルモ亦只外ヨリスト　予窃ニ意フ　然ラスト　遂ニ其書ヲ請テ　コレヲ学バント欲ス…」(『前野良沢資料集第二巻』)

とあった。通詞吉雄耕牛に就いて学んだ医術には瘡瘍《そうよう》(はれもの、できもの)・正骨(整骨、骨つぎ)・金簇《きんそう》(刀傷、矢傷)の外科しかなかった。オランダの医者は内科治療もただ外から行うというが、そんなはずはない。それで蘭書を学ぼうと思ったのだ、と述べている。

内科ならではの感想といえようか。奥平昌鹿に買い与えられたボイセンのプラクテーク(内科書)

を精読していたことは、宇田川玄随に先行する本邦内科学史上の注目すべき事象だとされる（岩崎克己『前野蘭化2』）。解剖学への興味も、杉田玄白とは随分温度差があっただろう。

次にオランダ語研究にみる良沢の人物像について述べたい。「名利に恬淡な」というと無欲な、あっさりした人間をイメージしがちである。しかし幸い数多く残っている彼の著訳書からは、自信家で執念深い完璧主義者の姿が浮かびあがってくる。

オランダ語を究めたいと長崎遊学を希望し、それが実現した明和六年（一七六九）一一月～翌年二月頃の段階ですでに、良沢が音韻の知識を持ち、オランダ通詞の発音やカナ表記を批判していたことは前に述べた（「蘭言随筆初稿」参照）。「思思未通」ではオランダ通詞の翻訳を批判的に検証したし、通詞の方法を借りた漢文訓読式の翻訳法を「蘭化亭訳文式」と名付けて紹介している（「和蘭訳筌」）。また著訳書の随所に自身の著書名を引き（現存しないものも多い）、参照を促すところには、強烈な自負心を感じる。

良沢の著訳書はすべて写本で伝わっているので精密な検証はできないが、例えば「和蘭訳文略草稿前野　良沢喜纂述」「和蘭点画例考補　題言…于時　天明丁未季春之日　前野　熹識」のように、著者名を明記したものが少なくない。相手がプロのオランダ通詞であっても、自分が納得いくまで徹底的に検証し、批判もする。文字の考証も、音韻・古語・類語の穿鑿《せんさく》も、辞書を引き、蘭書に当たって積み重ねた知識がある。オランダ語に関しては、自分が江戸で一番の実力者と思っても不思議はない。それだけに「助語」など文法理解が不十分だということも承知していた。

一方杉田玄白は学究肌というより実務派、企画力・判断力にはすぐれていた反面、辞書を丹念に引き、じっくり蘭文を吟味する地味な作業には向いていなかった。明和三年（一七六六）に良沢と共にオランダ大通詞西善三郎に面会、オランダ語学習について尋ねた時も「翁は性急の生まれゆゑその説を尤《もっと》もと聞き、その如く面倒なることをなし遂ぐる気根《きこん》はなし、徒《いたず》らに月日を費すは無益なることと思ひ、敢《あえ》て学ぶ心はなくして帰りぬ。」（『蘭学事始』）と自身回顧している。

その玄白も明和六年（一七六九）三七歳の時に吉雄耕牛からヘイステルの外科書を借りて図を写し、明和八年（一七七一）春に「ターヘル・アナトミア」を藩費で入手したことで、俄然《がぜん》「学ぶ心」に火がついた。ちょうどそこに「ターヘル・アナトミア」を持った前野良沢が来たので翻訳を持ち掛け、会読が始まったような次第だ。

ＡＢＣも知らなかった玄白（「童蒙《どうもう》」）も、前野良沢がテキストを作って文字・発音・訳法を教授しながら会読を進めるうち、次第に語学力を身に付けてゆく。しかし前野良沢があくまで正確な翻訳を追求することをあきらめないのに対し、不備でもよいから一刻も早く世に出すべき、いや出したいというのが玄白の立場だった。日本の医学のためという使命感と家学のためという功名心とが彼を突き動かしたのだが、『解体新書』刊行時の杉田玄白の語学力を示す史料が『解体新書』中に存在する。

それはクルムスの「自序」である。

最後に「若狭侍医　杉田翼　謹訳」と書き、一つも捺印しているこの「自序」については、岩崎克己氏が逐一原文と対照し、「拙劣且つ誤謬を極めたもの」「言々句々、誤訳ならざるは莫しと断言しても差支えない程の、酷い代物」「妄訳」と断言された（『前野蘭化2』）。また小川鼎三氏も「じっさいこの部分には誤訳が多く、日本文の論旨が通らず、何をいっているのか分らない個所がたくさんある。とくに初まりの所と注に関する所がひどい。」（『洋学下』所収本、補注）と、それを追認しておられる。私自身も一応原書と比較してみたが、確かにお粗末きわまりない。岩崎氏が「『解体新書』の何れの頁を、その蘭文原書と対比しても、此の『自序』に於ける程巫山戯《ふざけ》た、また人を莫迦《ばか》にした翻訳は、絶対に発見できない」（『前野蘭化2』）とまで言われるのも尤もで、恥じることなくこれを出版する「神経」を疑いたくなるほどだ。

この自序は、岩崎氏の指摘通り、『解体新書』出版直前に、前野良沢の助力も得られず、杉田玄白がひとりで苦心して訳したものだろう。本の体裁を整えるには必要だし、どうせ誰にも分からない。実用書として『解体新書』を読む人々は、本文や注を原書に照らし合わせて考証することはあっても、序文を丹念に読む人はまずいない。共同作業で進んでいた翻訳事業を、自分ひとりの訳業の形で世に出すことには成功した杉田玄白だが、謹訳した「自序」が、彼のオランダ語の実力を明白に示す証拠となってしまったのである。

小川鼎三氏によればひどくない所、「キリスト教を考慮した玄白の慎重さ」が見られる「自序」の最後の部分を引用する。原文・玄白訳文・岩崎氏による現代語訳の順だが、玄白の苦心と工夫の一端が察せられると思う。翻訳というより作文だということも。

Vaar wel, geneege Leezer, en beschouw met my het Lichaam, welkers Deelen op zo een verwonderenswaardige wyze in het verborgen gemaakt zyn, en waar in de straalen der Goddelyke Wysheid en andere eigenschappen des Almagtigen Scheppers zeer klaar uitblinken, tot uw voordeel en verheerlyking van den Grooten Godt.

謹説学之者。庶幾無疾病。僕亦無恙。明哉天。生人如比書之所説。学者明形体内景者。亦天之徳也。

（親愛なる読者よ。御機嫌よう。そして、夫々の部分が、我々には秘密に、驚くばかり功妙に造られ、その中から神にも似た叡智の光と、全能なる造物主の属性とが煌々とその光を放っている人体を、私と共に研究して見ようではないか。諸君自身の為めにも、また偉大なる神への讃美の為めにも。）

（『前野蘭化2』）

杉田玄白の語学力が乏しいことは、前野良沢の方がよくわかっていたはずだ。実力が無いにもかかわらず、「杉田玄白訳」として本を出版しようとするその姿勢に、良沢は反発し、嫌悪感さえ抱いたのではないかと想像する。一〇歳年下なので、「やれやれ、仕方のない奴だ」と大目にみたところもあったかもしれないが、もう自分は関わりたくないと思ったであろう。オランダ語には一家言持ち自分にも他人にも厳しかった良沢にとって、不満の残る訳文の出版、それも力不足の杉田玄白の訳書としての出版は不愉快なものだったと推測できる。クルムス「自序」の訳文も見なかった可能性が高い。出版された『解体新書』にもほとんど関心がなかったのではないだろうか。

「名利に恬淡」はある程度当たっているとして、本当に名前を出したくないのであれば、「蘭化先生」の説でほぼ構成された大槻玄沢の『蘭学階梯』出版を許すはずがない。吉雄耕牛の序文にも何か一言あるだろう。『解体新書』に前野良沢の名が載っていない理由は、太宰府天満宮の誓い云々でもなく、学究良沢が誰にも譲れないオランダ語の世界の問題だと考える。初めから自分の名前で本を出したかった杉田玄白が、最後に良心がとがめて良沢に序文を請うたのかはわからない。しかし万が一そのようなことがあったとしても、良沢は拒絶しただろう。それはオランダ語学者前野良沢の矜持に関わることだったからだ。

第四章

安永・天明時代の良沢

一　『解体新書』後の玄白と良沢

『解体新書』が刊行されると、大きな反響を呼び、賞讃の一方で漢方医からの非難もわき起こったようだ。杉田玄白は翌年、漢方医の批判に反論を加えながら、解剖学を例に和蘭の医学の優秀性を説いた（「狂医の言」）。そしてさらにその翌年の安永五年（一七七六）には日本橋浜町の新居に移り開業、以後医者・医学者として多忙な日々を送ることになる。前野良沢とも疎遠になるので、良沢について沢山の情報を提供してくれた『蘭学事始』に『解体新書』後の良沢の逸話は少ない。

少し時代が下がるが、文政初年頃の江戸の町には一〇〇〇名以上の藩医が居住していた。医者総数の約半分（残りは町医）で、各藩の中屋敷・下屋敷や藩邸外の屋敷で診療活動を行ったようだし、一九世紀初頭には藩医を中軸とする人的ネットワークが広く形成されていたという（海原亮『近世医療の社会史　知識・技術・情報』）が、遅くとも一八世紀後半には藩医を中軸（或は核）にした人的ネットワークが形成されていたことは、「ターヘル・アナトミア」訳述開始と会読の経緯からも明らかだ。

正確な人数はわからないが、その頃（明和～安永年間）も江戸の町には藩医が多数居住し、なかには杉田玄白のように藩邸外で開業する者もいた。玄白が方々に往診し、熱心に人々の治療にあたったことは、診察日誌である「鷭斎日録《いさい》」に明らかだが、前野良沢がどこかで開業したという史料はない。また医者として熱心だったという説も伝わらない。海原氏は前掲書で「前野良沢と杉田玄白はそれぞれが中津藩・小浜藩に仕官する藩医であった。ともに江戸を居所とし、市井の医師として日常の診療をおこなう傍らで、蘭方医学を研鑽《けんさん》し、一方では師弟教育などを通じ、自らの地位を固めていった」(三二一ページ)と言われるが、これは杉田玄白のみに当てはまる内容で、残念ながら前野良沢は「市井の医師」にはならず、蘭方医学の研鑽に励んだともいえないのである。安永・天明時代に成った(と思われるものも含む)良沢の著訳書の数々がそれを物語っている。

二　安永時代の著訳書

「管蠡秘言」

良沢の著訳書の中で、彼の思想をうかがわせるほとんど唯一の著作とされるのが「管蠡秘言《かんれいひげん》」である。書名は前漢の人で奇行でも知られる東方朔《とうほうさく》の「以管窺天、以蠡測海、（管を通して天をのぞき、ほら貝で大海の水を測る）」と老子の「知者不言、言者不知、可言非秘、秘在言外」に由来し、「管蠡」がきわめて狭い見解の意。仮名書の自序（写本により無いものもある）によれば、さる貴人に献上する目的でオランダの学術について書き綴った、それも前年の暮れからこの年のはじめにかけて二〇日余りを費やして書いたといい、「丁酉の睦月十日あまりいつか　みなもとのよみす」との署名がある。「みなもとのよみす」は源熹、熹は勿論前野良沢の名（良沢は通称）で、日付は安永六年（一七七七）正月一五日にあたる。「さる貴人」について、佐藤昌介氏は、良沢に蘭学を学んだといわれる福知山藩主朽木《くつき》昌綱ではないかと推測しておられる（『洋学上』解説）。ところが同じ日付の漢文自序は、「一心友」の求めに応じてオランダの「本然学」の要領を述べたという。しかもその「心友」は「明敏高識」だと。朽木昌綱は前野良沢の門人で蘭癖《らんぺき》大名として名高いので、良沢からみて貴人かつ心友でもおかしくはない。

良沢によれば「本然」は「蘭語ノ義訳」（「凡例」）、natuur（現代語訳は自然）に対し、老子にもある漢語「自然」を当てず、「本然」という訳語を創出したのである。そして natuurkunde を「本然学」と義訳した。この natuurkunde は江戸～明治時代、「ナチュールキュンデ」と音訳（『解体新書』にいう「直訳」）されたり、在来の漢語を使って「窮理学」「物理学」等と翻訳されたり、多くの日本人が訳語の模索を重ねた言葉で、現在は物理学ないし自然科学と訳される。良沢の義訳はほとんど継承されなかったと思われる（北方探検家で、一八〇八年から幕府御書物奉行を務めた近藤重蔵の「好書故事」に、ナチュールの意で本然を使った「本然精理論」という蘭書が挙げられている）が、西洋の自然科学と既存の朱子学等の概念が本質的に違うことを認識した上での義訳であった。

本書は篇の立て方、注釈の箇所に（　）を付けること、紙の両面にページを示す数字を入れること、目録を巻末に置くことで蘭書の丁裁《ていさい》を模し（良沢は洋書の索引と和漢書の目録を同一視しているという）、例によって草稿にすぎないと言いながら（「凡例」）、地球・六大州・天体を縦横に論じている。写本によるが、地球や天体の図も多数含み、五〇丁内外の分量（ある写本は、本文の最後が「八十六」ページとなっている）の力作で、良沢自身の宇宙観・世界観・学問観があらわれている点が貴重である。

なかでも「童子」（架空の一般人）と良沢の問答体で記された附録「戯ニ論ス二五行ヲ一」は、四元説（地・水・火・空）と五行説（五行は木・火・土・金・水、これを万物に配当して説明するのが五行説）を比較し、五行説（この場合は陰陽五行説）に徹底的な批判を加え、儒教的自然観に対して、対

決姿勢を示しているのが注目されるという（佐藤昌介氏の解説、『洋学上』）。また童子が、蘭化亭で蘭書に没頭する良沢に対し、

先生會テ只医術ヲイフノミナラズ、天文・地理・暦学・数術、皆蘭ヲ以テ精真ナリトス。是或ハ然ランカ。近間又頻リニ窮理本然ノ学ヲイヒ、亦時ニ政教ニ及ブモノアリ。…彼ノ和蘭ハ西北ノ戎狄ナリ。其政教タル、何ゾ堯舜文武ノ道ニ尚《くわ》ヘンヤ。（『洋学上』）

と、医学のみならず天文・地理・暦学・数学とすべてでオランダのものが優れている、政治・宗教もそうだと言う「先生」を批判する箇所がある。さらに「先生」は

独《ひと》自《り》ラ奇ヲ好ムノ弊ヲナスノミナラズ、一タビ口ヲ開ケバ、世ノ異ヲ攻メ、怪ヲ語ルモノ、、争テコレヲ伝ヘ、一タビ筆ヲ下セバ、人ノ新ニ移リ奇ニ趣クモノ、競《きそ》ってコレヲ記ス。況ンヤ其従テ遊ブモノヲ見ルニ、皆才能アリテ、庸常ノ器ニアラズ。則同気相求メ、同好相資《たすけ》、此ノ如クシテ若《も》夫《し》正路ニ由ラズ、倶《とも》与《ども》ニ世ヲ惑シ、俗ヲ誣《し》ヒ、後学ヲシテ多岐ニ迷ヒ、邪逕《じゃけい》ニ陥ラシムルコトアランカ。（『洋学上』）

と、奇を好む良沢が自説を広め、門人ともども世を惑わすのではないか、とも詰問する。

それに対し良沢が「渾輿図《こんよ》（世界図）」を壁にかけ、童子に六大州・各国について教え諭すと、童子は納得して去ったという話である。良沢の思索、自問自答の記録として注目すべき内容であり、『解体新書』刊行の二年後の著作とはいえ、彼がこの方面に関心を寄せ、研究し始めたのは随分以前だということもわかる。

良沢の紹介する天文学は天動説系で、物理学や気象論も四元説レベルなので、その点は南蛮学系の『二儀略説』に準じるが、それとは系統を異にし、知識水準もやや高いといわれる（佐藤昌介氏の解説、『洋学上』）。ちなみに『二儀略説』は、一六世紀末にイエズス会の神学校で使用されたゴメスの『天球論』日本語訳からキリスト教関係の文句を削除したもので、当時のスコラ的天文世界像を日本に紹介した（広瀬秀雄氏の解説、『近世科学思想下』）。

良沢の情報源にもたしかにイエズス会系史料がある。本書には「欧羅巴ノ人利瑪竇」が幾度か登場し、「坤輿《こんよ》万国全図」が利用されている。利瑪竇《りまとう》は、中国におけるキリスト教布教の基礎をきずいたイタリア人イエズス会士マテオ・リッチ（Matteo Ricci 1552-1610）で、中国初の世界図「坤輿万国全図」は、江戸時代の世界地理学の底流として、幕末まで影響を及ぼした。またそれに付された「図説」は、天の大に比して、地球が小さいこと、地球に住む幾億もの人間が平等であることを良沢はじめ多くの日本人に教えた。

海老沢有道氏の研究によれば、「管蠡秘言」自序の

和蘭都有諸学校。其中別有名窮理学校者。其立教也、即三才万物而窮其本原固有之理。名曰本然学也。是以敬天尊神、秉政修行、…（『洋学上』）

はオランダの学芸を高く評価し、その自然哲学的証明により神を尊ぶことを記している。巻頭の四元説も中世スコラ学に流入したギリシア思想によるもので、リッチの『四元論略』から得たものらしい。また「六大州」の項の

本朝、儒仏ノ道ヲ以テ神道ノ羽翼トナシ、三教ヲ以テコレヲ称スル等ノコトハ、予敢テ饒舌セズ。…大抵仏教ノ到ル所只『アジヤ』ノ内、僅ニ十分ノ二、儒教ノ及ブ所、十分ノ一ナリ。其余ハ大《おお》凡《よそ》天主教ナル者、諸大洲ニ遍満ス。（『洋学上』）

と三教（神道・仏教・儒教）は世界的・普遍的宗教ではなく、天主教こそ普遍的と暗示する箇所は、艾儒略（Giulio Aleni　1582–1649）『職方外紀』による知見である（『南蛮学統の研究　増補版』）。

海老沢氏は、良沢の西洋に関する基礎的知見を「蘭学ではなく、リッチ以来の漢籍地理学であり、

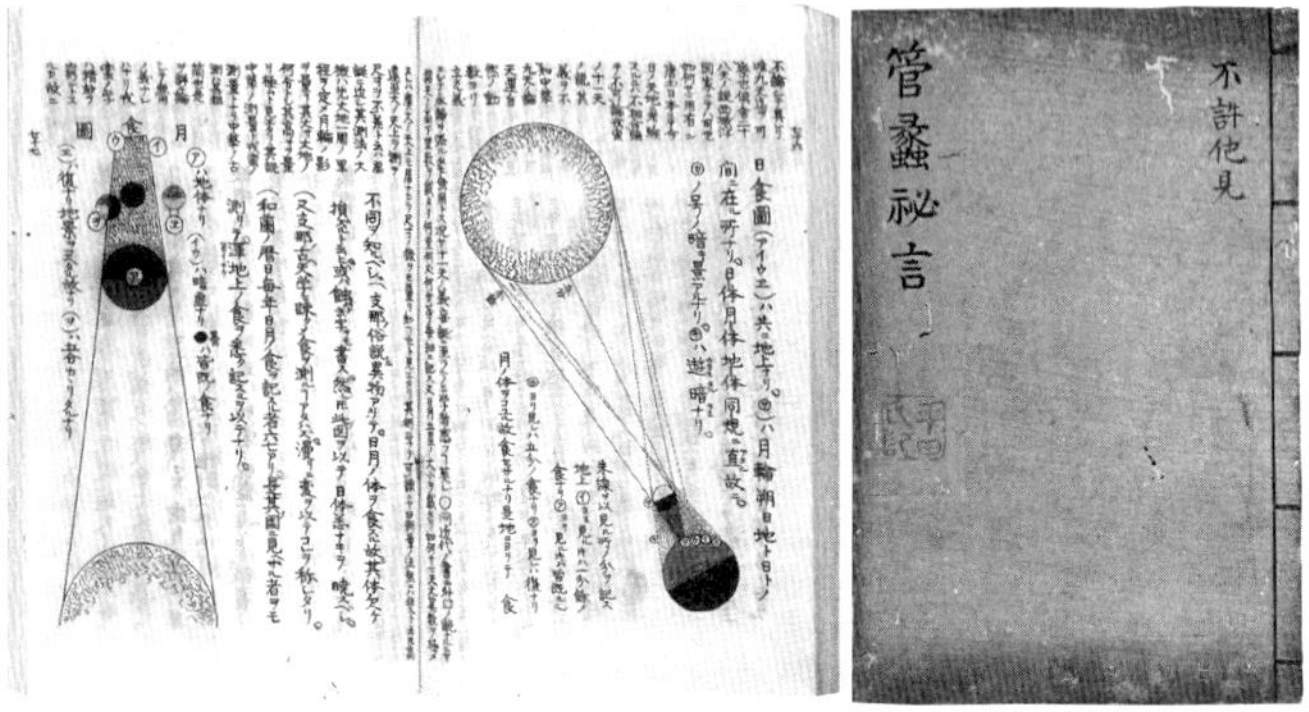

図36　「管蠡秘言」　平田篤胤の写本（国立歴史民俗博物館蔵）

それに次第にオランダ系知識を加えて行ったもの」と断言される（前掲書）。

本然ノ教ニ曰ク、天ハ広大ニシテ常ニ汝ガ罪ヲ容ス。汝自ラ求ムルコト勿レト。

の部分からは、良沢の窮理学が「究極においては天の真理に従う本然の教の追求把握にまで指向されたのであり、そこから政治も社会も文化も規定せられるべきであるとし」たと言われる。そして「天主教＝本然教としての把握は、地球説の受容とともに儒仏世界観の打破、切支丹邪宗門観の否定となって進むのも当然のことと云わねばならない。」（前掲書）と主張されるのである。良沢の「本然」が何を意味するのか、慎重な検討が必要なように思うが、彼が天主教系漢籍に強い影響を受けたのは確実だ。

文政一〇年（一八二七）の「京坂切支丹一件」で逮捕され、翌々年に処刑された一団のひとり、大坂堂島の蘭方医藤田顕蔵が所持していた書籍のうちに「一　管蠡秘言抄　壱冊」があり、「紛敷書類」として没収された（海老沢、前掲書）のもうなずける。

本書の数点の写本の中でも、平田篤胤の写本は「不許他見」と表紙に朱書され（図36）、図や本文中にも朱の書き込みがみられる（『前野良沢資料集第一巻』参照）。このように「管蠡秘言」は、日本思想史上にも特異な位置を占める著作といえるだろう。

「翻訳運動法・測曜璣図説」

「管蠡秘言」の内容（星の運行、空気が物を推す力を論じた箇所がある）と関連するので、その前後の著作と思われるものに「翻訳運動法」「測曜璣図説」がある。「翻訳運動法」は、「併力篇」として「一物併二力而引之二力象以二線…是倚瑳迦氏量併力之法也」と図示しながら（図37）「倚瑳迦氏」（イサーカ氏、つまりニュートン（Isaac Newton 1643-1727）の力学を説いたもの。「測曜璣図説」も「比器倚瑳迦氏以依運動法而製之乃以象五星及尾曜之旋動者也」（『前野良沢資料集第一巻』より引用）と、ニュートンによる機器であることを述べている。両者が合綴された写本（『前野良沢資料集第一巻』の底本とした静嘉堂文庫本）で全五丁という短篇である。

良沢の典拠とした蘭書は、長い間不詳とされてきたが、野村正雄氏の研究「前野良沢の『翻訳運動

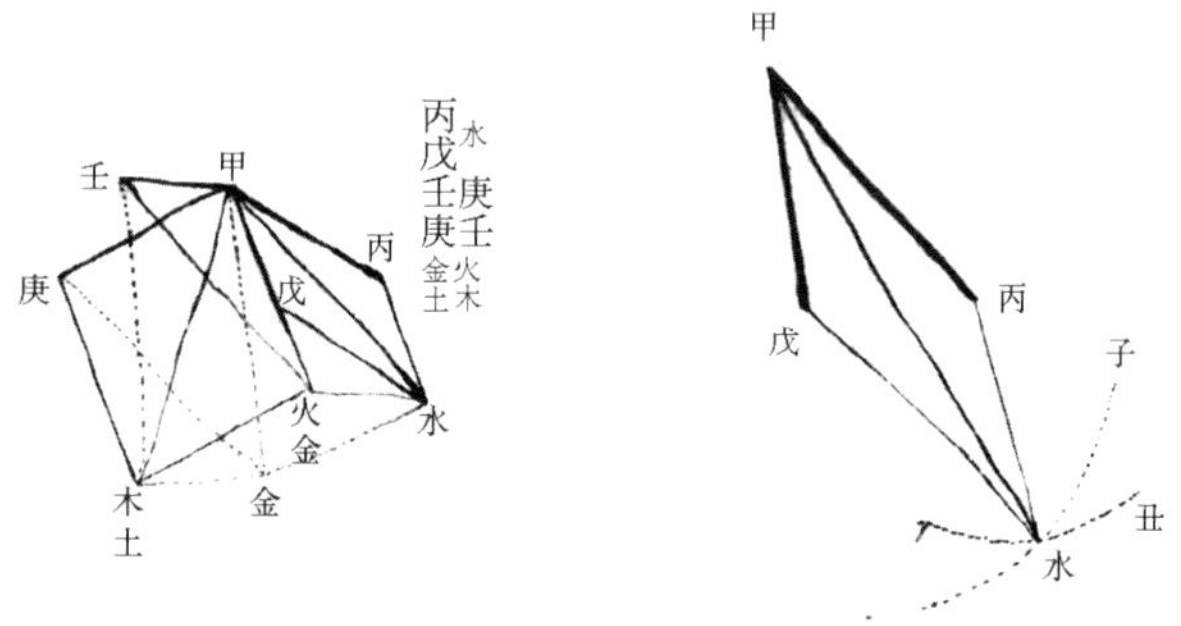

図37　「翻訳運動法」の挿図（『前野良沢資料集一巻』より）

法』、『測曜璣図説』と蘭書典拠」（『科学史研究』41・二〇〇二）で明らかになった。野村氏によればそれは *De Natuurkunde uit ondervindingen opgemaakt door Joann Theoph. Desaguliers. Uit het Engels vertaald door een Liefhebber der Natuurkunde.* Amsterdam, 1751.（デサギュリエの実験に基づく物理を一般愛好家が英語から蘭訳した書）である。

デサギュリエ（デザギュリエ）は一六八三年フランス生まれで、幼少の頃ユグノーの両親とともにイギリスに渡り、オクスフォードでキール（John Keill 1671-1721　一説に James Keill 1673-1719）に学んだ。そしてその後継者として実験哲学を講じ、その後ロンドンのロイヤル・ソサイエティでニュートン科学を解説したが、数学を使わず実験教示のみによる解説には定評があったという。ニュートン・パラダイムを平易に説いたキールの『天文学・物理学講義』の蘭訳本は、志筑忠雄「暦象新書」の原本となり、ニュートン力学の日本への伝播の仲介役となった（『科学史技術史事典』）。

「翻訳運動法」の主眼は、力の平行四辺形の作図を幾度か積重ね、一質点に働く数個の力について合力を求めることで、前野良沢の理解には幾つか誤り（ひとつは平行四辺形法による四力の合成方法を一二通りとしたこと。正しくは一五通り）があり、ニュートンの姓名も誤って受取っているが、彼が創案した記号法（図37）は極めて優れたものと野村氏はいっておられる（前掲論文）。

惑星の楕円運動を模型で示す装置、測曜璣の解説である「測曜璣図説」も、原書と比べると、訳出していなかったり戸惑いを見せる箇所がありながら、良沢が慎重に訳出したことが窺える箇所もあるという（野村、前掲論文）。

また、野村氏の言及はないが、良沢の「翻訳運動法」には、「重力」「重力者運動法之一」という表現がみえる。一般には、志筑忠雄が「求力法論」（一七八四稿）で zwaartekragt から造語したのが「重力」の嚆矢とされている。しかし安永六年（一七七七）前後に良沢が zwaarte（重さ）+ kragt（力）＝重力と「義訳」したのであれば（原書との対校が必要だが）、こちらの方が明らかに早い。

「西洋星象略解」

「管蠡秘言」中「星曜」の項に「予會テ和蘭天象図解ヲ著ス　今ココニ略ス」との一文がある。この「和蘭天象図解」は所在不明（『洋学上』所収本頭注）というが、もしかするとこの『西洋星象略解』がそれに当たるのかもしれない。そうであれば、「管蠡秘言」以前の成立ということになる。

「西洋星象略解」の現存する唯一の写本は『前野良沢資料集第一巻』所収本の底本とした、津市図書館所蔵稲垣文庫本である。稲垣家は寛文年間から商売をし、代々江戸店を持つ伊勢商人として知られている。写本は五代目稲垣定穀《さだよし》（一七六四－一八三五）によるもの（全一四丁）で、定穀は京都で天文暦算を学び、江戸では本多利明、伊能忠敬らと交わって天文暦学に精通したといわれる。

「西洋星象略解」の内容は、西洋星座を「赤道十二象、赤道以南六宮、赤道以北二十九象、赤道以南二十八象、天球四座」に大別し、各星座に含まれる中国の星座を比定したものである。例えば「赤道十二象」の「亜哩斯アリース　アリウス」は「白羊宮廿七星」、「礼何レヲ」は「獅子宮四十九星」、赤道以南六宮では「利無刺リブラ」が、「天秤宮二十星」、「斯歌児幣烏斯スコルピウス」が「天蝎宮三十七星」に当たる、という具合だ。

良沢が参照した「星図（天球図）」は特定できていないが、星座の漢字表記については北島見信「紅毛天地二図贅説《ぜいせつ》」を参考にしているようで、これはオランダ一七〇〇年製のファルク父子（G.&L. Valk）の天地両球儀の星と地名を翻訳したものである。

「西洋画賛訳文稿」

『解体新書』訳者に名は無くとも、オランダ語の実力者として前野良沢の名が一定範囲では知れわたったことを示す資料に「西洋画賛訳文稿」がある。

安永己亥仲春日（安永八年二月）前野源喜謹題、とした題言によれば、「大君」に西洋画賛の翻訳を命ぜられ、見たところそれはフランス製で、文はラテン語であった（「大君命微臣喜翻訳西洋画賛喜謹閲之　乃是拂郎察国所製　而其文則用羅甸言者也」）。ラテン語はフランス語の源で、「古雅簡正」で意味が深い。フランス人・オランダ人等であっても、学の無い人間はラテン語を知らない。まして長崎にこれによく通じた者がいたとは聞いたためしがない。自分としては羅蘭《ららん》辞典に拠り意味を考察するのみ。君命は辞退できない、というのである（原文の引用は『前野良沢資料集第二巻』による）。

この時即ち安永八年（一七七九）の「大君」は、田沼意次を重用した一〇代将軍徳川家治（一七三七－八六、在職一七六〇－八六）である。前野良沢が横文字に強い、と将軍家に伝えたのは、『解体新書』訳述グループのひとり桂川甫周（将軍家侍医）かもしれない。しかし西洋画の賛は、同じ横文字でもラテン語であった。良沢のラテン語の知識がゼロでなかったことは、長崎遊学の成果「蘭言随筆初稿」（安永元年成立）中に

「ラテインス」ト云言ハ「エウロッパ」州中ノ古言雅語ナリ…（『前野良沢資料集第二巻』）

などの記述がみられるので明らかではあるが、翻訳となれば話は別だ。大いに困ったであろう。

良沢が翻訳を試みた将軍家所蔵の西洋画賛は九種、それぞれに「四字号」「廿字号」「裏十二号」等

という字号が掲げられ、資料上部にはラテン語画賛が横書きされ、各語の読みがカナで付されている。そして訳解がなし難《がた》かった「廿字号」を除き、発音をカタカナで記した「読法」、漢字カナ混じりの和文で各語の意味を説明した「釈言」、全体の訳文を和文または漢文で記した「切意」を縦書きしている。

そして西洋画であるが、原田裕司氏の研究によればストラーダーヌス（Ioannes Stradanus,1523-1605）の銅版画集 *Venationes ferarum,avium,piscium.*（獣鳥魚の狩猟）の一五八〇年頃の版だという（「前野良沢『西洋画賛訳文稿』のラテン語原典」、「同（補遺）」）。尾張徳川家に伝来した一〇四枚の銅版画「阿蘭陀人殺生ノ図」（徳川美術館蔵）の中には、たしかに「西洋画賛訳文稿」と一致する九種のラテン語テキストを付した絵があり、絵の様子も良沢の訳文と一致する。一致する九種の銅版画については『前野良沢資料集　第二巻』を参照されたい。ここでは、鳥黐《とりもち》を塗った紙の頭布を穴に仕かけて鳥を生け捕りにするという「裏十二号」と、虎の子をおとりに、鏡を使って虎を捕まえるという「裏三十六字号」の原画とテキスト訳文を紹介する。

図38 「阿蘭陀人殺生ノ図」(図版40)
(徳川美術館蔵 ©徳川美術館イメージアーカイブ/ DNPartcom)

尾張徳川家に伝来した銅版画。原題は *Venationes ferarum, avium, piscium.* である。「西洋画賛訳文稿」のラテン語原典と同版の西洋画。良沢は、絵の下部に記されたラテン語を翻訳した。この絵は、「西洋画賛訳文稿」では「裏十二号」として紹介されている。

裏十二号

「西洋画賛訳文稿」のテキスト
Auceps e chartis confector arte cucullus
Interius visco linit in scrobisus locat indit, pisa :
venit Grus esurieos : vestitus ingeris : haeret, charta oculus velum, volucris prohibetque volatum.

図39　「阿蘭陀人殺生ノ図」(図版16)
(徳川美術館蔵　©徳川美術館イメージアーカイブ／DNPartcom)

この絵は､｢西洋画賛訳文稿｣では｢裏三十六字号｣として紹介されている｡

裏三十六字号

｢西洋画賛訳文稿｣のテキスト

Ex antro catulus venator Tigridis aufert, Atque in decipulas et retia tensa, tenellus quae refe-rret catulus, speclum injjcit : illa doli ex Veros exsecoputat, Vete mirat, captaque, rancat. Ⅸ.

ラテン語の規則を知らずに辞書を引いても、探す言葉にたどりつくのは難しい。良沢が苦心惨憺《さんたん》した結果、「廿字号」には「未詳」の語が残って翻訳に至らなかったのだが、八種はどうにかか日本語にした。それがどれほど大変なことだったのか。早くに「西洋画賛訳文稿」を『海表叢書』巻六（一九二八）に全文覆刻《ふっこく》、解説された新村出氏は、「簡単なりともその文句を読破したのは、さすがに蘭化先生だと驚嘆せざるを得ない。」「この事は文化年間における高橋観巣の満洲語学と共に特筆大書するに足るべき業」といっておられる（高橋観巣とは、幕府天文方でシーボルト事件で獄死する高橋景保のこと）。

良沢が使用したラテン語辞書については、「西洋画賛訳文稿」テキストとの比較、「仁之義」云々の墨書、江馬家旧蔵本であること等々から、ピティスクス『新羅蘭辞典』一七二五年版（Samuel Pitiscus,*Lexicon Latino-Belgicum novum*, ... MDCCXXV. 京都大学附属図書館）の可能性が最も高い、と原田裕司氏は結論づけておられる（「前野良沢のラテン語辞典と近世日本輸入ラテン語学書誌」）。

「西洋画賛訳文稿」末尾には、「余録」として「拂郎察（フランス）」「羅甸（ラテン）」「奄苐列瑪（エムブレマ）」「ピサ　ヘニト（イタリアの地名ピサとヴェネト）」の説明がある。フランスがヨーロッパの大国であること、ラテン語がイタリア・イスパニア・フランスの言語の母と称されること、ジャガタラ（オランダのアジアにおける拠点バタフィア）にもラテン語学校があること、この「画賛」がラテン語のエムブレマ Emblema（題言にいう「譬諭寓言」）にあたること等々で、良沢の世界地理の知識、ヨーロッパでラテン語の占める地位に関する認識が反映されている。彼が参考にしたのは「ニウエホフ」の「東西紀行」（Joan Nieuhof, *Gedenkwaerdige Zee- en Lantreize door de voornaemste lantschappen van West- en Oostindiën.*）そして「羅甸及拂郎察ノ言語ノ書」だという。

「八種字考」

またこの「余録」中に、良沢がかつて「八種字考」を撰したと述べる箇所がある。これについて岩崎克己氏は「朝鮮・蒙古・韃靼《だったん》・梵文・マレイス・ギリイ（キ）ス・ヘブレエウス・和蘭」の八種であろうと、良沢が最上徳内に宛てたと思われる寛政三年（一七九一）の書簡を根拠に論じておられる。梵文はサンスクリット、マレイスはマレー語、ギリイキスはギリシア語、ヘブレエウスはヘブライ語である。「八種字考」は現存せず、その書簡の所在も確認できないが、文字好きの良沢は、安永八年（一七七九）以前に世界の文字八種を集め、考察を加えていたのだろう。

「仁言私説」

「西洋画賛訳文稿」で良沢が使用した可能性の高いラテン語辞書ピティスクス（Pitiscus）一七二五年版（江馬家旧蔵本）には、「仁義禮智信」「仁之義」云々の墨書があるという（原田、「前野良沢のラテン語辞典と近世日本輸入ラテン語学書誌」）。「仁」は、言うまでもなく儒教の最高道徳である。

「仁言私説」は、この「仁」をめぐる良沢の私論といえる（グラビア参照）。長崎のオランダ通詞吉雄耕牛の訳でbarmhartigという語が「仁」の意であることを知った前野良沢が「キリアヌス」「ヤンロウイス」「ビクロットン」など原書の辞書で調べ、medogend（慈悲深い）・verdraagzaam（親しみやすい・寛容な）・genadig（慈悲深い・親切な）などの同義語を見つけた。これら「仁」の同義語を辞書で引き、出てきた単語をさらに辞書で調べる。この作業を百を越える単語について行い、各単語を分解して考察を加えた成果が「仁言私説」で、多くの場合各語の講訳は「私説曰」で始まり「訳曰仁」で終わる。しかし「私訳曰忠恕」「私訳曰寛厚」「私訳曰修徳」のほか「美徳」「公正」「博愛」「親愛」等もある。語義を深く考究して自分なりの訳語を捻出せずにはおられないのが前野良沢という人物である（本文は『前野良沢資料集第二巻』参照）。

「仁言私説」の成立年代は不明だが、『蘭学階梯』（天明三年成立）に言及されているのでそれ（一七八三）以前であることは確実、また本文中に「西氏」「小川氏」と吉雄耕牛以外のオランダ通詞の説も取り上げられているので、長崎遊学（一七六九－七〇）以降と考えられる。「西氏」は、西善三郎（一七六八没）の弟西敬右衛門、「小川氏」は「蘭訳筌」「蘭言随筆初稿」に名の見える小川悦之進の可能性が高い。

良沢が語源探求に用いた辞書は「ヤンロウイス」（蘭仏辞典、グラビア参照）、「キリアヌス」（蘭羅仏辞典）、「ビクロトン」（蘭羅辞典）、それに「マーリン」（蘭仏辞典）で（本書第二章五、長崎遊学の成果も参照されたい）、ラテン語辞書が二種含まれるが、これらはオランダ語の語義を探るために使われたもので、ラテン語翻訳には役立たない。ピティスクスは羅蘭辞典で用途が違うので、同時期に三種を所持してもおかしくはないとしても、「仁言私説」に取りかかった時期と、ピティスクス一七二五年版の「仁之義」云々の墨書から推測できるのは、「仁言私説」の成稿が、「西洋画賛訳文稿」より前だろうということである。

ある外国語の意味を外国語のみで理解する、それは困難な手間暇かかる作業の末、到達できるかできないかの境地だ。barmhartigを吉雄耕牛が仁と訳したことから始まった良沢の作業は、徹底的に辞書を引いて芋づる式に同義語を拾い出し、それぞれを詳しく検討するというもの。膨大な時間を費したところで、所詮は「仁」の同義語さがしである。「『仁言私説』に関する限り、蘭化は物好きから之れをやったのであろうが、『解体新書』に限らず、彼の手に成る総ての翻訳物が、前途の如き尊い労苦の結晶であったと云う背後の事実を、我々は看過してはならないと思う」という岩崎克己氏の主張（『前野蘭化2』）のうち「物好きから之れをやった」という部分は賛成しかねる。

言語（この場合オランダ語）をその生成過程から知りたいという欲求に加え、良沢は「仁」に強い関心を抱いていたと思う。「仁」だからこそここまで執拗に追求したのではないだろうか。barmhartigは仁と等価なのか、ではbarmhartigとは何か。「管蠡秘言」でみたように、良沢は天主教系漢籍の影響を受けていた。世界の宗教の本質にも興味を持っていた。「仁言私説」は依頼されたものではなく純粋に個人的関心から「仁」とは何かを追求した著作と考えられるので、良沢の思想解明にも寄与するだろう。

山村才助

この「仁言私説」に反応して全文を筆写し、自らのローマ字蔵書印を捺《お》した（図40）のが山村才助（一七七〇－一八〇七）である。土浦藩士の子として江戸で生まれた山村才助は本名昌永、号を夢遊道人といい、伯父市河寛斎に漢学、大槻玄沢に蘭学を学び、玄沢門下の四天王のひとりと称された。江戸時代の蘭学者でただひとり世界地理を専攻し、「印度志」「亜細亜諸島誌」等多数を訳述、代表作は新井白石の世界地理書を蘭書等で訂正増補した「訂正増訳采覧異言」（一八〇四年、幕府に献上）である。鮎沢信太郎『山村才助』によれば、高名な漢学者である伯父市河寛斎は、前野良沢や杉田玄白とも友人の関係にあった。

図40（『前野良沢資料集二巻』より）

山村才助が「仁言私説」を写したのは「寛政二年季夏上旬」、才助二一歳の時であった。その前年に大槻玄沢（次節で詳しく述べる）に入門しているので、師玄沢を介して「仁言私説」を入手したか、直接良沢と会って入手したかのどちらかであろう。才助の自筆写本（大槻家旧蔵、静嘉堂文庫蔵。『前野良沢資料集第二巻』所収本の底本）は、冒頭に「仁言私説　蘭化真人翻訳　大蠟山人筆授」とあり、巻末に大槻文彦氏の解説が付されている。その解説は、「大蠟山人」を幕府の大番与力で西洋画にすぐれた石川大浪と断定しているが、岩崎克己氏はにわかには賛成し難いという立場だ（『前野蘭化2』）。私自身も、大蠟山人＝石川大浪とする根拠に出会えていないので、判断は留保しておきたい。

山村才助は、良沢が「西洋画賛訳文稿」で使用したピティスクスの羅蘭辞典を「訂正増訳采覧異言」で引用している（山村才助『訂正増訳采覧異言上』、青史社影印本）。ピティスクス一七二五年版をめぐる良沢・才助・江馬蘭斎の関係には、原田裕司氏もいわれるように謎が残るが、才助が良沢の仕事に関心を寄せていたのは確実である。良沢が「蘭語（言）随筆」で、オランダ人が日本のことを「イヤパン」と呼ぶようになった経緯を学術的に考察した部分を、「訂正増訳采覧異言」に引用している（岩崎克己『前野蘭化1』、『訂正増訳采覧異言上』）のも、その例といえる。

いずれにしても、前野良沢が「初期を除く江戸時代を通じて最も多くのラテン語と取り組んだ日本人であることは明らか」（原田、前掲論文）なことを「西洋画賛訳文稿」と「仁言私説」は示している。

三　大槻玄沢との出会い

安永七年（一七七八）三月、二二歳の大槻元節が奥州から江戸に出て杉田玄白に入門した。二年後の安永九年（一七八〇）に元節は玄沢と改称するのだが、その頃までには前野良沢に入門し、オランダ語を学び始めていたと考えられている。

図41　「大槻玄沢肖像」（部分）
（早稲田大学図書館蔵）

大槻玄沢は、仙台藩の支藩、一ノ関藩医大槻玄梁の子で、名を茂質《しげかた》といい、一三歳から父の同僚建《たけ》部《べ》清庵（二代目、一七一二―八二）に師事していた。建部清庵は、明和七年（一七七〇）にオランダ流外科への疑問を質す書簡をしたためて江戸に送り、それが門人を介して杉田玄白に届いたことから、玄白と文通を始めた。両者の親交は、清庵がまず三男亮策を玄白の天真楼《てんしんろう》塾に入門させ（『解体新書』出版の一年前）、次いで門人大槻玄沢を入門させ、さらに清庵の五男を杉田玄白の養子にした（杉田伯元）ところにもみてとれる。一ノ関と江戸の往復書簡は、のちに（寛政七年）この杉田伯元によって『和蘭医事問答』として刊行される。

大槻玄沢について杉田玄白は

この男の天性を見るに、凡《およ》そ物を学ぶこと、実地を踏まざればなすことなく、心に徹底せざることは筆舌に上《のぼ》せず。一体豪気は薄けれども、すべて浮きたることを好まず。和蘭の窮理学には生れ得たる才ある人なり。翁その人と才とを愛し、務《つと》めて誘導し、後には直《ただち》に良沢翁に託してこの業を学ばせしに、果して勉励怠らず、良沢もまたその人を知りて骨法《こっぽう》を伝へしゆゑ、程なくかの書を解することの大概を暁《さと》れり。

(『蘭学事始』)

といっている。杉田玄白に愛された大槻玄沢がいつ前野良沢に入門したのかだが、引用した『蘭学事始』(緒方富雄校註、岩波文庫一九八二年版)の「後には直《ただち》に」のルビは「直《じか》に」でなければおかしい。この四行ほど後の「この上は西遊《さいゆう》して長崎に到り直にかの通詞家に従ひ学び試みたきよしをはかりしゆえ」の「直に」も、時間的に「すぐ」ではなく「直接」の意であろう。杉田玄白入門後しばらくしてから、ということについては、大槻玄沢の孫如電《じょでん(にょでん)》の「磐水事略」(磐水は玄沢の号)に次のように書かれている。

玄沢は師(建部清庵)の志を継いで真正のオランダ医学を究めようとし、原書を読むためにオランダ語を学ぼうとしたが、「杉田先生」は許さなかった。オランダ語の読解は難しく、限られた遊学期間（最初二年）ではとても修得できない。そうであれば、中途半端で帰郷するよりも治術を専ら学ぶ方がよい、と。ところが玄沢が密かに同塾の先輩に就いてＡＢＣの文字と発音を人よりも早く習得したので、驚いた「杉田先生」は玄沢を「瘍医新書」翻訳助手にした。そして

杉田先生は漢学の力もあり且治療も上手にて其業に忙しければ横文を読む事はさして熟練せず。かの解体新書も多くは前野先生の口訳を筆記せしに過ぎず。故に今この磐水が学業を成さしめんには前野に託するに若かずと。磐水を前野の許に遣りたり。されど前野先生は隠君子にして聞達を求めず閉戸書見に耽り人と交通する事を好まず。磐水が其門に詣るも初五六回は多く病に託して深く引見せず。

と、自分では指導できないオランダ語教授を前野良沢に託そうとしたのだが、良沢はなかなか引き受けなかった。しかし大槻玄沢はあきらめず、粘り強く訪問を続け、「訪問数十回に及」んでようやく弟子入りを認められたというのだ（引用は『磐水存響　坤』所収「磐水事略」より）。

大槻如電が明治二七年に編んだ「蘭化先生年譜」（『前野良沢資料集第三巻』）では、安永九年（一七八〇）に「大槻玄沢。従学先生。受横文訳法。」となっている。

工藤平助

大槻玄沢の江戸遊学は、当初二年であったが一年の延長が認められ、三年にわたる遊学を終えて帰郷の期日が迫ったころ、君侯より医業・蘭学勉励を賞せられて俸米を賜わり、さらに一年の遊学延長を許された（佐藤昌介「大槻玄沢小伝」）。その斡旋の労をとったのは、北方問題の先駆者としても知られる仙台藩医工藤平助（名は球卿　一七三四－一八〇〇）であった。工藤平助は江戸詰で、青木昆陽に蘭学を学び、長崎のオランダ通詞吉雄耕牛とも親しかった。「磐水事略」によれば工藤平助は「前野先生とは年来の友人」で、遊学の期限が迫ったある日、大槻玄沢は前野良沢宅で工藤平助と初めて会う。良沢が玄沢の志と才能を評価し、中途で帰郷するのは惜しいと語ったので、工藤平助が田村侯に願い出て玄沢の遊学延長がなったというのだ。

工藤平助は田沼意次の用人とも交際し、田沼政治の裏面で動いたひとりともされる。天明三年（一七八三）、彼は「赤蝦夷風説考」を田沼意次に献納した。「赤蝦夷」はロシアのことで、ロシアによる北方からの脅威を警告し、開国通商こそ国益とし、蝦夷地開拓計画も論じたもので、蘭書の情報は大槻玄沢らから伝えられたというが、当然前野良沢も情報源であったはずだ（「赤蝦夷風説考」については佐藤昌介『洋学史の研究』参照）。

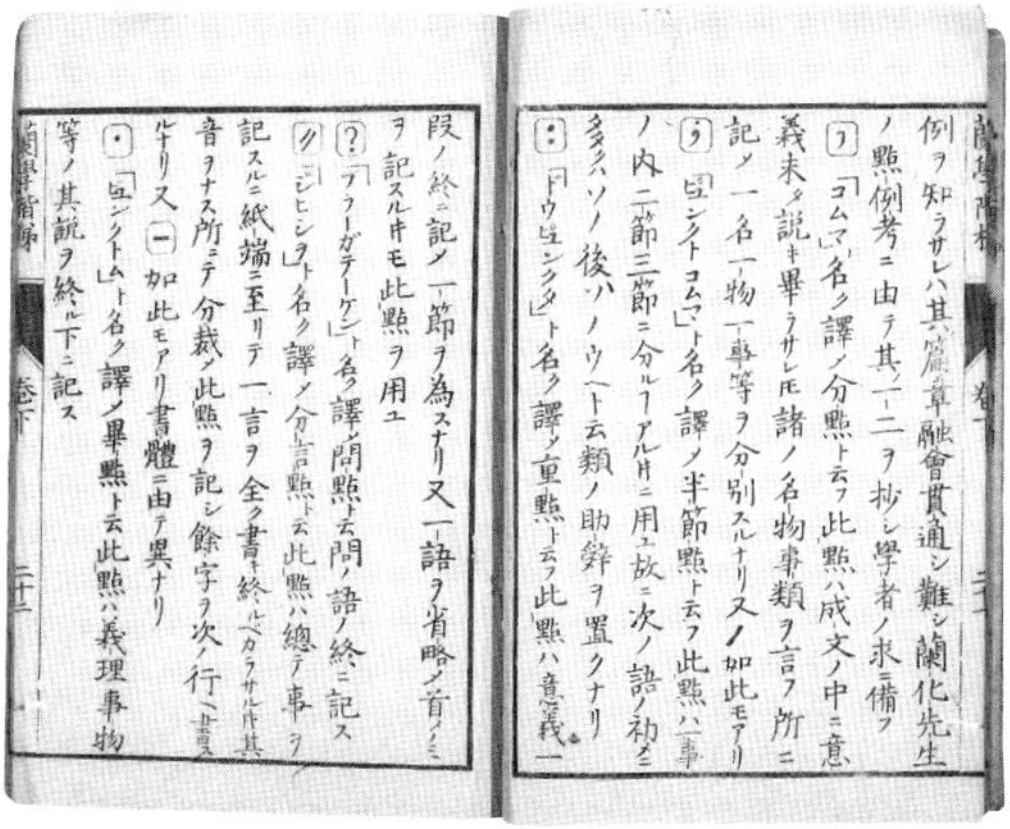

図42　『蘭学階梯』（大分県立先哲史料館蔵）

『蘭学階梯』

天明三年（一七八三）、大槻玄沢は前野良沢に伝授されたオランダ語の知識を活用して蘭学入門書をまとめた。日蘭交渉の起源、蘭学の由来と効用を説いた上巻では「蘭化先生」の人となりと著訳書、門人にも言及し、オランダ語の文字・音韻・学習方法を説く下巻は蘭化先生の「和蘭訳文略」「蘭訳筌」「音韻家言」「点例考」などが引用され、内容の大半が前野良沢の仕事に負っていることは前に述べた通りである。

『蘭学階梯』は五年後の天明八年（一七八八）に刊行され、蘭学の普及・発展に多大な役割をはたした。良沢が自分で研究成果を世に出さないのを、代わりに広めたようなものである。

芝蘭堂

大槻玄沢は長崎遊学もはたし、天明六年（一七八六）

に支藩の一ノ関藩医から仙台藩医に取り立てられた。これも工藤平助の斡旋である。そして同年八月、本材木町に居を構えて「芝蘭堂《しらんどう》」と名づけ、門弟の教育にあたることとなった。入学盟規を定めて正式に家塾を開いたのは寛政元年（一七八九）、玄沢三三歳の時であった。それから文政九年（一八二六）までの間に入門した者の数は一〇〇名以上、わが国初の蘭日辞典「江戸ハルマ」を編纂した稲村三伯（海上随鴎）・前述の山村才助（昌永）・宇田川玄随・宇田川玄真・小石元俊・橋本宗吉等々、著名な医者・蘭学者が多数含まれる。

芝蘭堂では『解体新書』の講義が行われた。門人のひとり、京都の小石元俊（一七四三－一八〇八）の私塾究理堂でも『解体新書』は講義に用いられた。小石本の多数の書き込みは、『解体新書』がどう読まれ、普及していったかを解明する上でも価値が高い（詳細は『前野良沢資料集第一巻』所収『解体新書』の解説参照）。

四　天明時代の良沢の著訳書

大槻玄沢が杉田玄白の紹介で（というより命ぜられて）前野良沢に入門したのは、『瘍医新書』（ハイステル外科書の翻訳、玄白が手がけ、玄沢が引き継いだ）訳文の訂正を毎篇良沢に頼んだのがきっかけだったようだ。大槻玄沢が杉田玄白に入門すると、玄白は玄沢に蘭書原文を抄録させ、玄白が訳した訳文を玄沢が良沢のもとに持参して訂正してもらった。玄沢は初め玄白のいわばメッセンジャーボーイのような役割で良沢のもとに出入りしているうちに、良沢からも蘭学の手ほどきを受けたのだ（吉田忠「ハイステル『瘍医新書』の翻訳」）。

天明五年（一七八五）一一月一五日から翌年三月二六日まで（前野良沢と似かよった日程）大槻玄沢は長崎遊学するが、その主たる目的はハイステル外科書訳読を通詞本木良永に学ぶことであった。その背後に「『瘍医新書』の翻訳をなんとかして完成させたいとする玄白の強い意志があったように思われる」（吉田、前掲論文）というのは、『解体新書』の時と同じような状況が推察される。業績を早く世に出したいという杉田玄白の性急さである。とすると、大槻玄沢のためというよりも自分のために玄沢を良沢の所に行かせたようだが、結果的に大槻玄沢との出会いは、良沢にとっても決定的だった。『蘭学階梯』の影響力のみならず、これから新たに述べる交際の様子からもそれはうかがえる。

そしてこのような形での大槻玄沢の良沢入門は、『解体新書』刊行（一七七四）後も、杉田玄白と前野良沢の縁が切れていなかったことの証《あかし》といえる。

天明三年（一七八三）に成った『蘭学階梯』には、蘭化先生の著書として「和蘭訳文略」「蘭訳筌」「助語参考」「蘭語随筆」「古言考」「点例考」がオランダ語学の手引書、また「思思未通」「管蠡秘言」「仁言私説」「八種字考」「彗星考」「輿地図編」があり、他に天文・地理・医・算・測量等の訳稿も多いことが記されている。これらの著作が天明三年以前に成立していたと考えられるわけで、そのほとんどについては既にふれた。

「輿地図編小解」

『蘭学階梯』に「輿地図編」とあるのは、天明二年（一七八二）正月成立の「輿地図編小解」をさす。これは当時のオランダ商館長イサーク・ティツィング（前述）が、良沢の門人朽木昌綱（丹波福知山藩主、一七五〇―一八〇二）に贈呈したサンソンの『新世界地図帳 *Atlas Nouveau*』の抄訳である。サンソン（Nicolaas Sanson 1600-67）はルイ一三、一四世の地理学教授をつとめたフランスの地図製作者で、サンソン図法（正積図法）でも知られるが、出身はフランドル地方（ネーデルランド南部）、彼の世界地図帳（一六四八）の新版が、この新世界地図帳（一六九二―九六）である。のちに伊能忠敬も、実測図作製にサンソン図法を用いた。

石川県立図書館所蔵の *Atlas Nouveau*（グラビア参照）には一七八〇年一一月六日付けの蘭文献辞が見られるので、朽木昌綱は安永九年（一七八〇）一〇月一〇日以降にこれを受取ってから良沢に翻訳を依頼し、天明二年（一七八二）正月に成果が出たことになる。内容は全九六図の地図の題名、地名や河川の説明などで（本文は『前野良沢資料集第二巻』所収）、良沢は原文のフランス語を仏蘭辞典を駆使して訳している。

岩崎克己氏によれば、これは固有名詞を地図と対照して国郡・山川の名称・方位・地勢等を羅列しただけのもので翻訳という名に値しない（『前野蘭化2』）。しかしやはり岩崎氏が指摘されるように、蘭学草創期に誰もが出来る仕事ではない。一定の地理とフランス語の知識を有した良沢の労作といえるだろう。良沢はこの年六〇歳であった。

良沢の門人

『蘭学階梯』には、良沢の著作の紹介に続けて門人が列挙されている。「鶚斎・淳庵・月池・竜橋・嶺・石川・桐山・東渓・東蘭・順卿・尾藤・淡浦・槐園・江漢ノ諸子、及ビ余茂質ガ輩、其門ニ従游シ、其ノ読書・訳文ノ法ヲ習得シテ、日夜研精シ、月ヲ累ネ、年ヲ積ミ、其稿ヲ脱スルト脱セザルト数部ニ及ベリ」と（引用は『洋学上』所収本より）。

鶚斎は杉田玄白、淳庵は中川淳庵、月池は桂川甫周の号、竜橋は「輿地図編小解」であげた朽木昌綱の号、嶺は嶺春泰、石川は石川玄常、桐山は桐山正哲、ここまでの竜橋を除く六名は、『解体新書』の関係者である。次の東渓は杉田玄白の門人有阪其馨の号、東蘭は一ノ関藩医建部清庵の三男亮策の号、東蘭も玄白門人である。順卿・尾藤・淡浦は不詳、槐園は津山藩医宇田川玄随（一七五五－九七）の号、江漢は司馬江漢、茂質は大槻玄沢本人である。宇田川玄随は桂川甫周・大槻玄沢・杉田玄白にも師事し、わが国最初の西洋内科書『西説内科撰要』を訳述、一部を刊行した人物で、顔や言葉、しぐさが婦人のように柔和だったので「東海夫人」とあだ名を付けられた。東渓・東蘭・槐園・茂質は杉田玄白と共通の門人なので、この頃（天明初年）も、両者（玄白と良沢）は付き合いがあったのだろう。

司馬江漢（一七三八－一八一八）は、安永八年（一七七九）頃までに洋風画家になる決心をし、前野良沢の門に入って、良沢門下として杉田玄白・大槻玄沢・桂川甫周・森島中良らの蘭学社中に加わり、知識や活動の幅を広げたことになっている（神戸市立博物館『司馬江漢百科事展』）。多芸多才な江漢は、西洋の銅版技術を研究して多くの銅版画を作製したり油絵を描いたりしたばかりでなく、西洋の天文学や世界地理にも関心を寄せ、地動説を説くなど、啓蒙家として活躍したが、寛政の中頃から蘭学者グループとの間に軋轢《あつれき》を生じさせ、疎んじられるようになる。江漢が良沢からオランダ語をどの程度学んだのか、詳細は不明だが、地味にこつこつ外国語を勉強するタイプの人間ではなさそうなので、弟子をとることを好まない良沢が入門を許したとすれば、不思議である。

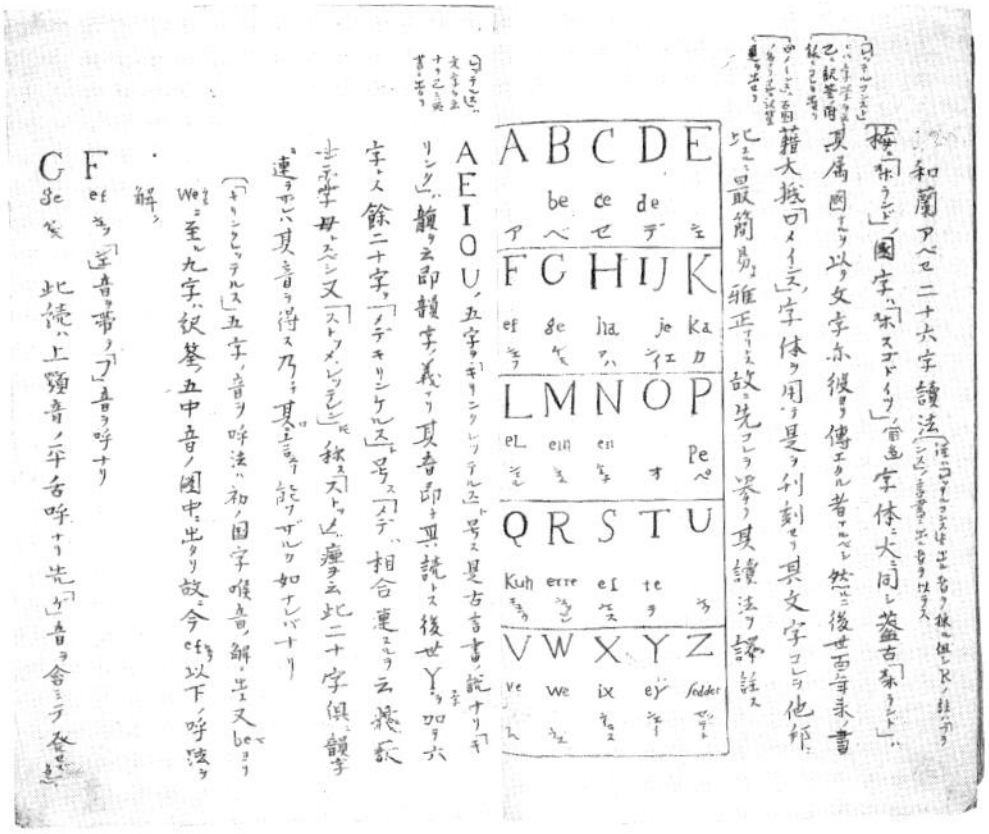

図43　「字学小成草稿」（静嘉堂文庫蔵）

このほか、信州の蘭方医今井松庵（一七四〇－一八二三）も良沢の門人とされている（青木歳幸「在村医小林貞澄と前野良沢門人今井松庵史料」）。

「字学小成草稿」

『蘭学階梯』には記載がないが、天明五年（一七八五）に成立した良沢のオランダ語研究の集大成「和蘭訳筌」に「予　嘗テ和蘭訳文略　同字学小成ヲ著ス」とある（『前野良沢資料集第二巻』所収本より）ので、「和蘭訳文略」（本書では「和蘭訳文略草稿」として既にふれた）と近い時期に「和蘭字学小成」という著作があったことがわかる。

「和蘭訳文略草稿」の成立には諸説あるが、本書では「ターヘル・アナトミア」訳述中の著作とした。明和八年（一七七一）中には成立していたと考えたのだが、ここで扱う「字学小成草稿」（旧大槻家本の題名をとった。『前野良沢資料集第二巻』参照）を同時期の著作とするのをためらったのは、カナ表記が違うという理由による。安永元年（一七七二）一一月成立の「蘭言随筆初稿」より音韻の考察が深まっているのは確実なので、安永初年頃の著作かもしれないが、断定はできない。ただ、天明五年（一七八五）の「和蘭訳筌」に至るまでの良沢の模索のプロセスを示す資料として、ここで紹介したいと思う。
「字学小成草稿」は、七丁の小篇で、オランダ語アルファベットの文字・発音・綴り方を解説したもの。青木昆陽や長崎の通詞に学んだことに満足せず、可能なかぎり正確にカナ表記しようと、独得の工夫をこらしている。まず冒頭で

是編「オホランド」ノ字音ヲ釈クニ在テ先ツ予カ国字ヲ用ルノ法ヲ示ス　大抵世俗国字音訛謬シ来ル者ハ　五十字ノ中「ア・ヤ・ワ」ノ三行ノ近似ナル者ノ分明ナラザルニ係ルナリ　故ニ初ニ足ヲ挙テ其呼法ヲ詳ニス
（『前野良沢資料集第二巻』）

といい、世間で混同しているア行・ヤ行・ワ行の「喉音三行」について次のような音図を示し、発声法を詳しく解説する。

	開口	平舌	斉歯	撮口	合口
喉	ア	ンエ	ンイ	オ	ンウ
喉触顎	ヤ	エ	イ	ヨ	ユ
喉兼唇	ワ	ヱ《ウエ》	ヰ《ウイ》	ヲ《ウヲ》	ウ

良沢の考察は言語の歴史的社会性を無視し、純粋理論と現実を混同する傾向もわずかながら見られる（岩崎克己『前野蘭化2』）との批判もある。しかしア行は「アンエンイオンウ」（良沢はアイウエオではなくアエイオウ）、ワ行は「ワヱ《ウエ》ヰ《ウイ》ヲ《ウヲ》ウ」とすべきとの主張は、注目すべきだし、本居宣長が安永五年（一七七六）に「字音仮名用格《カナツカヒ》」で「お」をあ行、「を」をわ行に配する根拠を明らかにするまで、「オ」はア行、「ヲ」はワ行に属することに世のほとんどは気付かなかった（岩崎、『前野蘭化2』）というから、良沢の考察は、国語史上にも特異な位置を占めるのではないだろうか。

ちなみに大槻玄沢は『蘭学階梯』「配韻」で、「蘭化先生曰、i《ンイ》 ji《イ》 wi《ウイ》 自ラ三音ナリ。…o《オ》 wo《ウヲ》 自ラ二音、吾方、「オ・ヲ」二字アレドモ、今音別ナシ。故ニ、「ヲ」字ニ「ウヲ」ノ音釈ヲナシテ、其異ナルコトヲ知ラシム。詳ナルコトハ音韻家言ニ載ス。」（引用は『洋学上』所収本による）と、「字学小成草稿」ではなく「音韻家言」(現存しない)を引いて同じ説を紹介している。
良沢は「字学小成草稿」をまとめるにあたり、中国の鄭樵《ていしょう》『七音略』、「マーリン」等の辞書、「レッテルコンスト」等の蘭書を参照している。ここでは、独得なカナ表記の代表としてG、L、Rの三音を取り上げたい。

G音

オランダ語の子音の中でも日本人には最も厄介なG音について、良沢は長崎遊学時から通詞に批判的だった(「蘭言随筆初稿」)が、それを自身がどう表記したかというと、「ケヘ」(「和蘭訳文略草稿」)、「ゲ」(「蘭訳筌」)と揺れている。「字学小成草稿」の説明はこうだ。以下引用は『前野良沢資料集第二巻』による。

G　ge　ゲヒヘ　此読ハ上顎音ノ平舌呼ナリ　先「ゲ」音ヲ含ミテ発セズ　急ニ「ヒヘ」ノ二合音ヲ発スルナリ　即舌ヲ平メテ口吻ヲ開気ヲ呵スル如ク　上顎ニ触レテ　一音ニ呼フナリ

この通りに発音するのは至難のわざであるし、オランダ語の正しい発音でもない。ただ、幾多の試行錯誤の訓練?の末、遂に「ゲヒヘ」という表記を生み出したのである。その努力と執着心・探求心には驚嘆するほかない。

LとR

「蘭言随筆初稿」でも「エル」と「エラ」は弁別しがたいと述べていた良沢は、「和蘭訳文略草稿」では「L　ヱル」「R　ヱルラ」、「蘭訳筌」では「L　エル」「R　エラ」とするが、詳しい発音法を説明しているのは「字学小成草稿」のみである。

L　el　ンエル　「ンエ」字ヲ帯テ「ル」音ヲ軽ク呼フナリ　先ツ舌ヲ下顎ニ著テ　乃唇ヲ合セナガラ「ル」音ヲ発スルナリ　即其音「ル」ト「ヅ」トノ二字ニ近ク似タル者ナリ（七音略曰母ノ属字ノ如シ　宜ク支那音ヲ以テ是ヲ考フベシ…

R　erre　ンエッルレ　「ンエ」ヲ促呼シテ巻テレ舌ヲ「ル・レ」ヲ合シ　共ニ音ヲ成スナリ　凡此字音吾邦ノ正言ニ用ル者ナシ（LRノ弁後ニコレヲ詳ニス

詳しい考察は岩崎克己氏に譲る（『前野蘭化2』）が、これも良沢の指示通りに発音するのは至難のわざ、その上やはり正しくはない。日本語の「ラ行」とオランダ語L・Rの調音法の違い（舌の位置・動かし方）も不明確で、「LRノ弁後ニコレヲ詳ニス」と述べながら、これ以上の考察は果さずに終わったようだ。少なくとも次の「和蘭訳筌」では、翻訳が主眼ということもあり、オランダ語の音声学的考察にさしたる深化はみられない。

しかし、オランダ語の音声にここまでこだわった日本人が江戸時代、他にいただろうか。カタカナでオランダ語をどこまで正確に表わせるか、その模索に時間とエネルギーを費した前野良沢の探求心は敬服に値する。

「和蘭訳筌」

長崎遊学の成果を明和八年（一七七一）五月にまとめた「蘭訳筌」の内容を、十数年かけて大幅に増補・修正・改編したのが「和蘭訳筌」である。序文に次のようにいう（『前野良沢資料集第二巻』より）。

序

夫訳文ヲ為ス者ハ　本書ノ義理了々トシテ　尽ク己ニ有ル者ト成ルニ非レハ　則其正ヲ得ルコト能ハス　故ニ学者須ク黽勉トシテ之ヲ読ミ　掩巻暗誦シテ語路貫通シ　文意精熟センコトヲ要スヘシ　予嘗テ蘭訳筌ヲ著ス　蘭ハ和蘭ヲ省テ言フナリ　其書　和蘭字ノ傍ニ国字ノ翻訳切意ヲ記

シタリ　頃間偶之ヲ思フニ　斯ノ如クナレハ　則独看ルニ宜ク　而読ニ宜シカラス　何トナレハ目国字ヲ看　口国字ヲ念シ　心国字ヲ解ス　乃心目口全ク国字上ニ在テ　和蘭ノ字ハ徒ニ観玩ノ具トナル耳　何ノ通熟ヲシモ云ンヤ　是唯一時童蒙ノ需メニ応ル者ニシテ学者ノ為ニスルニ於テハ未尽サル所頗多シ　因テ今和蘭字ニテ和蘭言語ヲ採録シテ本篇トシ　国字ニテ彼音韻訳文等ノ解ヲ記シテ末篇トス　遂ニ正ク題シテ和蘭訳筌ト云　但予晩学非材　既ニ困勉推求シテ之ヲ成セリ　故ニ極テ其訛謬亦少ナカラサルコトヲ知ル　然リトイエトモ　若コレヲ前述ニ比スルトキハ　則掩巻暗誦ニ供スルノ便アリ　庶クハ初学ニ在テ小補有ン乎

天明乙巳中秋ノ日

前野良沢源憙　誌

つまり、嘗て著した「蘭訳筌」はオランダ語の傍に日本語の訳を記した。ところがこの形では、独り見るにはよいが、読むにはよくない。なぜならば、目も口も心も全て国字（日本語）の上にあって、オランダの字は慰みものにすぎないからだ。「蘭訳筌」は一時「童蒙（杉田玄白らのこと）」の求めに応じたもので、学者の為にははなはだ不十分だ。そこで今、オランダの文字でオランダ語を採録して

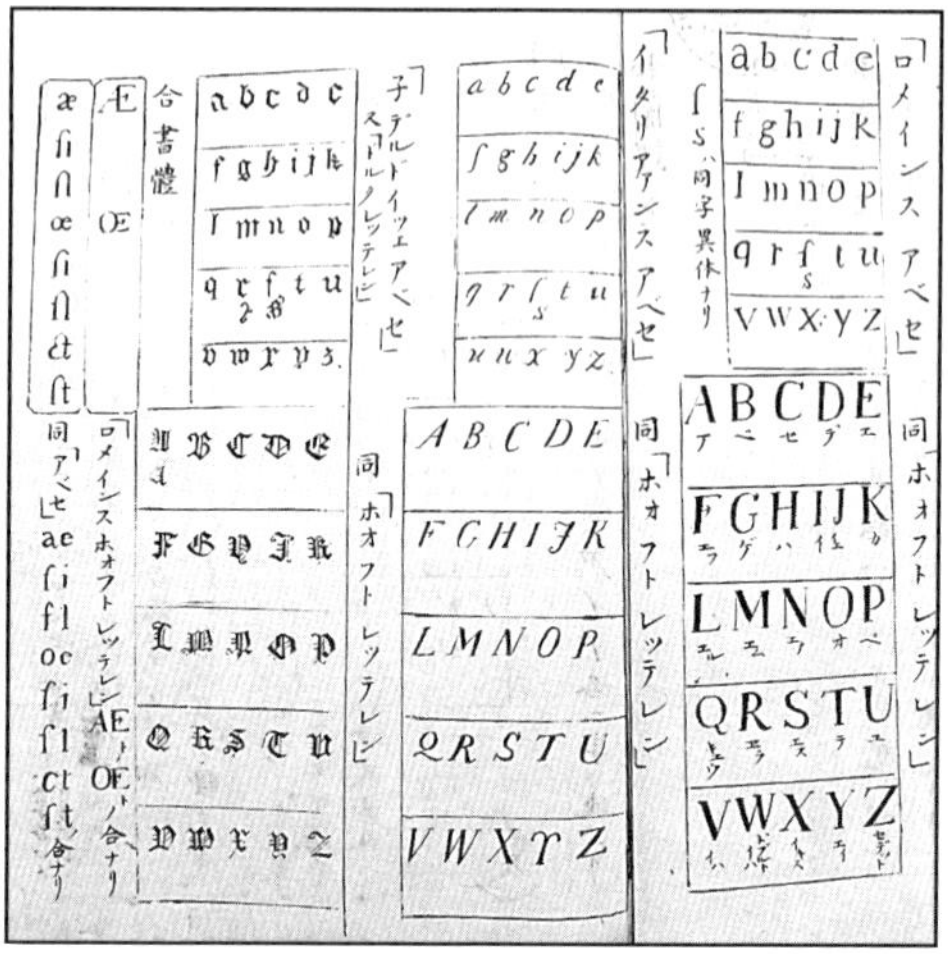

図44

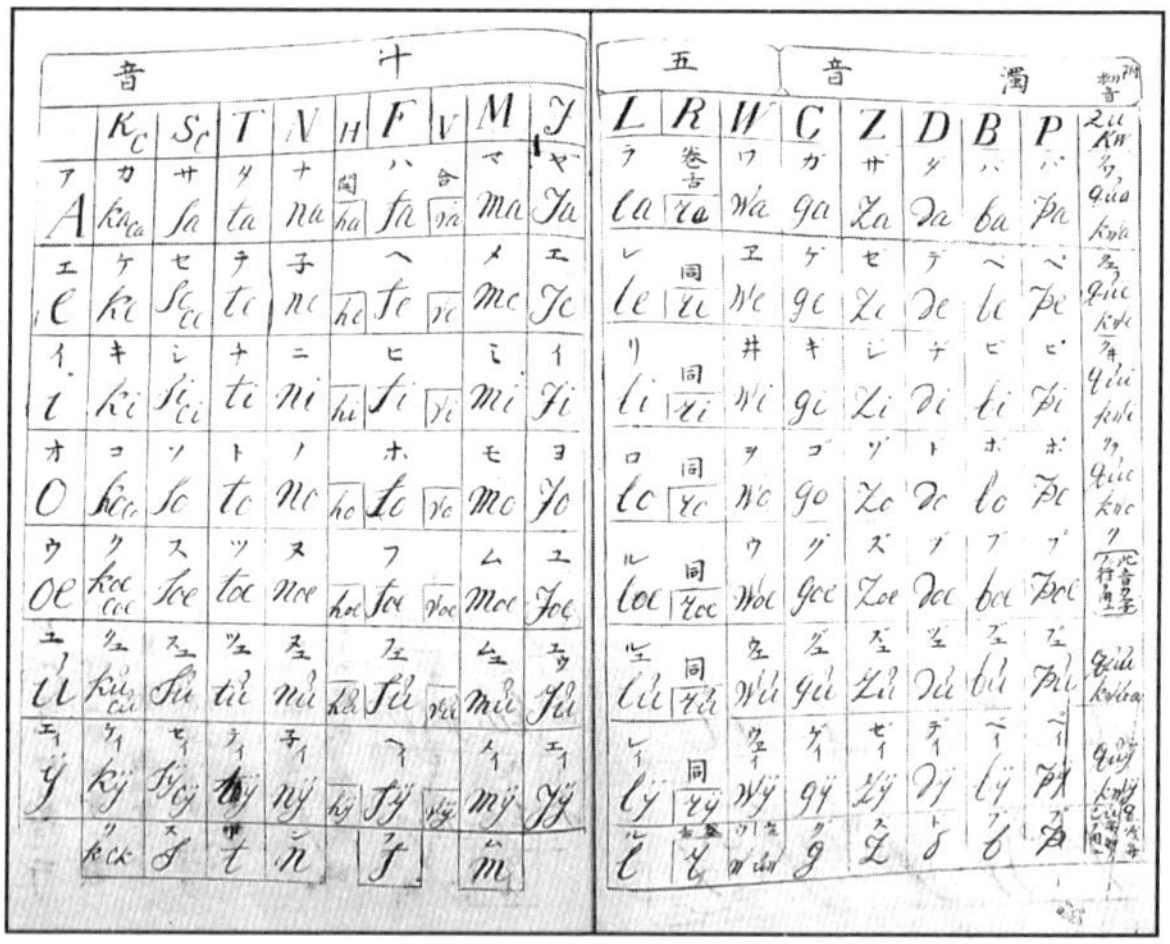

図45

図44～47　「和蘭訳筌」（東京外国語大学附属図書館蔵）

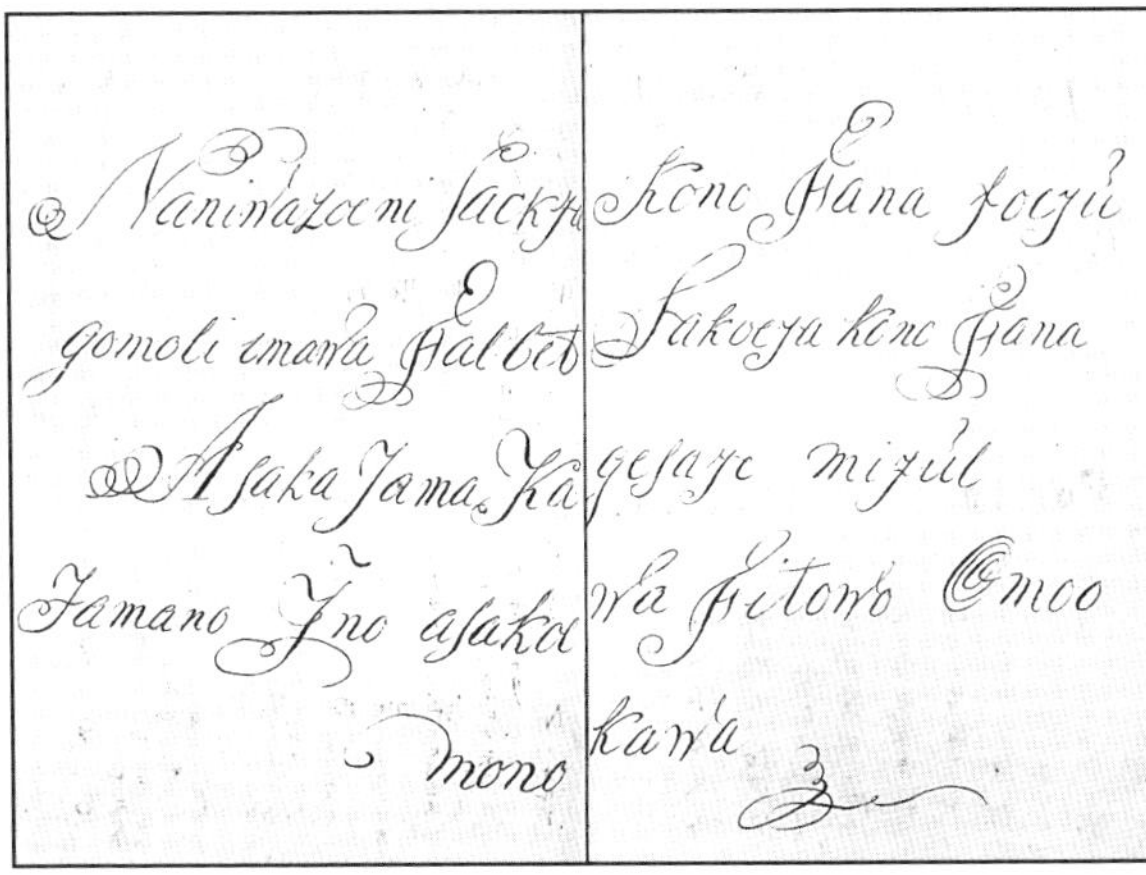

図46

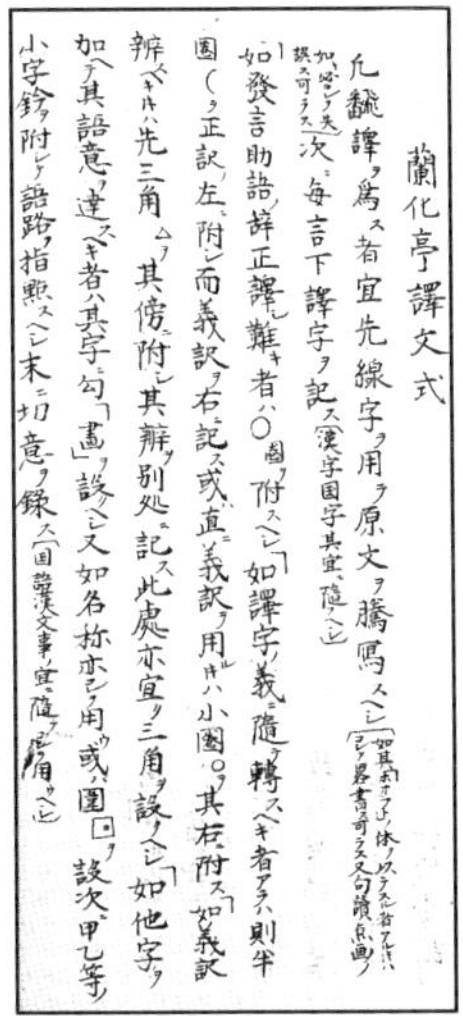
蘭化亭譯文式
凡飜譯ヲ爲ス者宜先線字ヲ用テ原文ヲ謄寫スヘシ（如其原文ノ体ノ以テスル者アレハ之ヲ略書ス可ラス又句讀点画ノ加ヘ略シ又失誤ス可ラス）次ニ毎言下譯字ヲ記ス（漢字国字其宜ニ隨フヘシ）
一如發言助語ノ辭正譯シ難キ者ハ○圏ヲ附スヘシ「如譯字ノ義ニ隨テ轉スヘキ者アラハ則半圏（ヲ正訳ノ左ニ附シ而義訳ヲ右ニ記ス或ハ直ニ義訳ヲ用ルトキハ小圏○ヲ其右ニ附ス「如義訳辨スヘキ者ハ先三角ムヲ其傍ニ附シ其辭ヲ別処ニ記ス此處亦宜ク三角ヲ設クヘシ「如他字ヲ加ヘテ其語意ヲ達スヘキ者ハ其字ニ勾「畫」ヲ設クヘシ又如名称亦之ヲ用ウ或ハ圍回ヲ設ク次ニ甲乙等ノ小字ヲ附シテ語路ヲ指點スヘシ末ニ切意ヲ錄ス（国語漢文事ノ宜ニ隨テ用ウヘシ）

図47

「レッテルコンストノ題言上」

Opregt Onderwijs
正 訓
丙 丁

in de
○

Letter Konst
字 学
甲 乙

△初学ノ為ニ読法ヲ附シテ 以テ上口ニ便リス

読法 オプ レキト オンデル
ウェイス インデ
レッテルコンスト

訳言 インデ 助辞ナリ 下ノ言ヲ上ニ接スルナリ

切意 字学ノ正訓 是書ノ題号ナリ

①

図48 「蘭化亭訳文式」①、② (『前野良沢資料集第二巻』より)

「レッテルコンスト 題言中」

Zeer bekwaam om alle

大 寅　(宜(適応 子 得 △益 卯　令 癸　諸 甲

Persoonen in korten tijd op

子○△ 乙　○　(短 不○ 久○ 丑　(時　(在 就 戊

de gemakkelijkste wijze te

○　易簡 丙　法 丁　○

leeren Spellen Lezen en Schrijven.

学習 壬　用字 己　読書 庚　及　画字 辛

読法

セェル ベクワアム オム アッレ
ペルソオネン イン コルテン
テイド オプ デ ゲマッケレイキステ
ウェイセ テ レェレン スペルレン
レェセン エン シケレイヘン

訳言

△ベクワアム 其事ニ適フナリ 其事ニ宜キナリ 此ニハ学習ニコレヲ言フ 則応ニ益ヲ得ヘシト云義トスヘシ

△ペルソオネン 人ノ別称 或ハ士ト云者ニ似タリ 此ニ義訳シテ 子ト云

△オプ 在ナリ 処ノ意アリ 此ニ教学ニコレヲ云フ 則コレニ就クノ義トスヘシ

切意

諸子ヲシテ 簡易ナル法ニ就テ 用字 読書及画字ヲ学習セシム 応ニ久シカラスシテ 大ニ益ヲ得ヘシ

②

本篇とし、国字でオランダ語の音韻・訳文等を記して末篇とする。そして和蘭訳筌と正しく題した、というのである。日付は「天明乙巳中秋ノ日」、天明五年（一七八五）八月、良沢六三歳の年にあたる。

本篇には字体・音韻（図44〜47）、言類、語類、附録短文二編が、末篇には訳字体・音韻、訳言類、訳語類、附録訳文家法・蘭化亭訳文式（図48）が収められている。序文通り、本篇と末篇は対応していて、「蘭化亭訳文式」が良沢の翻訳法を示すものとして興味深い。

良沢によれば翻訳は、まず「線字」で「原文ヲ謄写」し、次に「毎言下訳字ヲ記ス」。そして「助語」（前置詞・冠詞・接続詞等）のように「正訳」し難いものは「〇圏」を付け、義に従って転ずる（訳語が文脈で変わる）ものには「半圏(」を正訳の左に付け、「義訳」を右に記す。あるいは「直ニ義訳ヲ用ユルトキ」「○小圏」をその右に付ける。義訳に説明の要る時は「三角△」を語の傍と「別処」に置く。意味を明確にするため言葉を加える時は、括弧（勾「画﹂」）を設ける。人名のような場合、これを用いたり「囲□」を設けたりする。そして次に甲乙等の「小字鈴」を付して語順を示し、最後に「切意」（大意の翻訳）を記すのだという。

大小の圏、半圏、三角、括弧、四角、干支（甲乙丙…子丑寅…）を総動員して複雑怪奇にも見えるが、要は日本人が慣れ親しんだ漢文訓読法である。この原型は長崎のオランダ通詞の翻訳法であり、良沢が工夫を加えたと考えられるが、訳すことのできない「〇圏」に明らかなように、「蘭化亭訳文

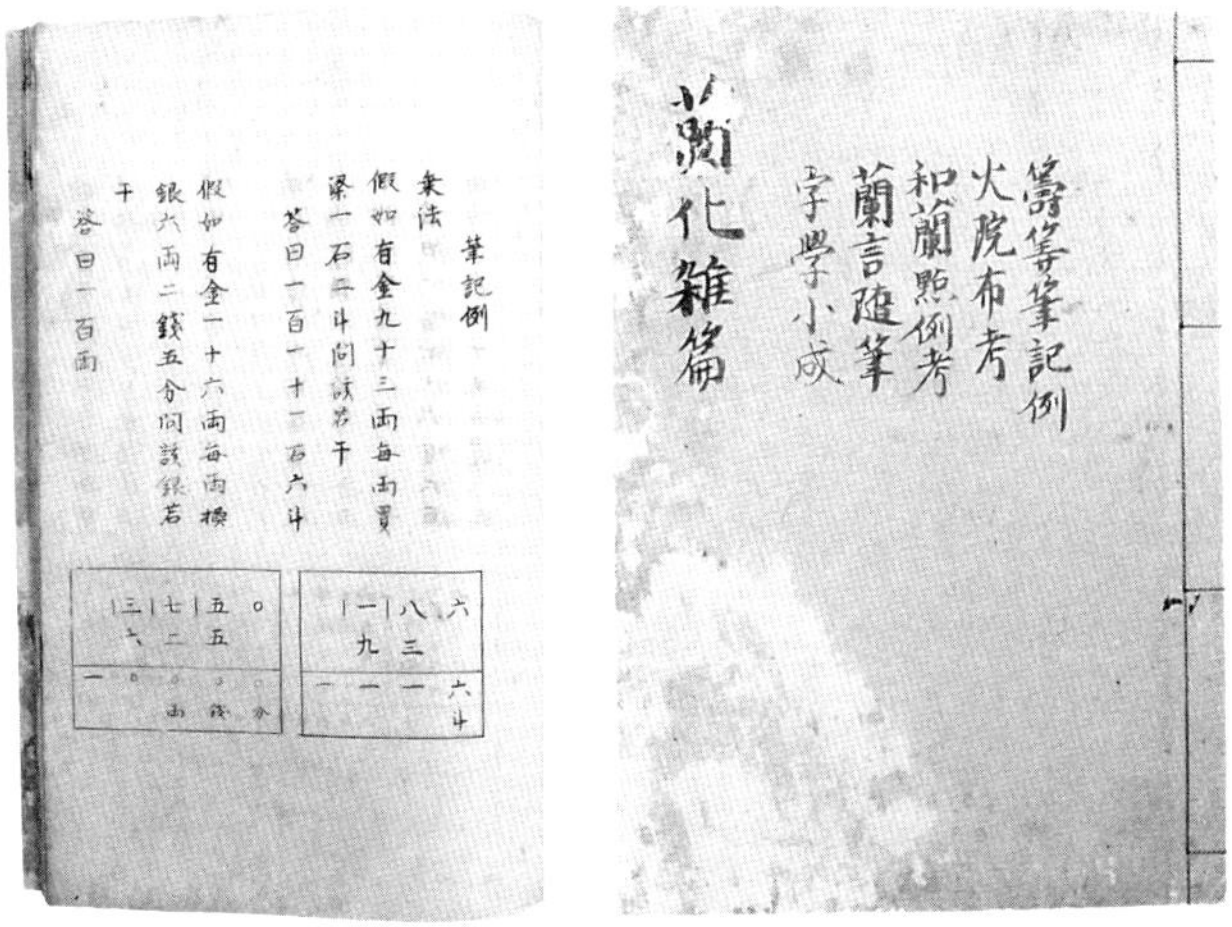

図49 「籌算筆記例」（古河歴史博物館蔵）

式」は前野良沢や草創期蘭学の限界をよく示している。しかし、日本語の辞書もない制約の大きい環境の中で、「生涯一日のごとく」（『蘭学事始』）地味な努力を続けた結果、オランダ語の翻訳能力が一定のレベルに達したのは評価に値するのではないか。

「籌算筆記例」との関わり

「蘭化亭訳文式」に利用された例文のひとつは度々言及した「レッテルコンスト」もうひとつは「セイッヘリンケノ題言」と称する *De vernieuwe Cyfferinge van Mr.Willem Bartjens,…*（「切意」は「再修ウヰレム　バルテエンス先生ノ算学」）である。フランス人教育者の児童用算術書の一七四〇年版を良沢は所蔵していた（岩崎克己『前野蘭化2』）とすれば、これまで良沢の著作として知ら

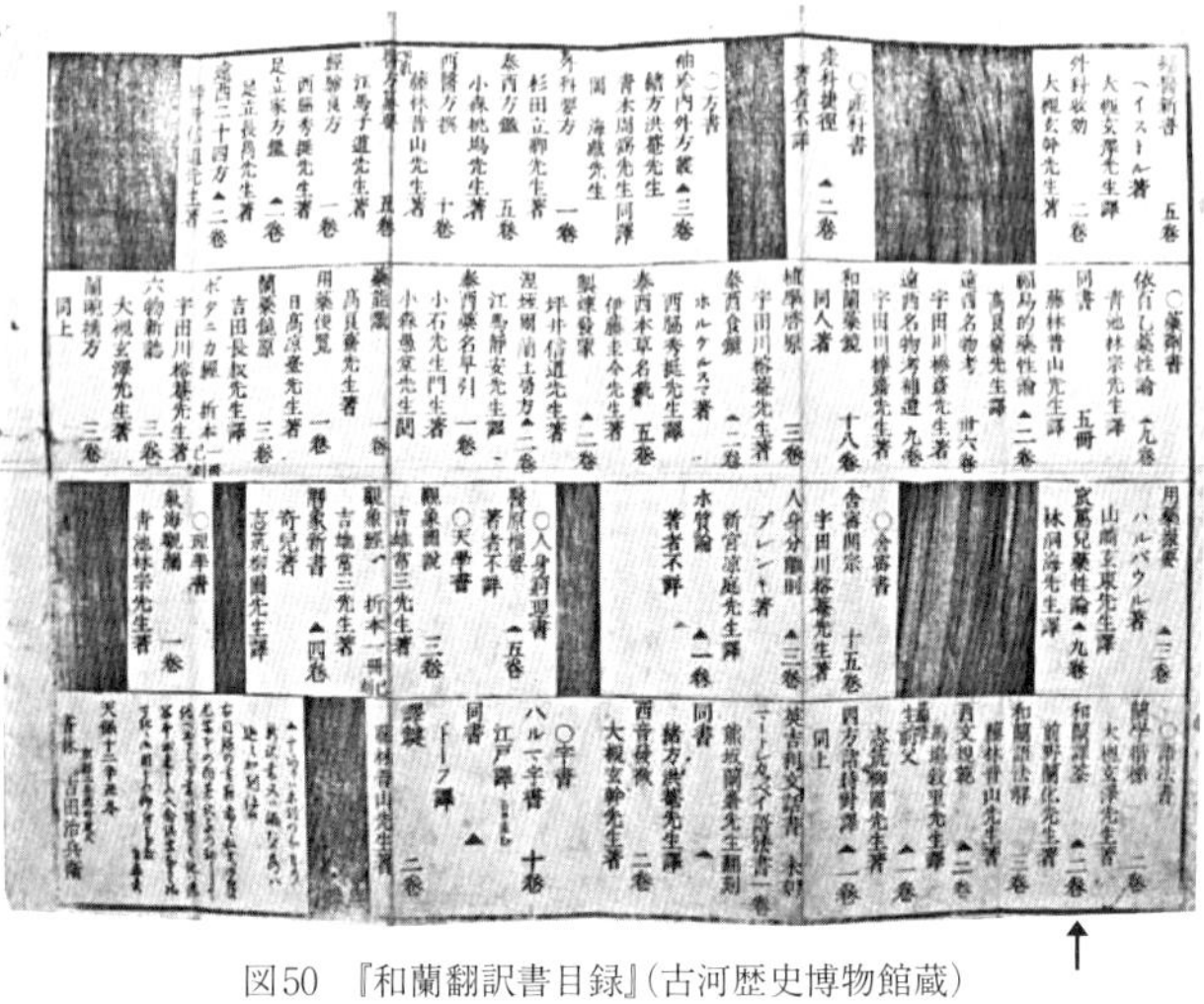

図50　『和蘭翻訳書目録』（古河歴史博物館蔵）

れていなかった「籌算《ちゅうさん》筆記例」（鷹見泉石自筆写本、古河歴史博物館蔵。『前野良沢資料集第三巻』所収）との関係が気にかかる。和算ではなく、乗法と除法の計算方法を記したもののようだが、良沢の算術への関心については、専門家の研究を俟《ま》ちたいと思う。

「和蘭訳筌」出版計画

この「和蘭訳筌」は、良沢の著訳書としては珍しく、江戸時代に出版の計画があった。『前野良沢資料集第二巻』に収録した底本（東京外国語大学付属図書館蔵）は、良沢晩年の門人江馬蘭斎（後述）の娘細香の書による序、蘭斎の門人吉川宗元、安藤習悦の叙、吉川広簡（宗元の弟）の題、温井元齢（のちの江馬元弘）の跋が記され、全五四丁のうちの本文には他の写本には見られない単語や短文が書かれている。オランダ語の書体も整っており、出版を前提にした丁裁と考えられる。天保一二年（一八四一）刊の「京都二条堺町東へ入」の書林吉田治兵衛による出版目録『和蘭翻訳書目録』に「和蘭訳筌▲二巻　前野蘭化先生著」（▲は未刻を示す）とみえる（図50、矢印のところ）のも、その間の事情を反映しているのだろう。

しかし結局は、「著述ものの儀は、近年公儀にて御制度もこれある故向後心得違いこれなき様」ということで、出版は実現しなかったようだ（青木一郎『大垣藩の洋医　江馬元齢』）。

「和蘭点画例考補」

天明時代の著作としてここで最後に取り上げるのは、「天明丁未季春之日　前野　熹識」の題言をもつ「和蘭点画例考補」である。大槻玄沢が『蘭学階梯』（一七八三成稿）で「蘭化先生ノ点例考ニ由テ」と紹介した「点例考」の増補版と考えられるもので、成立は天明七年（一七八七）三月、『蘭学階梯』出版の前年である。良沢は六五歳、「和蘭訳筌」をまとめあげても、オランダ語研究の情熱は、衰えることがなかった。

「和蘭点画例考補」の内容は、「点画十例」すなわち1．（，）コンマ　2．（；）セミコロン　3．（：）コロン　4．（？）疑問符　5．（！）感嘆符　6．（()）括弧　7．（－）ダッシュ　8．（//）ハイフン　9．（，）省略符　10．（・）ピリオドの解説で、「ハッカホオルド」の

「レッテルコンスト」一七二七年版と「スペルドブック」が情報源だと明記されている（詳しくは片桐一男「『和蘭點画例考補』と『西文譯例』」）。

前野達と『紅毛雑話』

同じ年の九月、『解体新書』訳述グループのメンバーであった桂川甫周の弟森島中良が『紅毛雑話』五巻を刊行した。森島中良（一七五六―一八一〇）は将軍家侍医桂川家に生れ（桂川甫粲ともいう）、医者でもあるが主として戯作者、啓蒙家として活躍した人物である。桂川家に集まる海外の情報や珍品（エレキテル・望遠鏡など）、蘭学者との交遊を生かして、学問的に裏付けられた世界の面白い話をまとめたのが『紅毛雑話』で、これは当時の啓蒙書の白眉ともいわれ、版を重ねて多くの読者を得た。

同書の序文は兄の桂川甫周と大槻茂質（玄沢）が、跋文は宇田川玄随と前野達が寄せているが、この前野達は、良沢の長男良庵である。良庵は名が達《とおる》、字は子通で、父良沢にオランダ語を学び、森島中良と親しかった。

桂川家と前野良沢父子の親交を物語る資料が、今泉源吉『蘭学の家　桂川の人々　続篇』に紹介されている。良沢が娘峯（峰子）に宛てた手紙と、良庵が姉（峯であろう）に宛てた手紙で、良沢の手紙の内容は、長崎で入手した「安産樹」（アラビア・シリア・エジプトに産するアブラナ科一年草。

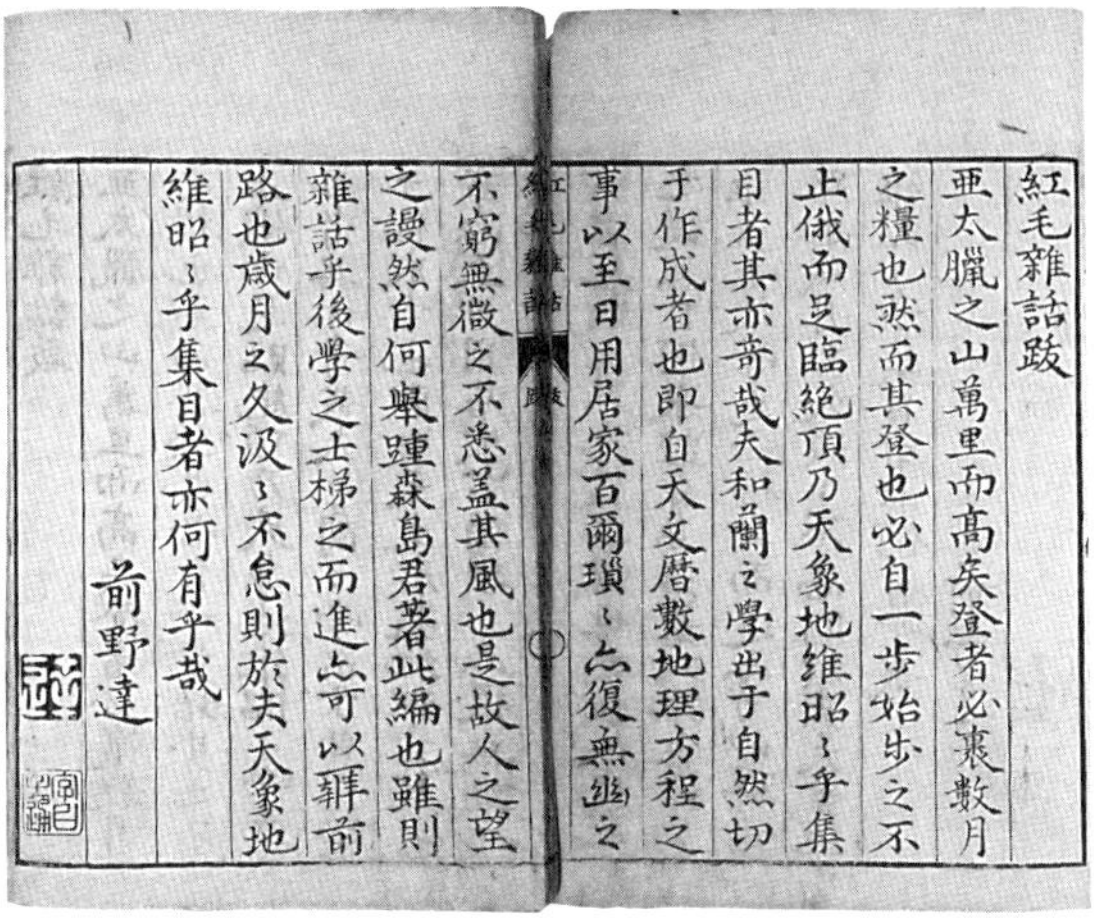
紅毛雜話跋
亜太臘之山萬里而高矣登者必裹數月之糧也然而其登也必自一歩始歩之不止俄而是臨絶頂乃天象地維昭〻乎集目者其亦奇哉夫和蘭之學出于自然切于作成者也即自天文暦數地理方程之事以至日用居家百爾瑣〻亦復無幽之不窮無微之不悉蓋其風也是故人之望之謾然自何舉踵森島君著此編也雖則雜話乎後學之士梯之而進亦可以窮前路也歳月之久汲〻不怠則於夫天象地維昭〻乎集目者亦何有乎哉
前野達

図51　『紅毛雑話』（早稲田大学図書館蔵）
跋に「前野達」の名が記されている。

毬状の乾いた草樹を水に浸して葉が開けば安産との言い伝え）を藩主に献上したのを「杉田家内御産の節借て遣候斗ニて外へは出候覚無之候間不苦候半と存候」つまり杉田家のお産（天明六年の立卿のときか）に貸しただけなので、一本見せてあげようというもの。オランダ船舶載の安産樹を娘のお産に際し、見せようとする親心あふれる手紙だ。杉田玄白との交流もしのばせる資料である。

　また良庵の手紙は親への孝心にあふれたもので、なぜこれらが桂川家の記録にあるのかは不明だが、桂川家との親密な交流が察せられる。良庵は、手紙に「病中」と書いているが、病弱であったのか、親に先立って寛政三年に没した（後述）。

第五章

ロシア研究の時代と良沢

一　ロシアの南下

一八世紀後半の明和・安永・天明時代の日本は、常のことながら自然災害（地震・大噴火・大雨・大風）、大火、飢饉、疫病に見舞われ、米価の高騰など、庶民生活への打撃も著しかった（『近世生活史年表』）。

天明六年（一七八六）に田沼意次は老中を罷免され、翌年（一七八七）六月、一一代将軍家斉は白河藩主松平定信を老中首座に迎える。田沼時代は商業の活性化に貢献し、蘭学の勃興をもたらしたが、農村の疲弊、浅間山の大噴火（一七八三）他の自然災害により、各地で一揆・打こわしが頻発するようになる。登場した松平定信（一七五八―一八二九）は、幕政の刷新をめざして政治・経済・文化と多方面にわたる寛政の改革を行うのだが、対外政策ではロシアの存在が外患となってきていた。

帝政ロシアは、農奴制の内部的矛盾・商業資本の不振・産業技術の立ち遅れの打開策として、清・日本などとの通商による市場獲得を狙い、一六世紀から東進を開始した。そしてピョートル大帝の時代（一六八二―一七二五）には、日本人漂流民伝兵衛から日本・千島の情報を得、日本語学校を設置。シベリア・カムチャツカから千島（クリル）列島を踏査して日本の地図も作成させている。そして元文四年（一七三九）にはロシア船が陸奥・安房沖に出没するに至った（元文の黒船）。日本側も一七世紀末からロシア情報を長崎と松前から得ており、一八世紀半ばには、松前藩がアイヌ首長を介して

図52 「莫《ム》斯《ス》哥《コフ》米《ビイ》亜《ヤ》」の人（『四十二国人物図説』
（大分大学学術情報拠点（図書館）蔵）

「赤蝦夷」 ロシアの南下の動きを知った。

ロシアの日本での呼称は初め「ムスカウベヤ」「モスコビア」（モスクワ大公国に由来）で、たとえば西川如見『四十二国人物図説』（一七二〇刊）にも見られるように、庶民レベルでも一定の認識を持っていたことがわかる（図52）。しかし、ロシア南下が日本の国防問題にまで進展するきっかけとなったのは、明和八年（一七七一）のハンベンゴロウ事件であった。

ハンベンゴロウ（ベニョフスキー）事件

ハンガリーの冒険家ベニョフスキー（Móric Benyovsky 1746-85）は、ポーランド軍に入り、ロシア軍と戦って捕虜になり、カムチャツカに流されたが脱走。奪ったロシア軍艦で日本・台湾からマカオへ至る途中、紀州・阿波・奄美大島で出島のオランダ商館長宛に計六通の書簡を送った。内容はロシアが千島・カムチャツカに砦《とりで》を築き、対日侵略に備えているなどというもので、難解なドイツ語で書かれており、当時（一七七一年一〇月）の商館長アルメノールト（Daniel Armenault）は、状況

図53　『新旧ロシア帝国誌』（国立国会図書館蔵）

をつかめぬままそれをオランダ語に訳し、通詞が和訳する過程で彼の名 von Bengoro が「はんべんごろう」（史料により「はんぺんごろう」）となった。

一旦バタフィアに戻って情報を仕入れたアルメノールトは、翌年再び商館長として来日、「ポーランドのハン・ヘンゴロウは捕えられてカムチャツカに行き、船を盗んで逃げ出し、去年マカオからルソンへ渡り、フランス船に乗ってフランスに向かったという」と風説書で報告した（『和蘭風説書集成下巻』）。

この情報を和文にした通詞は吉雄耕牛（幸作）と弟の作次郎だが、ロシア南進説は、出島の商館長と複数の通詞を情報源に各方面へもれ伝わった。三浦梅園も長崎で吉雄耕牛に会い、「吉雄話の序に曰　我竊に国家の為に東北を患ふ…」（「帰山録」上）と、北方問題の所在を認識したのである。

その後、この一件に関った商館長フェイト（Arend Willem Feith）が大通詞吉雄耕牛に蘭書『ロシア帝国誌』を贈り、耕牛の抄訳を仙台藩医工藤平助が「赤蝦夷風説考」に引いた。前にも述べたが、ロシア南下への防備・交易・蝦夷地開発の必要性を説いた「赤蝦夷風説考」は、工藤平助から当時の老中田沼意次に献上され、蝦夷地開発計画の原動力となる。そして蘭書『ロシア帝国誌』こそ、「ベシケレイヒング」「ベシケレイヒング・ハン・ルュスランド」と呼ばれ、前野良沢ら多くの蘭学者に活用された江戸時代のロシアに関する情報源として最も権威ある書物であった。前野良沢の同書の利用と成果については後述するが、吉雄耕牛（幸作）旧蔵の蘭書は、二冊本のうち一冊（「Koozack」「josiwo」の朱印をもつ）が現在国立国会図書館に蔵されている（図53）。

ベニョフスキーには生来虚言癖があり、粉飾と誇張にみちた自身の航海記をのちにフランス語で執筆、それが英語・ドイツ語・ポーランド語・オランダ語・スウェーデン語等にも翻訳され、ヨーロッパで一大ブームをまき起こしたが、幕末まで誰もそのことは知らなかった。「はんべんごろう」ことベニョフスキーの「虚言」は、深刻な脅威として受けとめられ、広がったのである（ベニョフスキーについては水口志計夫・沼田次郎編訳『ベニョフスキー航海記』参照）。

二　幕府の北方政策

ハンベンゴロウ事件以降、安永七年（一七七八）にはロシア船が蝦夷地厚岸《あっけし》に来航して松前藩に通商を要求（翌年松前藩が拒否）、天明六年（一七八六）にも松前に通商を求めるなど、地方の緊張は高まった。カムチャツカ半島を領有したロシア人は、毛皮を獲るため千島列島（クリル諸島）にも進出、定住するようになり、日本との通商で食料など物資の補給をはかろうとしたのである。

幕府は最上徳内（一七五五－一八三六）らに蝦夷地を探検させ、最上徳内は天明五年（一七八五）を皮切りに、しばしば蝦夷・千島・樺太を踏査し、アイヌの生活や言葉、ロシア語に精通するようになる。

また探検はせずとも、ロシア脅威論に刺激されて多くの識者が日本の対外政策、国防を論じるようになった。代表的な著作は仙台藩医工藤平助の「赤蝦夷風説考」（一七八一、八三）、同じく仙台藩の林子平『三国通覧図説』（一七八六刊）、『海国兵談』（一七八六成稿）で、前述のように「赤蝦夷風説考」は老中田沼意次に献呈され、彼の積極的な蝦夷地開拓に影響を与えた。林子平（一七三八－九三）の『三国通覧図説』は主に朝鮮・琉球・蝦夷の風俗・産物等の説明に地図を付したもの（図54）、「細々に思へば江戸の日本橋より唐、阿蘭陀《おらんだ》迄境なしの水路也」の文言が有名な『海国兵談』は寛政三年（一七九一）に刊行されたことで幕府の忌避にふれ、翌年絶版処分となった。林子平は蟄居を命

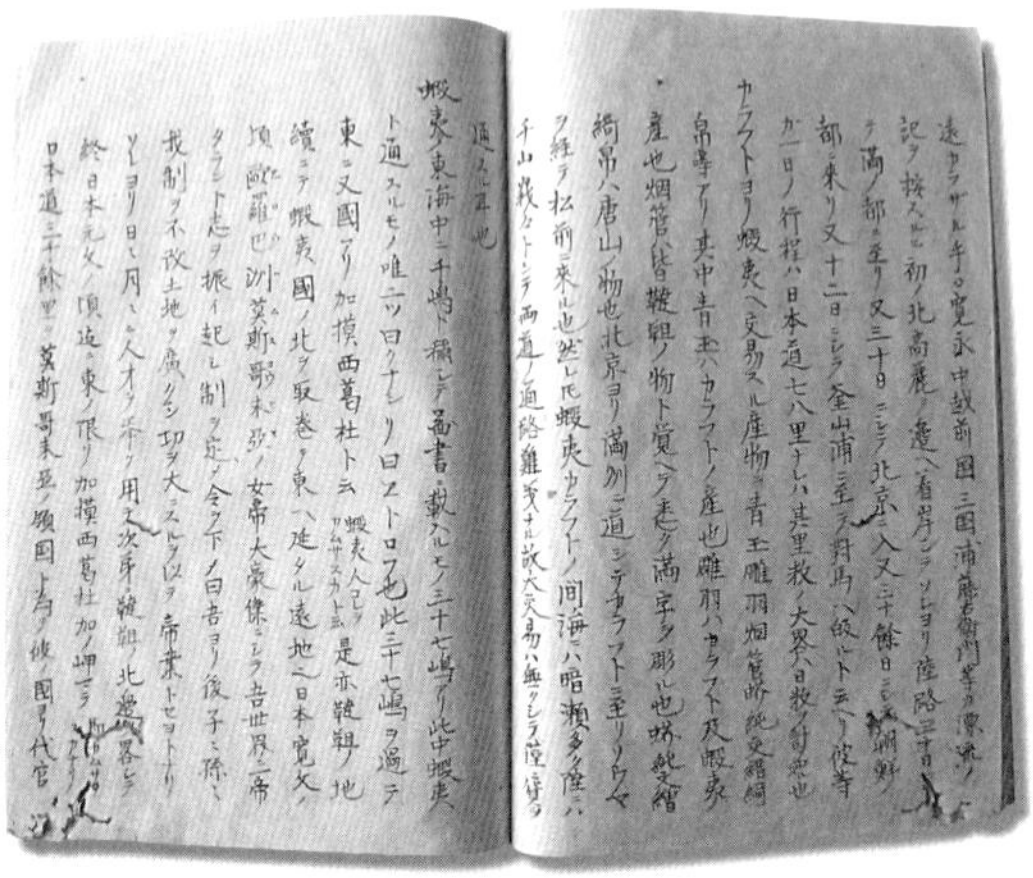

図54　『三国通覧図説』（大分大学学術情報拠点（図書館）蔵）
「カラフト」との交易、「クナシリ」の位置などが記されている。

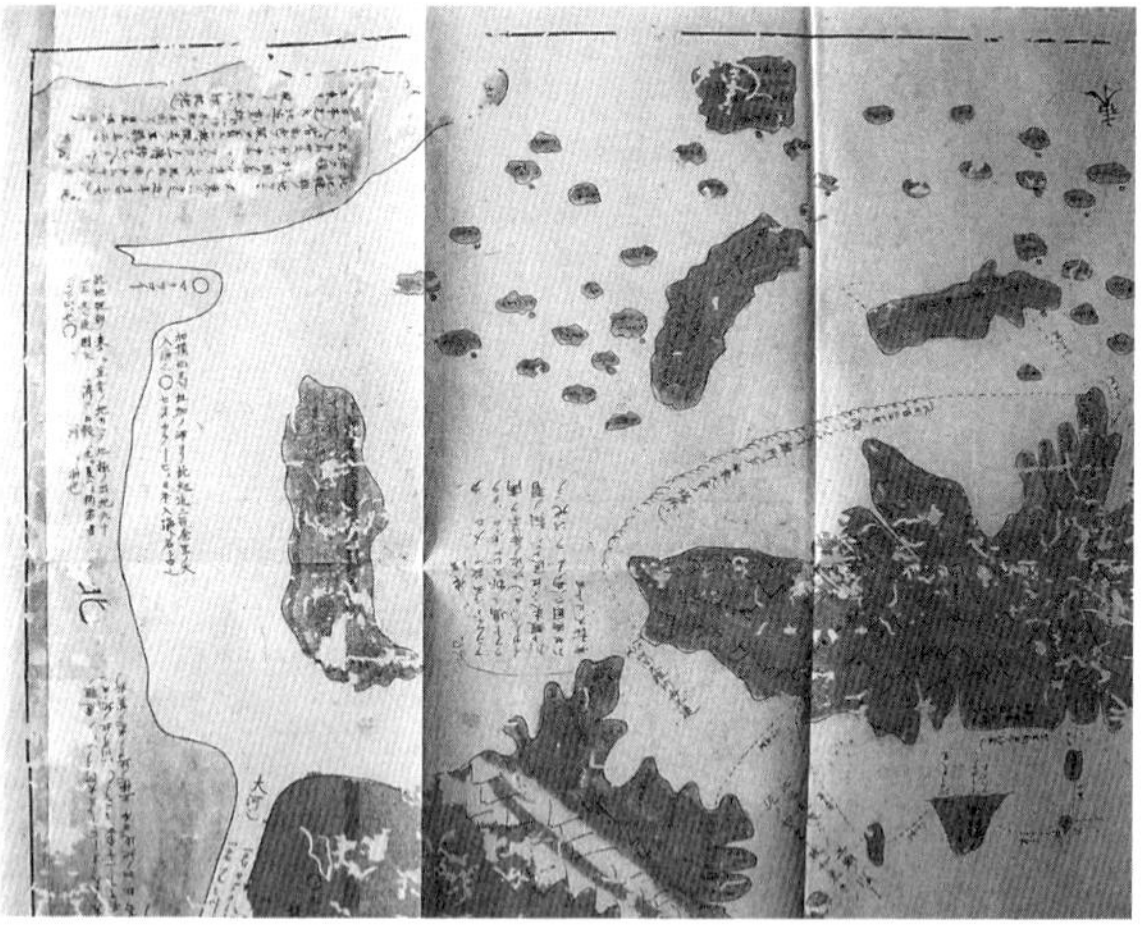

図55　『三国通覧輿地全図』（部分）（大分大学学術情報拠点（図書館）蔵）
上部に「エトロフ」「クナシリ」などがみられる。

ぜられ、寛政五年（一七九三）に世を去るのだが、「処士横議」（分不相応に政治を論じた罪）で子平の先覚的な海防論を封じ、仙台の兄のもとでの蟄居を命じたのは老中松平定信であった。

政治・政策を論じることは、時として身の危険を伴うが、国際情勢やロシア、カムチャツカ等に関する基礎的な情報を蘭書から論者に提供したのは蘭学者である。ロシア使節の来航・通商要求が繰返される一八世紀末から一九世紀初頭にかけて、「ベシケレイヒング」「ゼオガラヒー」などの知識で他の情報（たとえば漂流民）を補足したロシア研究書が次々に著わされた。前野良沢・桂川甫周・山村才助・志筑忠雄・大槻玄沢・馬場貞由らの仕事である。

この時期、「西洋研究は時勢の動きにうながされて、単なる一般論よりその焦点を北方から迫るロシアに集中して、ロシア研究時代ともいうべきものを現出するに至った」（大久保利謙「ロシア史関係文献」、『鎖国時代日本人の海外知識―世界地理・西洋史に関する文献解題―』）。長崎では通詞の吉雄耕牛、松村元綱、本木良永ら、豊後では三浦梅園（「帰山録」）、東国では工藤平助（「赤蝦夷風説考」）がロシアに最も早く注目、ロシア史としては前野良沢の「魯西亜本紀」が先駆である。

当時のロシアに対する関心は、危機感に裏付けられていたので、森島中良『紅毛雑話』などと比べ、より現実的・敵対的であった（大久保、前掲解説）とされるが、日本史における「ロシア研究時代」の中で、先駆と位置付けられている前野良沢の仕事は基礎的なものである。良沢には「柬砂葛記」「柬察加志」の翻訳もあり、これは工藤平助のカムチャツカ理解と関係が深い。そこで次に、良沢のロシア研究の時代を追うことにしたい。良沢は六〇代後半にさしかかっていた。

三　良沢のロシア研究―「東砂葛記」「東察加志」―

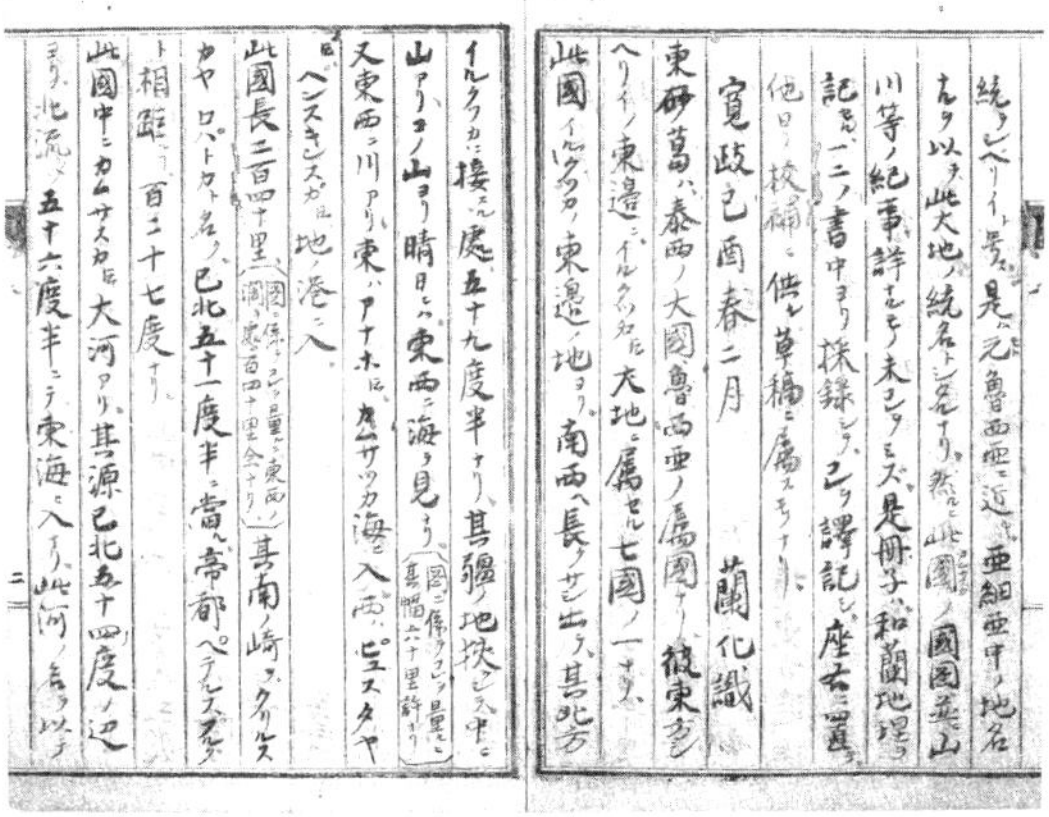
統テムヘリイト号ス。是ハ元魯西亜ニ近キ亜細亜中ノ地名
ナリ以テ此大地ノ統名トシタルナリ。然ルニ此國ノ國図並山
川等ノ紀事詳ナルモノ未ダミズ。是冊子ハ和蘭地理ノ
記中ノ一二ノ書中ヨリ採録シテ之ヲ譯記シ座右ニ置キ
他日ノ校補ニ備ヘ草稿ニ属スモノナリ
寛政己酉春二月　　蘭化識
東砂葛ハ泰西ノ大國魯西亜ノ属國ナリ
此國イルクウカノ東辺ノ地ヨリ南西ヘ長ク出テ其北方
イルクウカニ接スル處五十九度半ナリ
又東西ニ川アリ
此國長二百四十里
ト相距ル百二十七度ナリ
此國中ニカムサスカト云大河アリ

図56　「東砂葛記」（東京大学総合図書館蔵）

良沢のロシア研究の最初の成果は、寛政元年（一七八九）に成立した「東砂葛記」である。寛政三年（一七九一）成立の「東察加志」共々「ゼオガラヒー（Johan Hubner, *Algemeene Geographie , of Beschryving des geheelen aardryks.*）一七六九年版」の「カムチャツカ」部分の抄訳である。

『前野良沢資料集第三巻』に収録した南葵文庫（東京大学総合図書館蔵）の写本は二冊合綴され、「東砂葛記」が一二丁、「東察加志」が一三丁で、「東砂葛記」の冒頭には「寛政己酉春二月　蘭化識」、「東察加志」の巻末近くには「寛政辛亥春正月　前野良沢熹」とある。寛政元年二月（写本により三月としているものもある）に一旦出来上がった訳に手を入れて、寛政三年正月に仕上げた著作だ。

高山彦九郎宛書簡（高山彦九郎との交遊については後述

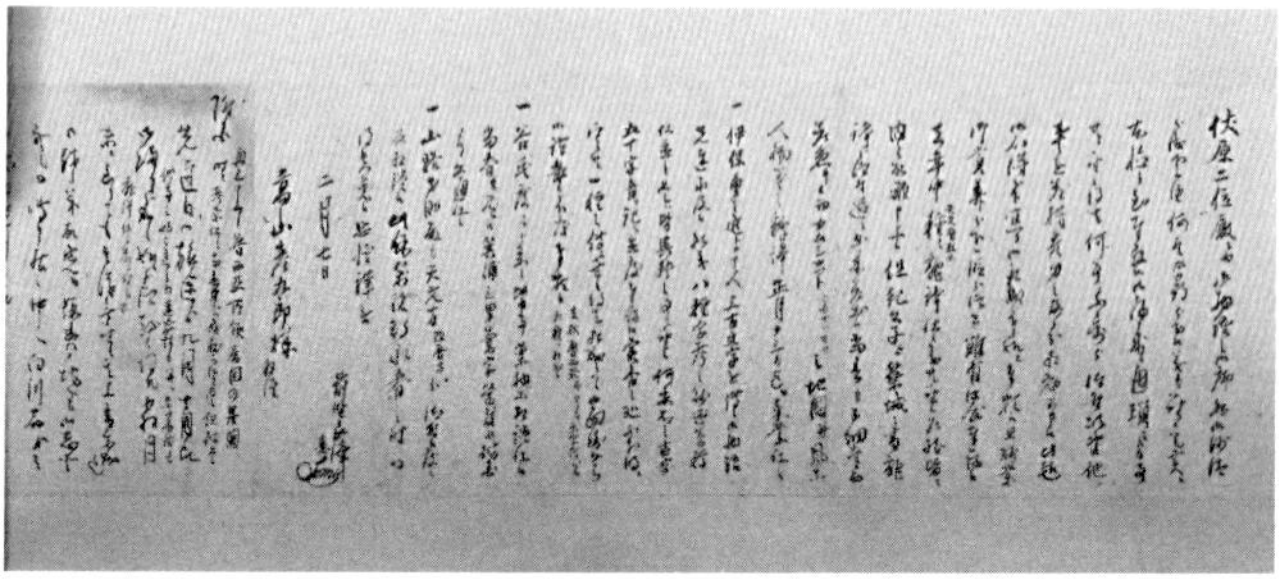

図57　高山彦九郎宛前野良沢書簡（部分）寛政３年（1791）２月７日、９日付
（「高山錦嚢十五」所収）（矢嶋瑞夫氏提供）

する）の一通（寛政三年二月九日付）に「当春も子細御座候而差急キ候而カムシカットカムサッカトモ之地図　風土人物等之翻訳正月十三日迄ニ卒業仕候」（『前野良沢資料集第三巻』）とある「差急キ候而」について、「公命に接して大急ぎで改訂して成った」のが「東察加志」ではないかと岩崎克己氏は解釈しておられる（『前野蘭化2』）が、妥当な見解だと思う。

また工藤平助「赤蝦夷風説考」の参考書目中に「千七百六十九年開版ノゼオガラヒ」「千七百四十四年開板ノベシキレイヒング・ハン・リュスランド」とあり、良沢が親友のためにカムチャツカの部分を訳した可能性（岩崎、『前野蘭化2』）も十分考えられる。

整理すれば、「ゼオガラヒー（六冊本カ）」のカムチャツカ部を良沢が工藤平助のために訳したものが草稿の形をとったのが寛政六年二月、翌年公命を蒙り、急ぎ加筆修正して寛政三年正月に完成したのが「東察加志」ということになろうか。

内容はカムチャツカ半島の位置・河川・山地・温泉・気

候・農産物・鉱産物・風俗習慣・宗教・ロシアのカムチャツカ半島侵略の沿革・属島の記述からなる地誌で、「柬砂葛記」巻末には「古測北極出地度」と「新測北極出地度」として日本各州の北緯が示され、松前とペテルブルグの緯度も付されている。たとえば「皇都（京都）」の北緯は古測値が「三十五度半強」、新測値が「三十四度九八一七」、「奥州津軽」の古測値は「四十二度」、新測値が「四十一度三八六八」、それに対し

松前島東地端北極出地度四十一度三十八分
明和八卯年〔ハロン　モリッ　アラータル　ハン　ベンコロー〕ト云者　日本東海ヲ渉リシ時
松前ノ東海ニ於テ測量セシコトアリ　因テ証トス
ペテルブルグ北極出地度五十一度
（『前野良沢資料集第三巻』）

と記すのである。

日本各州の緯度が「ゼオガラヒー」に記載されているはずはないし、一七七一年のベニョフスキー（ハンベンゴロウ）による情報も、一七六九年版ゼオガラヒーとは関係がない。良沢はどこからこれらの情報を得たのであろうか。

「柬察加志」巻末には、一三項目の「請問」がある。「オロシヤ」の帝は女帝第二ノ「カタリナ」だ

と一七六二年の蘭書にあるが、今もそうなのか、というのが第一問。アメリカにロシアの領地があるのかどうか、ロシアの属島の詳細を知りうるかという問もあるが、最も量が多く、良沢らしい質問は言語・文字に関するものだ。「スラホニヤノ文字」が見られるだろうか。スラホニヤの文字音韻が知りたい。さらに次のように切々と言う。

一ロシアノ人若へブレエウノ文字　音韻　言語ヲ知コトアラハ、コレヲ伝ハランコトヲ得ヘキヤ、因テ云、熹素リ奇字ヲ好ム、朝鮮・蒙古・韃靼・梵文・マレイス、ギリイキス、ヘブレエウス、・和蘭・共ニ八種ノ文字ヲ采録シ得タリ、就中和蘭ハ、言語マテヲ聞テ、私ニ其書ヲ窺フコトヲ得タリ、今東都ノ人、大槻子、及其余彼書ヲ読ノ徒ハ、悉喜(熹)カ伝フル所ヨリ出ル由、或人ノ語ヲ聞タリ、ヘフレェウスハ、和蘭ノ書ニ出タルヲ略抄シ得タルノミナリ、余ノ六種モ、只文字音韻ヲ考索シタルマテニテ、其書ヲ読コト難シ、頃年或人ヨリオロシヤノ文字ト云ヲ見ス、熹コレヲ考察シテ、魯西亜ノ字ニテ、此邦ノイロハナルコトヲ知ル、其後佐藤源六子ノ記タルオロシヤノ草書ノ如キ体ノ四十二字ヲ、或人ヨリ得テ、大ニ一邦ノ文字ヲ得タルコトヲ悦タリ、然ルニ今正月十日、大槻氏ヨリ、貴君ノ記セル彼邦ノ真草ニ体ノ如キヲ伝へ得タリ、即愉悦スルコト実ニ甚シ、尚帰府ノ後、詳ニ教示ヲ願ンコトヲ深ク仰望スル而已ナリ、

「奇字ヲ好ム」良沢の関心は、政治よりもロシアの文字音韻にあった。また「熹年四十八ヨリ、コレヲ学テ、今歳犬馬の齢六十九、其間独学固陋、困求苦心スルコト、凡二十年ニシテ尚止コトヲ得ス…」とも言っている。「四十八」は明和七年（一七七〇）、長崎遊学で「マーリン」や「ターヘル・アナトミア」を入手して江戸に帰った年にあたる。「コレ」は蘭書、本格的に蘭書を学ぶようになったのが四八の時で、それから約二〇年。苦労しても終わりはないという六九歳の向学心は恐れ入るばかりだ。

これらの「請問」は、ロシア人に接触した日本人でなければ答えられないものばかりなので、良沢が最上徳内に宛てたと推測されている（岩崎、『前野蘭化2』）。

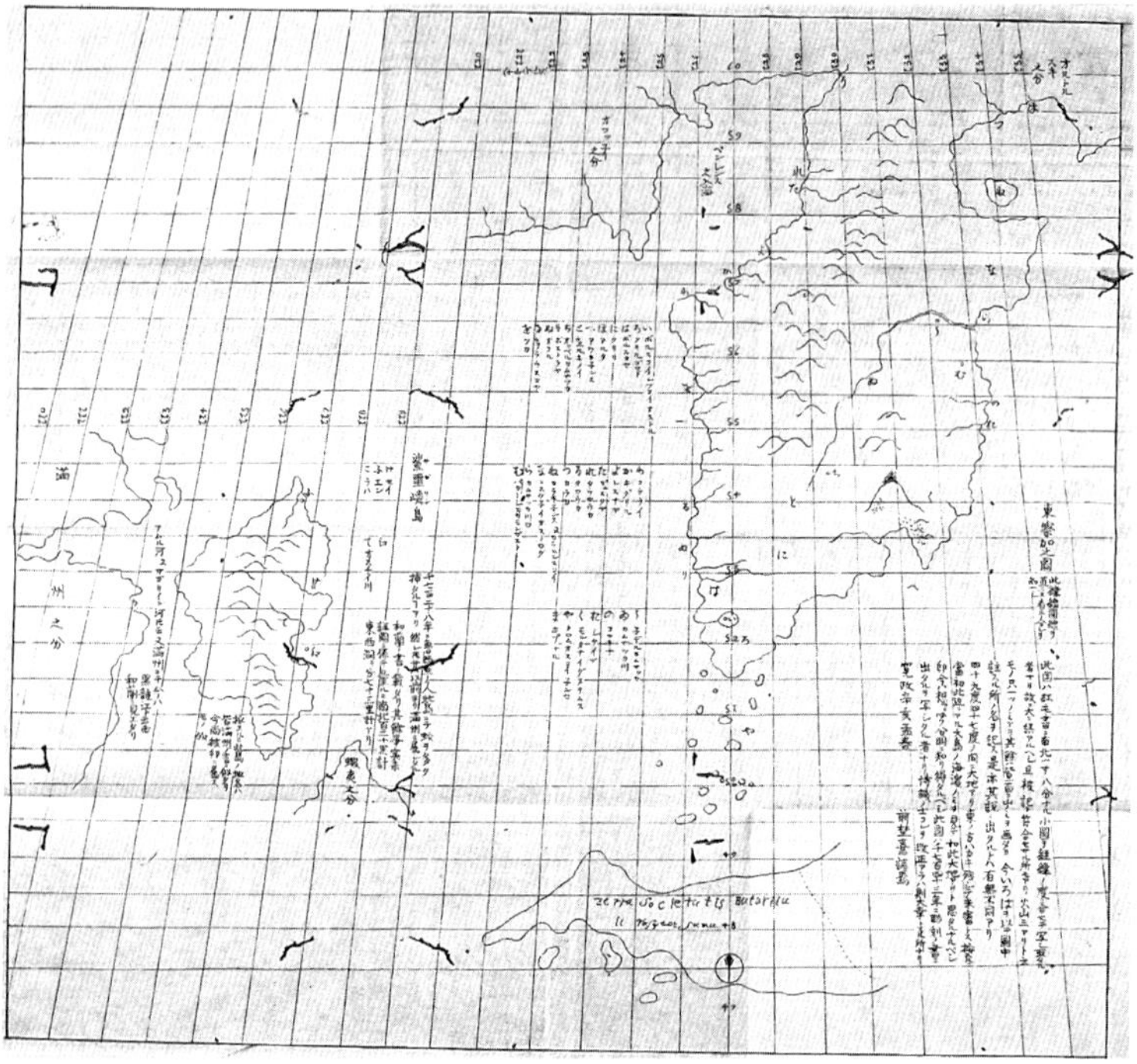

図58　「東察加之図」(三重県津市津図書館蔵)
　カムチャツカ地方の地図、良沢が寛政３年(1791)に「紅毛書」から写したと記されている。

「ゼオガラヒー」との比較

「柬察加志」（一七九二）は、「柬砂葛記」（一七八九）より「新訳」といえるほど内容の差はない。次にこれらを原書「ゼオガラヒー」一七六九年版（国立国会図書館蔵、六冊本、図59参照）と比較してみると、良沢の翻訳が正確な逐語訳とはいえず、省略や脚色がみられることがわかる。一例を紹介したい。

まず「柬砂葛記」で「ウツルペ（エトロフ）」「ウルペ」について「此二島、魯西亜ニモ日本ニモ属セズ」とし、「柬察加志」で「『ウルペ』『エトロフ』『クナシリ』三島アリ、是ハ『ロシア』へモ日本へモ属サズ」と記している部分。原文ではクリルの諸島が大凡二五以上あり、カムチャツカに近いものはロシアに属するが、遠くに位置する島々は、まだどこの国にも属さない（De KURILSCHE Eilanden,…Daar zyn meer dan 25 ; doch het nette getal kan men nog niet bepalen. De naast aan Kamtchatka liggen, zyn onder de Russische Heerschappy; doch die verder gelegen zyn, staan nog onder geene vreemde Mogenheid.）とはいうが、ウツルペ（UTURPE）ウルペ（URUPE）クナシリ（KUNATIR）がロシアにも日本にも属さないという記述は、原文には見当たらない。良沢が別の情報からそのように判断したのではないか。

またクリル人（Kurilers）の説明で「人死スルトキハ、冬ハ雪中ニ埋メ、夏ハ地ニ埋メ、其残刻ナルコト、カムサスカニ等シ」（「柬砂葛記」「柬察加志」もほぼ同文）と良沢はしているが、原文は

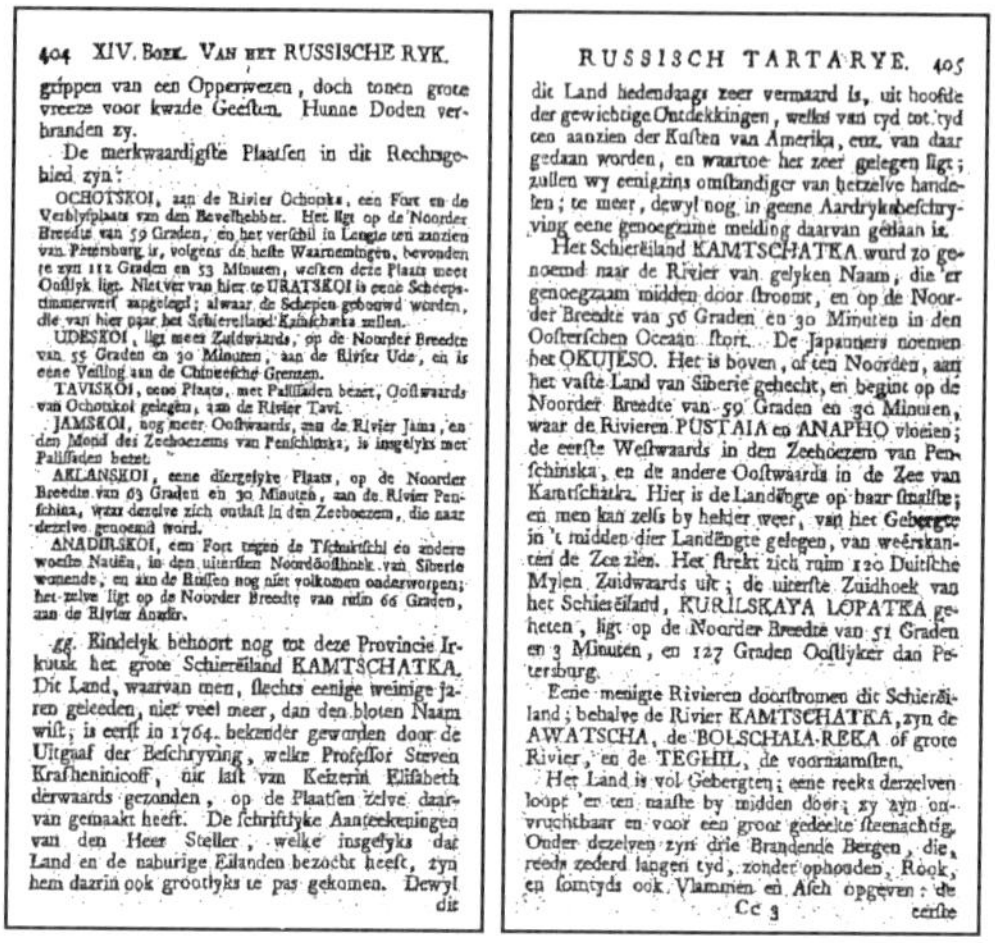

404 XIV. Boek. Van het RUSSISCHE RYK.

grippen van een Opperwezen, doch tonen grote vreeze voor kwade Geeſten. Hunne Doden verbranden zy.

De merkwaardigſte Plaatſen in dit Rechtsgebied zyn:

OCHOTSKOI, aan de Rivier Ochotska, een Fort en de Verblyfplaats van den Bevelhebber. Het ligt op de Noorder Breedte van 59 Graden, en het verſchil in Lengte ten aanzien van Petersburg is, volgens de beſte Waarnemingen, bevonden te zyn 112 Graden en 53 Minuten, welken deze Plaats meer Ooſtlyk ligt. Niet ver van hier te URATSKOI is eene Scheepstimmerwerf aangelegd; alwaar de Schepen gebouwd worden, die van hier naar het Schiereiland Kamtſchatka zeilen.

UDESKOI, ligt meer Zuidwaards, op de Noorder Breedte van 55 Graden en 30 Minuten, aan de Rivier Ude, en is eene Veiling aan de Chineeſche Grenzen.

TAVISKOI, eene Plaats, met Paliſſaden bezet, Ooſtwaards van Ochotskoi gelegen, aan de Rivier Tavi.

JAMSKOI, nog meer Ooſtwaards, aan de Rivier Jama, en den Mond des Zeeboezems van Penſchinska, is insgelyks met Paliſſaden bezet.

AKLANSKOI, eene diergelyke Plaats, op de Noorder Breedte van 63 Graden en 30 Minuten, aan de Rivier Penſchina, waar dezelve zich ontlaſt in den Zeeboezem, die naar dezelve genoemd word.

ANADIRSKOI, een Fort tegen de Tſchuktſchi en andere woeſte Natiën, in den uiterſten Noordooſthoek van Siberie wonende, en aan de Ruſſen nog niet volkomen onderworpen; het-zelve ligt op de Noorder Breedte van ruim 66 Graden, aan de Rivier Anadir.

gg. Eindelyk behoort nog tot deze Provincie Irkutsk het grote Schiereiland KAMTSCHATKA. Dit Land, waarvan men, ſlechts eenige weinige jaren geleeden, niet veel meer, dan den bloten Naam wiſt, is eerſt in 1764. bekender geworden door de Uitgaaf der Beſchryving, welke Profeſſor Steven Kraſheninicoff, uit laſt van Keizerin Eliſabeth derwaards gezonden, op de Plaatſen zelve daarvan gemaakt heeft. De ſchriftlyke Aanteekeningen van den Heer Steller, welke insgelyks dat Land en de naburige Eilanden bezocht heeft, zyn hem daarin ook grootlyks te pas gekomen. Dewyl dit

RUSSISCH TARTARYE. 405

dit Land hedendaags zeer vermaard is, uit hoofde der gewichtige Ontdekkingen, welke van tyd tot tyd ten aanzien der Kuſten van Amerika, enz. van daar gedaan worden, en waartoe het zeer gelegen ligt; zullen wy eenigzins omſtandiger van hetzelve handelen; te meer, dewyl nog in geene Aardrykbeſchryving eene genoegzame melding daarvan gedaan is.

Het Schiereiland KAMTSCHATKA wurd zo genoemd naar de Rivier van gelyken Naam, die er genoegzaam midden door ſtroomt, en op de Noorder Breedte van 56 Graden en 30 Minuten in den Ooſterſchen Oceaan ſtort. De Japanners noemen het OKUJESO. Het is boven, of ten Noorden, aan het vaſte Land van Siberie gehecht, en begint op de Noorder Breedte van 59 Graden en 30 Minuten, waar de Rivieren PUSTAIA en ANAPHO vloeien; de eerſte Weſtwaards in den Zeeboezem van Penſchinska, en de andere Ooſtwaards in de Zee van Kamtſchatka. Hier is de Landëngte op haar ſmalſte; en men kan zelfs by helder weer, van het Gebergte in 't midden dier Landëngte gelegen, van weêrskanten de Zee zien. Het ſtrekt zich ruim 120 Duitſche Mylen Zuidwaards uit; de uiterſte Zuidhoek van het Schiereiland, KURILSKAYA LOPATKA geheten, ligt op de Noorder Breedte van 51 Graden en 3 Minuten, en 127 Graden Ooſtlyker dan Petersburg.

Eene menigte Rivieren doorſtromen dit Schiereiland; behalve de Rivier KAMTSCHATKA, zyn de AWATSCHA, de BOLSCHAIA-REKA of grote Rivier, en de TEGHIL, de voornaamſten.

Het Land is vol Gebergten; eene reeks derzelven loopt 'er ten naaſte by midden door; zy zyn onvruchtbaar en voor een groot gedeelte ſteenachtig. Onder dezelven zyn drie Brandende Bergen, die, reeds zedert langen tyd, zonder ophouden, Rook, en ſomtyds ook Vlammen en Aſch opgeven: de

Cc 3 eerſte

図59　『ゼオガラヒー』の「カムチャツカ」記事の一部（国立国会図書館蔵）

Des Winters begraven zy hunne Doden in den Sneeuw, maar des Zomers in de Aarde. De Zelfmoord is onder hen zo wel als onder de Kamtschadalers vry gemeen.（冬、彼らは死体を雪中に埋めるが、夏は地に埋める。自殺はカムチャッカ人同様、彼らの間では珍しいことではない）というものだ。残刻（酷）にあたる言葉はない。少しの勘違いで、良沢はクリル人を「残刻」にしてしまったことになる。

細かく見ればきりがないし、元々正確な逐語訳を要求されたわけでもないだろう。全体としてみれば、まずまずの翻訳ともいえる。「東砂葛記」・「東察加志」は写本で多くの人に読まれた。最上徳内が木村蒹葭堂に閲読を勧めたり（『先人旧交書牘』）、近藤重蔵の「辺要分界図考」（一八〇四成。日本北辺の地図・文献・踏査資料の集大成）に一部が引用され

図60　「地学通」（古河歴史博物館蔵）

たりしている。後世に一定の影響を与えたことは間違いない。本来は地図も添えられていたようだ。

「地学通」

良沢が「ゼオガラヒー」を利用したほかの例に「地学通」と「ネエデルランデン・イタリイ」がある。「地学通」で唯一現存するのは鷹見泉石（一七八五－一八五八、古河藩家老・蘭学者）自筆写本「巻之四　ソランコレイキ中」「巻之五　フランコレイキ下」（図60）で、これはヒュブネル「ゼオガラヒー」のフランス地誌の訳稿とされる（石山洋「地理および地図研究に見る鷹見泉石」）。

『鷹見泉石日記』「天保十五年十月十六日」の記事には「小島春庵様御出、含生草、良沢書牘、良庵文、ホルトカルイスハニヤフランス地学通四冊、松平下総守様御頼ニて訳稿之由、魯西亜本記一冊御持参。」とある。小島春庵は幕府奥医師で、良沢の娘が嫁いだ小島春庵根一の三男、良沢の孫にあたる

（詳しくは後述する）。これによれば「地学通」はポルトガル・スペイン・フランスの四冊で、翻訳を依頼したのは松平下総守、すなわち後述する桑名藩主松平忠和である。

「ネエデルランデン・イタリイ」

自筆本・写本とも現存せず、岩崎克己『前野蘭化3』でのみ内容が確認できる資料に「ネエデルランデン・イタリイ」がある。岩崎氏によれば大槻茂雄（玄沢の曾孫で『磐水存響』の編者）秘蔵本で、未定稿の断片ながら、内容からヒュブネル「ゼオガラヒー」の抄訳と推測できるという。成立年代も不明だが、良沢がオランダ・イタリアの地誌も研究していたことがわかる。「地学通」とも『前野良沢資料集第三巻』に収録しているので参照されたい。

四　寛政初年の良沢

「諸家的里亜加訳稿」

「柬砂葛記」をまとめた寛政元年（一七八九）、六七歳の良沢は「諸家的里亜加《てりあか》訳稿」中の一資料も成した。「テリアカ」とは、野獣の咬毒に有効と考えられたギリシア・ヘレニズム世界の解毒薬で、唐代初期にシルクロードでペルシアから伝わり、『新修本草』に「底野迦」の音訳で収載された。現物が日本に舶載され、使われたかどうかは不明だが、近世になり、南蛮医学で再びその名が知られるようになった。江戸時代は、「底野迦」「的里亜加」「テリアカ」などと記され、舶載品（図62）のほか、蘭方医による製剤研究も試みられた。

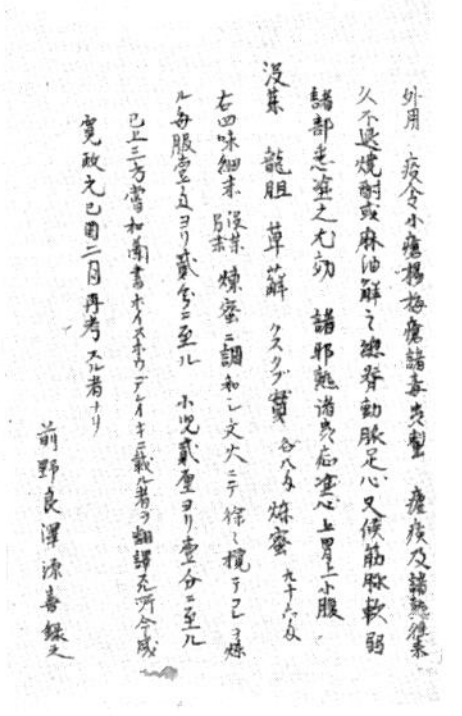

図61　「翻訳底野迦方」（静嘉堂文庫蔵）

本資料は題名通り、杉田玄白「底野迦真方」、前野良沢「飜訳底野迦方」、「紀藩　鳳翔公子訳」の「爸乙悉的里亜加方」などから成り（静嘉堂文庫蔵本）、良沢の「翻訳底野迦方」（図61）末尾には「寛政元己酉二月再考スル者《ママ》ナリ」と記されている（『前野良沢資料集第二巻』）。

TET. TEU. THA. THE. T H E. 537

zeven Perzoonen de een neffens den ander daarop zitten kunnen.

TETANUS, Zie *Spaſmus.*

TETRAPHARMACUM, een Genees-middel / dat uit vier *ingredienten* beſtaat, als 't *Unguentum Baſilicum.*

* TETROBOLON, is een gewicht van *vier drachma* of een *halve one.*

TEUCRIUM, Bathengel / groeit op ruwe en berg-achtige plaatzen, bloeit in de maanden April en May, het is een uitnemend Lever-kruid, zo dat 't dienſtig is tegens alle ziekten der lever, geelzucht enz. 't komt in 't overige met de *Chamadris* overeen. Zie ook *Veronica.*

THALAMI CORDIS, de Hertte-kameren / Zie *Ventriculus.*

THALASSIA, het nederdrukken des Bekkeneels.

THALICTRUM MAJUS, PSEUDO RHABARBARUM, BARBA CAPRINA MINOR, valſche Rhabarber / groeit op de Wei-landen en in 't Veld. De bladen verzachten 't Lichaam, veroorzaaken braking, en dryven de pis, en den ſteen, ze zyn dienſtig tegens de Nier en Blaas-ziekten, en de geel-zucht. De wortel is goet tegens den Myt-eter, Luizen, en 't ſchreeuwen der kleine Kinderen; het Zaad is dienſtig tegens de vallende-ziekte. *Thalictrum* met witte Bloemen *laxeert*, en is dienſtig tegens de geel-zucht en Peſt. *Thalictrum Canadenſe* doet de geſwellen vervroegen, en den Etter ryp worden, en hegt de wonden te zaam.

THAPSUS BARBATUS, Zie *Verbaſcum.*

THEAMEDES, Zie *Magnes.*

THEE, Zie *Folia Thée.*

THENAR, betekend 't vleeſchachtige-wezen tuſſchen den duim en den wys-vinger; het betekend ook een Spier van den duim, Zie zulks onder *Muſculus.*

THEOREMA, THEORETICA, THEORIA, is het beſpiegelende deel der Genees-kunde.

THERAPIA, THERAPEUSIS, THERAPEUTICA, is dat deel der Genees-kunde, 't welk leert de ziekten welke den Menſch aantaſten, weg te brengen, en den Menſch de verloorne gezondheit weder te geven. Doch op dat men een gelukkigen voortgang in de *Therapia* hebben moge, zo is 't hoognodig, dat men in de *Pathologia* en *Semiotica* wel gegrond zy, anders zal de uit de *Therapia* genomene Genezing te vergeefs en geheel *empyriſch* zyn.

THERIACA, Theriac / is gemeenlyk een gift wederſtaand Genees-middel, voornamentlyk tegens de beeten der Adderen en Slangen; hy beſtaat uit veele en in byzondere Claſſen verdeelde *ingredienten*; hy word zeldzaam meer als een keer 's jaars gemaakt, waartoe alsdan de Genees-heeren verzocht worden, om by de te zaam menging tegenswoordig te zyn. (*a*) In de Apotheeken word de *Theriac. Andromachi* en *Cœleſtis* gevonden. Een zeer korte maar t'effens nuttige Beſchryving van de *Theriac* vinden wy in 't *Diſpenſatorium Brandenburgicum p. m.* 169. welke wy aan een yder Huis-vader wel durven aanpryzen: daartoe ℞. *Pulv. rad. Angelic. Gentian. Olſnitii, Petaſitid. Zedoar. ana* ℥j. *herba Carduibenedict. Fumar. Scord. ana* ʒvj. *Baccar. Laur.* ℥ß. *Rob. Juniper.* ℔j. *Ebuli, Sambuci, ana* ℔ß. *mellis deſpumat. q. ſ. F. Electuar.* en in de *miſcellan. Natur. Curioſ.* is deze Beſchryving.

THERIACA BEZOARDICA genaamt *Lentilii*, daartoe ℞. *herb. Scordii mij, Rutæ mj. rad. Angelic. Carlin. Helen. Zedoar. ana* ℥ß. *Petaſitid. Anthor. Contrayerv. Pimpinell. Valerian. ana* ℥j. *Calam. aromat.* ʒvj. *Myrrhæ* ʒvij. *Caſtor.* ʒiijß. *Baccar. Juniper.* ʒv. *Nuc. moſch. Cinnamom. acut. Caryophyll. arom. Cardamom. min. ana* ʒvj. *Croci opt.* ʒiij. *Camphor.* ʒjß. *Concis. & contuſ.* giet daarop *Spirit. Vin. Juniperin. q. ſ. F. Elixir* 't welk *gefiltreert* en in M. B. tot de dikte van honig moet afgetrokken worden, vervolgens doe daaronder *Opii Thebaic. aceto corr.* ʒvj. *trochiſc. de Viper.* ℥ß. *flor. Sulphuris, terræ Sigillat. ana* ʒjß. *Corall. rubr. præp.* ʒiij. *Margarit. præp.* ʒij. *Lapid. Bezoar. orient.* ℈j. *ol. deſt. Angelic. Caryophyllor. Zedoar. ana gt.* iij. *m. F. Opiatum.*

THERIACA ALIMENTORUM, de Theriac van ons voedzel / deze is 't aangenaame dagelyksche brood.

THERIACA GERMANORUM, Zie *Juniperus.*

THERIOMA, een zeer quaadaardige ver-

(*a*) 't Is in Duitſchland en Italiën het gebruik dat de *Theriac* niet anders als in de tegenswoordigheit der Genees-heeren mag gemaakt worden; men heeft deze gewoonte ook noch hier te lande in 's Gravenhage.

Yyy

図62　ウォイト『医薬宝函』(通称シカットカーメル、本書65頁参照)のテリアカ=THERIACA項目。

杉田玄白「底野迦真方」附録に大槻玄沢が「シカット テリアカ」としているのはこのウォイトのこと。

テリアカ　主治　壮心発汗一切邪熱泄痢諸毒　アッテル蝮蛇　頭尾ヲ断リ　皮ヲ剥キ　蔵府ヲ出シ…

と蝮蛇の粉末を蜜で練る伝統的な製法が最初に紹介され、他に二方。この三方は、かつて蘭書「ホイスホウデレイキ」から翻訳したものを寛政元年二月に再考した、と良沢は言う。「ホイスホウデレイキ」とは、ショメルの『日用百科事典』（Noël Chomel, *Huishoudelyk Woordenboek.*）、大槻玄沢『蘭学階梯』、森島中良『紅毛雑話』で紹介され、蘭学者の間で重用された百科事典で、文化八年（一八一一）から幕府・蛮書和解御用の翻訳事業（『厚生新編』）の対象となった。

杉田玄白「底野迦真方」の「附録」に大槻玄沢が語るところによれば、安永年間に杉田先生が「削《ショ》墨《メ》児《ル》ナル者ノ撰書ニ於テ　其方ヲ得」、「其内単方ノ簡易ナル者ヲ取テ抄出シ　蘭化　淳庵ノ諸子ト謀リ　訳文ヲナス」という。『解体新書』訳述中のことだろうか。それを忘れず、十数年たって再考した。こちらも良沢が医者ということをすっかり忘れるところだった。

松平忠和と良沢

「爸乙悉」即ちボイス『新修学芸百科事典』（Egbert Buys, *Nieuw en volkomen woordenboek van konsten en wetenschappen.*）のテリアカ項目を訳した「紀藩　鳳翔公子」とは、御三家紀州藩の第七代藩主徳川宗将の九男、徳川唯之進をさす。

紀藩の庶公子松平唯之進頼徳朝臣は英雄なり

唯之進と早くから交遊した松平定信の言だ（『宇下人言』）。定信に「英雄」と言わしめした徳川唯之進（一七五九生）は、寛政五年（一七九三）に異母兄の桑名藩主松平忠功の養子となり、同年兄の病気隠居をうけて第五代桑名藩主松平忠和《ただとも》となる。文化人として知られ，数学、天文学に詳しく、蘭学者との交際も盛んであった。オランダ語も学んだようだが、享和二年（一八〇二）五月、満四二歳の若さで没する。

中津藩医前野良沢とは不思議な縁というべきか、伊勢桑名藩第五代藩主松平忠和は、奥平松平家第七代当主でもあった。だがそうなる前の唯之進頼徳に訳を命ぜられて、寛政二年（一七九〇）八月に草稿が成ったのが「和蘭築城書」である（前述の「地学通」も、同じ頃に翻訳を依頼されたのだろうか）。自筆本はもとより写本も存在しない「和蘭築城書」を唯一収録しているのは岩崎克己『前野蘭化』で、これを研究した野村正雄氏は次のように述べる。

これは「マテシス」（Abraham de Graaf, *De geheele Mathesis of wiskonst, herstelt in zyn naturlyke gedaante*. Amsterdam, 1708）第八篇「築城術」の冒頭三章を巻之一～三として訳したもので、良沢は

原図の混迷を慎重に検討してほぼ正しくした。ただし、城郭用語に誤った解釈を加えて使い続けた。「良沢が自作の図を付け三角法の計算を図解していることでも判るように、良沢は城郭設計で登場する三角法を含む計算記事を正しく理解していた。また、比例算も理解していた」と（「前野良沢の『和蘭築城書』とその蘭書典拠」）。

　数学を得意にしていた紀州の公子も、自分では到底訳すことができず、良沢に頼ったものとみえる。その背景に、ロシアの南下に刺激された国防意識の高まりがあったことも容易に想像できるのである。かつて「和蘭築城書」は老中首座松平定信の命によるとされ（大槻文男・大槻如電・林鶴一）、その後寛政三年（一七九一）二月七日付、良沢の高山彦九郎宛書簡に「去年中天文暦数等種々翻訳仕候義共御座候　乍然皆々内々故難申上候　但紀公子より築城之書翻訳被仰付追々出来差出候…」（この後、前述の「東察加志」卒業の記事がある）とあるのを根拠に「紀公子」の命と確定された（岩崎克己『前野蘭化2』）。なお、同書は書簡の日付を「二月二十七日」としているが、これは二月九日の誤りである。

　この書簡で興味深いのは、寛政二年中に天文暦数等種々翻訳したけれども、皆「内々」だったのでお話できない、と言っているところである。老中松平定信と前野良沢をつなぐルートは複数あった（後述）ので、六八歳の良沢が実は相当数の翻訳を幕命でこなしていたことの証拠といえるのではないだろうか。

「和蘭築城書」の寛政二年八月付題言に「今其ノ初ノ三巻ヲ翻訳ス。然レドモ間々未解ノ所アリ。且ツ全篇ノ訳イマダ成ラズ。故ニコレヲ草稿ニ属スト爾云。」（『前野良沢資料集第三巻』）と述べたものの翻訳が進み、高山彦九郎宛書簡の時点（寛政三年二月）では「追々出来差出候」となったようだ。資料が現存しないのが惜しまれる。

「和蘭説言略草稿」

「和蘭築城書」（草稿）が成った翌月の九月、良沢は「和蘭説言略草稿」を著わした（グラビア参照）。

和蘭　アムステルダムノ医博士ロデウェイキ　米越爾　千七百四十五年ニウヲオルデンシカット三篇ヲ著ス其下篇　古言ヲ輯メ　今言コレヲ訳シタルモノ、中ニ　間其言義ヲ説モノアリ　今コレヲ捃摭シテ　其説ヲ記述シ以テ同志ニ示スト云

時　寛政庚戌ノ秋九月

前野良沢熹　識

この識語にあるように、オランダのメイエルの辞書（L, Meijer, *Woordenschat*, 1745）第三部古語（「ヘルオウデルデウォールデン」Verouderde Woorden）の部分訳で、古語とその語源を説明したも

のである。ちなみにメイエルの辞書第一部（外来語）は、のちに中津藩主奥平昌高、侍医大江春塘、神谷弘孝（源内）らにより『バスタールド辞書』として刊行（一八二二）された。

内容は古語の「解体新書」の如く、古語を分解して語の起源を徹底的に究明しようとしたもので、言語好きの良沢らしい著作だが、「同志」もいたようだ。具体的に誰をさすのかはわからず、人数も多いとは思えないが、仲間がいたのは喜ばしい限りである。

良沢の隠居

「和蘭説言略草稿」の約二ヵ月後の寛政二年（一七九〇）一一月一一日、前野良沢は隠居して、長子良庵（達）が家督を継いだ。良沢六八歳。この件につき、良庵が高山彦九郎に宛てた書簡（寛政三年正月一五日付）に面白い記述がある。

一去霜月良沢義隠居願差出候処　同月十一日良沢隠居　私家督願之通被中付候　此段も乍序為御知申上候　良沢随分無異罷在候　隠居致格別気分も寛ニ相成候故歟　例年よりは寒気にも凌能覚候事御座候　御安心可被下候　野子家督後勤方甚いそがしく俗用のミ取紛居候事ニ御座候

（『前野良沢資料集第三巻』）

二六歳で中津藩医となって四二年、奥平昌鹿の時代（昌鹿は安永九年に病没）には「勤め方疎漫」とつげ口された（『蘭学事始』）こともあり、前野良沢が本務に勤しんだイメージは湧きにくい。しかしこれを見れば、隠居で頸木《くびき》から解き放たれ、寛《くつろ》いで達者という姿が思い浮かぶ。良庵も家督を継いでから俗事で多忙だという。本務もそこそこある上に、厄介な翻訳の仕事が次々に舞い込むストレスは如何ばかりか。遺された著訳書の数と内容が、良沢の繁忙さを雄弁に物語っているといえよう。

杉田玄白の訪問

寛政二年一一月二七日夜、杉田玄白が珍しく前野良沢を訪問したと考えられる。天明八年（玄白五六歳）から文化三年（玄白七四歳）に至る玄白の日々の記録『鷧齋日録』には、管見のかぎり二ヵ所に「前野」が出てくる。良沢隠居の一六日後の「十一月二七日」の条に

近所・丸内病用。夜前野へ参ル。夜亥刻大地震、今日未刻北方赤気立シ由。

（『杉田玄白日記―鷧齋日録―』）

とあるのと、享和二年「十月十七日」の条の良沢の死亡記事（後述）である。記述が簡単すぎるが、調べた範囲では杉田玄白の交友関係に「前野」は他にいない。時期的にも、隠居の報を得た玄白が、

良沢に挨拶をしに行ったのではないかと推測する。

長男の死去と養子

長男に家督を譲り、ようやく研究に没頭できるかと思いきや、正月に「柬察加志」を仕上げた寛政三年（一七九一）の七月一〇日、良庵がこの世を去った。正確な年齢は不明だが、妻もあり、家督を継いだばかりの働きざかり、恐らく病没であろうが、良沢の落胆、両親の悲嘆が察せられる。良庵は蘭学をよくし、友人森島中良の『紅毛雑話』に跋文を（前述）、『万国新話』（寛政元年）には序文を寄せている。蘭学者としても将来有望と目されていたはずだ。

良沢は良庵の死後良叔を養子としたが、「痼癖《かんぺき》有って家政を脩《おさ》むる事能はず。後ち藤塚知明の次子、君敬を養って義孫と為し、後を嗣がしむ」、と江馬細香は述べる（「蘭化先生伝」）。また野崎謙蔵も、君敬を良沢の孫としている（「蘭化先生碑」）。そのつじつまを合わせるために岩崎克己氏が考えたのは、「良叔」が良沢の甥か何かで、一時良庵の後をつがせたのではという話だ（『前野蘭化2』）。いずれにせよ良叔は、前野家の墓碑に見えないので、廃嫡された可能性が高い。

次に養子に迎えたのは、仙台鹽竈《しおがま》神社の神官藤塚式部知明の三男（大槻文彦『仙台出身の蘭学家』によれば次子ではない）頤庵である。藩医をつぐのになぜ神官か、頤庵（諱《いみな》が君敬）の医者修行はどうしたのか、不明な点は残るが、縁組に関しては仙台藩医工藤平助の介在が推測されている（岩崎、

『前野蘭化2』）。次に藤塚知明について述べる。

藤塚知明

藤塚知明（一七三八－一八〇〇）は、桃生《ものう》郡大須浜（現石巻市雄勝《おがつ》）の漁師の子で、二〇歳頃、鹽竈神社神官藤塚知直の養子となり、娘婿として家督を継いだ。字は子章、呼名は式部、学芸にすぐれ、書画・書物を蒐集した知識人で、江戸後期の鹽竈神社を代表する人物といわれる。

北の守り、奥州一宮である鹽竈神社には、古くから多くの人が来訪したが、その多くが藤塚邸で歓待されたという。彼の人脈は全国に及び、特に仙台の林子平とは親交が深く、物心両面で援助したことが知られている。また高山彦九郎、蒲生君平らも知明のもとを訪ねた。

神道家・知識人・趣味人として活躍した藤塚知明であったが、寛政年間に表面化した社家と法蓮寺の対立に関連して処分を受け、不遇のうちに寛政一二年（一八〇〇）、その生涯を閉じた（東北歴史博物館『奥州一宮鹽竈神社　しおがまさまの歴史と文化財』）。

藤塚知明はこのように、林子平・高山彦九郎・蒲生君平（「寛政三奇人」の揃《そろ》いぶみ）と交遊があり、高山彦九郎と林子平も親しい間柄であった（彦九郎の日記、子平の書簡に関連記事がある）。知明は仙台藩医工藤平助とも当然知己であったろう。先行研究では、前野良沢と藤塚知明を結びつけた可能性のある第一の人物を工藤平助としている（『前野蘭化２』）。しかし林子平・高山彦九郎も養子縁組に一役買ったかもしれず、そこには中津藩士簗《やな》次正（グラビア参照）が絡んでいたのである。まず高山彦九郎から述べることにする。

高山彦九郎と簗次正

高山彦九郎（一七四七－九三）は上州出身で名は正之、尊王論者として知られ、京都で公卿と交わり、諸国を歴訪して勤王を提唱した。奇行が多く、蒲生君平・林子平とこの彦九郎は前述のように寛政三奇人と呼ばれるのだが、「天然の奇士」良沢との交際は、中津藩士簗次正（又七）を介して始まった。

簗家は前野良沢や『バスタールド辞書』の神谷源内（弘孝）と姻戚関係にあり、「簗家譜」によれば、次正の先々代が、良沢の伯父宮田全沢の四男にあたる。次正は良沢と同じ鉄砲洲中津藩中屋敷に住み、ともに一節截《ひとよぎり》を楽しむ仲だったことは前にも述べた。

次正と彦九郎は、安永九年（一七八〇）、彦九郎が富士山に登り、東海道から江戸へ戻る途中、神奈川宿で知り合った（『高山彦九郎全集』第一巻所収「冨士山紀行」）。彦九郎が上州（現群馬県）新田郡細谷《ほそや》村出身で、中津藩主奥平氏の先祖も上州奥平郷であったことも、意気投合の一因とされ、両者の親密な交流は、天明元年(一七八一)四月二七日~五月一四日、同二年二月三〇日~三月二七日、そして寛政元年(一七八九)、同二年の彦九郎の江戸日記に綴られている(『前野良沢資料集』第三巻)。

高山彦九郎が簗次正を介して前野良沢一家を知ったのは、天明元年か二年の可能性が高い。というのは、天明七年(一七八七)六月の「墓前日記」(郷里・上州の細谷村、祖母りんの墓前での日記)、六月二日の条に「予次正へ書を寄せ侍る、前野良庵へも書を寄せ一封とす、先月二十八日に読めりし歌を両所へ各一ツ宛を書き入れたりける」とあるからである。彦九郎は天明二年三月末から七年間江戸を離れていたので、この年良庵を知っていたということは、江戸滞在中の天明元年か二年に出会った証拠。寛政元年(一七八九)の江戸日記になると「前野達」「達」と呼び、親しさを前面に出すので、この頃は友人関係の初期段階と思われる。

良庵(達)の父良沢と彦九郎が肝胆相照らす仲となったのは寛政元年のことだろうか。天明六年から三年間祖母の喪に服した彦九郎は、寛政元年六月、孝義の表彰を受けるため江戸に召し出されたが、兄高山専蔵の画策で投獄され糺問《きゅうもん》を受ける。疑いが晴れて郷里に帰ると、兄専蔵(村名主)が家族を迫害するようになった(武田勘治『高山彦九郎江戸日記』)。再び江戸に出て前野家を宿とし、知友と交流した話が一〇月三日から一一月二二日さらに一一月晦日から一二月三〇日までの「寛政江戸日記」にある。

当時六七歳の良沢は「前野熹仙翁」「老人」などと呼ばれ、四三歳の彦九郎と年が近かったはずの良庵は前述のように「前野達」「達」（ほとんどは「達」のみ）として頻繁に登場する。また良沢の妻珉子（「前野婦人柏木氏珉」）も、和歌の応酬に参加している。この時彦九郎が前野家を宿にしたのは、簗次正の夫人が重い病で臥せっていたためと考えられる（夫人は一一月二日に没した。）

「寛政江戸日記」（寛政元年一〇月〜）

彦九郎の江戸日記は岩崎克己氏も小川鼎三氏も引用・紹介しておられるが、ここでも引用したい（以下引用は『前野良沢資料集』第三巻による）。

（十月）十一日…晩に柿を土産として簗氏へ入る　室人の病重シ　前野氏に宿す　酒出で、大イに欽誤（娯）す

（十月）十五日…奥平中邸へ帰へりて簗氏へ餅をみやげとし　前野へ蜜柑をみやげとす　夜中前野に於て酒出で欽嬉して大に語りぬ…

（十一月）十二日…夜に入て前野へ帰へる　荻野八百吉今歳九ツ　摩利支天の申シ子也とそ　日月星辰天文の事を語るに大に蛮書の意に当る事ありて　老人感する事甚だし　蛮書に火星をまる

すといひて軍神と号す　まるす即印度にて称する摩利支天也　あれは奇といふべし

（十一月）十三日…前野に帰へりて語る　今日杉田玄白来りしとぞ逢ハず遺憾とす

一一月二二日、前野達は、彦九郎と兄専蔵の仲を取りもつため細谷村へ向った。

ここには、前野父子が彦九郎を歓待し、酒を出し、大いに語るさまが記されている。一方、彦九郎も気を遣って餅・飴・唐芋・菊花・蜜柑・昆布などを簗氏と前野家への手土産としている。語り合った内容も天文、蝦夷地等々広範に及んだであろう。杉田玄白が来たというのも興味深い。玄白日記には見られない記述なので、本当であれば翌年と二年続けて良沢を訪問したことになる。

「寛政江戸日記」（寛政元年一一月晦日～一二月三〇日）

前野達が細谷村から帰り、家族にかわりはないと語った一一月晦日以降も、大いに酒や焼酎を酌み、語り、和歌を応酬する日々が描かれている。

（十二月）八日…簗と語り前野に宿す、老人へ歌を寄せ侍る、

言書　君の仰せことをかしこミて和蘭陀の書言わけし克ク世に拡たるいさをしの大なるをしろし

召にや御母君より寛なる恵ミ蒙り玉へるをほぎて歌よミて進らせける

朝に呉に忘れす言を守つゝまめなる道を君照らすなる
正之

とぞ、…夜前野にて酒を酌ミける、

（十二月）二十五日…前野老人福寿草の歌爰に載す、

歌
福寿とふ名を負ふ草の年の内にたつ春の日に花咲ニけり
与美寿

となん、金二両を借る、…

（十二月）二十六日…前野へ入りて宿す、語りて歌になる、爰に載す、

言書
しはすの廿まり二日春立るその廿まり六日に夕雨のふりけるによめる　熹

のとかにも暮行年とおもふ哉としのこなたの春雨のおと

おなし時

春雨のおとも静にふくる夜をゆたけく思ふ年のくれかな
正之

この後、達・珉子の歌が続き、例によって焼酎を酌んだ。

この期間、彦九郎は兄との不和から生活苦に陥っていたようだ。一二月二五日に「金二両」借りたほかにも、良沢から物資や金銭の援助を受けている。しかしそれにしても、和歌を詠んで楽しむなど、良沢一家は和やかだ。彦九郎とは余程波長が合ったのだろう。

「寛政江戸日記」（寛政二年五月朔日〜六月七日）

これは彦九郎が江戸で房総奥村・蝦夷地の旅行を計画し、出発するまでの日記である。彦九郎は相変らず前野家を拠点にして、桂川甫周、佐藤源六（最上徳内とともに蝦夷地を巡見した佐藤玄六郎。「東察加志」の「請問」にロシア文字を記した人物として登場する）、工藤平助らを訪問。桂川甫周は外出していて会えなかったようだが、大槻玄沢が訪ねて来た。面白いのは次の記述だ（五月二八日）。

房総遊行の事を前野　簗へ告く　夜老人焼酎を出す　酔に狂態を発し裸身になる事あり　権田半七　座にあり　前野に帰り寝ぬ

同じ中津藩中屋敷の簗邸で一緒に飲んで、前野家に帰って寝たという。誰が酔って裸になったのか気になるところだが、飲酒が過ぎることをよく前野父子にたしなめられていた彦九郎にちがいない。

この後、彦九郎は津軽に至って蝦夷地に渡ることを断念、仙台で林子平、藤塚知明を訪ねた後、江戸には寄らず京都に急行したが、旅の折々で前野達・簗次正に文を認《したた》めている。

寛政二年（一七九〇）一二月朔日～同三年（一七九一）七月一八日、彦九郎は京都の岩倉家を宿として多くの公家・文化人と交流する（「寛政京都日記」）が、そこでも彼は度々江戸の簗又七（次正）・前野達そして良沢に文を送っている。そして寛政三年二月二三日、前野熹・達・簗又七らの書状が「町飛脚より岩倉家へ届」いた。

良沢の書状は二月七日付の後に「再白」「附白」を加えた二月九日付。内容はすでに紹介したように、種々翻訳したこと、紀公子の築城書、カムシカットの地図、風土人物等の翻訳のこと等々、隠居して「大安楽之身」となったことも記されており、前野達の正月一五日付にも前述のように家督を継いだことが報じられている。なお、達の書状に「当地地震之事被仰下霜月廿七夜地震入候得共、格別大地震と申ニ而者無御座候」（『前野良沢資料集』第三巻）とあるのは、寛政二年「十一月廿七日」

の杉田玄白の日記の「…夜前野へ参ル。夜亥刻大地震」（『杉田玄白日記―鷧齋日録―』）と符合する。この日の玄白の訪問は確実とみてよいだろう。

寛政三年五月八日の条には

二位殿語られけるに　十歳斗の童が越中守申スによりて　七十老翁を呼び蛮学の事を尋ね　蛮人通事の罪露顕し　老翁は二百石にて呼出されつると　是良沢なるべしとありける

という記事がある。「二位殿」とは伏原二位宣條《のぶえだ》、「越中守」は老中松平定信で、事の真相は未詳だが、松平定信と良沢の関係を物語る史料として興味深い。

「寛政京都日記」には、紀州・土佐へのロシア船接近の風説が記されているが、七月一三日の条は

今日彦根屋敷を出で、奥平屋敷なる小川の油小路西へ入所へ寄りて玄簡を尋ぬ　前野達　不快のよし聞けり…

と、前野達の体調が悪いことが京都にも伝わっていたことを示している。前野達（良庵）はこの三日

前（一〇日）に江戸で没していた。

それを知らない彦九郎は、九州へ最後の旅に出る。寛政四年（一七九二）正月二八日に彦九郎は簗次正・前野熹・達宛てに書状を認め、八月二〇日には「昨夜認めたる長叔及び前野父子　簗次正への書と京都若槻への書を封す…昨夜の歌…前野翁へハ盃をとる毎に覚ほゆる君か教の言の葉よきを　とぞ」と記した（「筑紫日記」）。

この年彦九郎は二月二四日に熊本を出発、三月から六月上旬まで鹿児島滞在、大隅・日向・延岡・高千穂から豊後竹田を経て、七月に再び熊本に入っていた。八月一九日付で熊本から「前野良沢様同良庵様」とした書簡では、彦九郎の九州歴訪の様子を記した上で江戸表が恋しいと述べ、「旅中大飲之御戒め独行之節者謹ミ罷在候　御安意可被下候　入魂多キ処ニ而者御免可被下候」（旅行中の大酒の戒めは、親しい人が多い所は別だが、独りの時は守っているので御安心下さい）と伝え、最後に日記にも記した歌

盃をとるたびことに覚ほゆる君かおしへの言の葉よきを

で締めくくっている（引用は『前野良沢資料集第三巻』より）。

前野良庵は寛政三年（一七九一）七月に世を去っていたが、彦九郎はそれを知らず、八月下旬熊本

から豊後・筑後・筑前・豊前を回り、寛政五年（一七九三）正月は豊前中津の簗家で迎えた。そして日記その他を簗家に遺し、九州内をさらに彷徨、六月に久留米郊外の森嘉膳の邸内で自刃した（享年四七）。熊本から出した八月一九日付けの書簡は、前野父子に宛てた最後のものと思われる。

前野良沢一家・簗次正と高山彦九郎の交際がいかに深く親密であったか、六〇代後半の良沢の「おしへ（教え）」が彦九郎に感銘を与えたことも、彦九郎の日記と書簡は物語っている。彦九郎にとって前野良沢・良庵（達）との出会いはある意味決定的であったろうし、良沢にとっても共に酒を飲み、語り合った彦九郎との時間はかけがえのない楽しいものであったと推察できる。「奇人」彦九郎の尊王の志の純粋さを、良沢は好ましく思ったにちがいない。

ただ、藤塚知明に養子の話を持ちかけるのは無理がある。彦九郎が仙台で藤塚知明に会ったのは寛政二年一〇月、一一月のみ。前野良庵（達）が寛政三年七月に没したことは、少なくとも一年以上知らなかったし、江戸に戻らず九州で自刃して果てたのだから。

それでは誰が動いたのか。次に林子平について検討してみたい。

林子平と簗次正

藤塚知明が林子平のパトロンであったことは、諸文献に明示されている（松田清『洋学の書誌的研究』他）。林子平と前野良沢の直接交渉を示す史料は未見だが、中津藩士簗次正（又七）と子平には交流があった。寛政三年（一七九一）六月一日付けの林子平の簗又七宛書簡によれば、子平はその五年前に初めて簗家を訪ね、宿泊と食事で世話になっている。書簡は長年の無礼を詫び、簗又七の家族に対しても礼を述べたもので、あわせて次のようなことを記している。

一、旧冬高山彦九郎参候て御壮健の段承知候　大慶仕候ひき

一、海国兵談出来に付一部呈上申候　御一覧可被下候　何ぞ思召も御座候はば無御遠慮被仰下度奉願候

（中略）

一、高山彦九郎参向候はば宜く被仰可被下候　去年逗留中は麁略あつかひ仕候ひき　早々頓首

（『新編林子平全集4』）

寛政二年一〇月に仙台に来た高山彦九郎から、簗又七（次正）が壮健なことを聞いて喜んでいる。その時彦九郎を粗略に扱ったので、そちらに行くようなことがあればよろしく伝えてほしい。また『海国兵談』が完成したので一部進呈する。何か意見があれば、遠慮なく言ってほしいという内容である。

寛政三年（一七九一）の五年前といえば天明六年（一七八六）か。子平が簗の家に逗留した際、前

野良沢に紹介されたかもしれないし、少なくとも良沢の名は聞いたであろう。そして五年後のこの書簡、簗次正が『海国兵談』の受取りと近況報告を林子平に宛てたとすれば、それは同年七月一〇日(良庵が没した日)以降のはずだ。五年前に子平の世話をした妻が寛政元年(一七八九)一一月二日に病没したことも伝えたかもしれない。また前野良沢の長男良庵が死去し、迎えた養子には問題があって廃嫡となったことも簗又七(次正)―林子平―藤塚知明のルートで伝わった可能性があるのである。いずれにせよ、この年(寛政三年)のうちに良沢は仙台の藤塚知明の三男君敬を養子に迎えている。

林子平と工藤平助も親しい間柄であった。藤塚知明・林子平・工藤平助・高山彦九郎・簗次正そして前野良沢の直接・間接の交遊関係が、江戸の藩医前野家と仙台の神官藤塚家という一見不可解な養子縁組を生んだのであろう。オランダの文物に関心が深い藤塚知明にとっては良縁ではなかったかと想像する。

寛政四年(一七九二)の良沢

期待していた長男を亡くして一年もたたない寛政四年二月二〇日、良沢の妻珉子が世を去った。高山彦九郎の日記にみられたように和歌の才に恵まれた女性であったが、良沢らが「ターヘル・アナトミア」を訳読していた明和九年(安永元年、一七七二)二月には、長女を亡くしている。次女峰子は幕府の医官小嶋春庵根一《もとかず》（後述）に嫁いでおり、養子が定まったとはいえ、実子良庵（達）に先立たれた痛手と悲しみが寿命を縮めたとも考えられる。

息子と妻を相次いで亡くした良沢の受けた精神的打撃の大きさは想像に余りあるが、彼はそれでも蘭書に向かっていた。この年の成果は「七曜直日考」である。

「七曜直日考」

現在私達は、一週間を日・月・火・水・木・金・土の曜日に分けているが、その七曜の起源について、西洋の天文暦の観点から述べたのが「七曜直日考」と題された著作（三丁、早稲田大学図書館蔵）である。成立は「寛政壬子秋九月」すなわち寛政四年九月、原書は蘭書「勃逸志」、前述のエフベルト・ボイス編訳『新修学芸百科事典』第一〇巻の"week"（週）項目を典拠にしている。原書の「神の天地創造が七曜の起源」等々翻訳されなかった箇所もあるが、「如徳亜ノ教伝ノ始祖」「謨設思《モヲセス》」「亜潭《アダム》人の始」と、ユダヤ教の祖モーセの説、アダムを紹介している。

本資料は、元々「一昼夜ヲ二十四時ニ分テ」その「一小時ニ」七曜が配されていたのが「一日ニ」配されるようになった西暦七曜について、ボイスの抄訳に考察を加えたものなのだが、全体の半分以上が良沢の考察となっている。例えば次のような文（資料の引用は『前野良沢資料集第二巻』より）。

按スルニ、直日ノ起源　吾邦及支那其由テ来ル所ノ説アルヘシ　熹暦術ヲ学ハサレハ　未タコレヲ知ラス　将ニ識者ニ就テ　コレヲ詳ニセントス　但病懶多忙意ノ如クナルコト能ハス

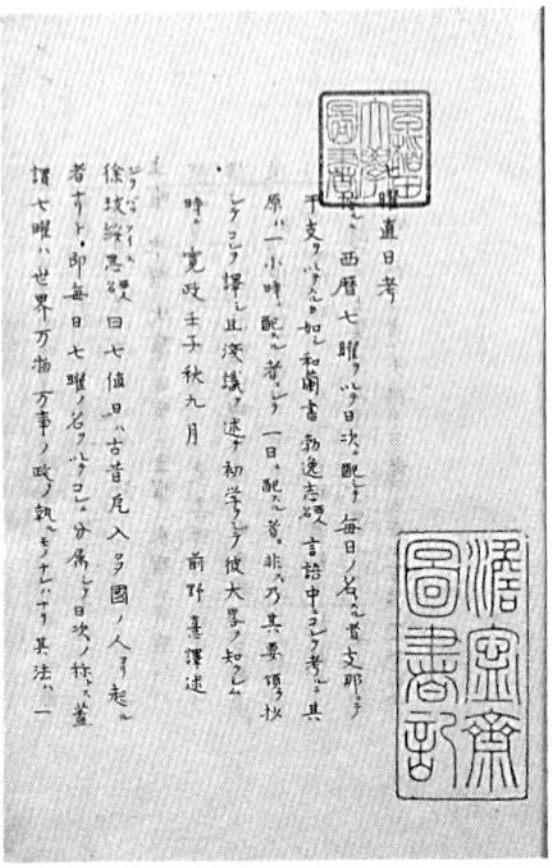
七曜直日考
西暦七曜ヲ以テ日次ニ配シテ毎日ノ名トスル者支那ニテ干支ヲ以テスルカ如シ和蘭書勃逸志硯ノ言語中ニコレヲ考フルニ其原ハ一小時ニ配スル者ニシテ一日ニ配スル者ニ非ス乃其要領ヲ抜シテコレヲ譯シ且淺識ヲ述テ初学ヲシテ彼大略ヲ知ラシム
時ニ寛政壬子秋九月　前野熹譯述
係坡綵悉硯曰七値日ハ古昔厄入多國ノ人ヨリ起ル者ナリト。即毎日七曜ノ名ヲ以テコレニ分属シテ日次ノ称トス蓋謂七曜ハ世界万物万事ノ政ノ執ヘモノナレハナリ其法ハ一

図63　「七曜直日考」(早稲田大学図書館蔵)

良沢はこの年七〇歳である。七曜直日の起源を説明する日本や中国の論もあるはずで、これを明らかにしようとしても「病懶多忙」で思うようにならないという。知識欲は衰えず真実究明への執念も相変らずで、モーセ(紀元前一五〇〇年頃のヘブライの預言者)の生年も「茲歳壬子ニ至テ　凡三千二百七十七年　即支那殷王ノ七世大戊ノ時ニ当レル人ナリ」と、殷王朝(紀元前一六～一一世紀)の第七代の王の時に比定している。単純に「壬子」(一七九二)に一五〇〇年を足せば三二九二年となるが、何か根拠があったのだろう。モーセといえば十戒が有名だが、『旧約聖書』の最初の五書(創世記・出エジプト記・レビ記・民数記・申命記)は、彼の記録

ないし委託で成立したとされ、「モーセ五書」と呼ばれるほどキリスト教の重要人物である。良沢がモーセに一定の知識と関心を持っていたことが判明する。

杉田玄白との合同賀宴

「七曜直日考」を著わして二ヵ月もたたない一一月二日、杉田玄白六〇歳と前野良沢七〇歳を祝う宴が開かれた。これは、建部清庵の次子で杉田玄白の養子となった杉田伯元が、養父のために催した賀宴で、門人代表の大槻玄沢が「鷧斎杉田先生六十寿序」（「磐水漫草」所収）にも記した通り、主役は杉田先生、「蘭化先生」は準主役だった。それでも多くの門人・知己に囲まれ、良沢にとって楽しい集いであったと想像する。

前述のように杉田玄白は、良沢が寛政二年（一七九〇）一一月一一日に隠居すると、同月二七日に良沢邸を訪問しているので、それ以来であれば二年ぶりということになる。

高山彦九郎と存分に和歌を応酬した良沢は、この年次のように詠んだ（蘭化遺墨集が典拠、引用は岩崎克己『前野蘭化2』による）。

夜辺思ひつゝけ侍るまゝ

大かたの世のうさとのみおもほへす稀なる年をおへぬる我身は

人生七十古来稀なりと云に付てなり

五　「魯西亜本紀」と「魯西亜大統略記」

寛政五年（一七九三）八月、七一歳の良沢は蘭書『新旧ロシア帝国誌』（*Oude en Nieuwe staat van 't Russische of Moskovische Keizerryk, Behelzende eene uitvoerige Historie van Rusland en deszelfs Groot-vorsten.* Utrecht, 1744. 当時の通称はベシケレイヒング・ハン・リュスランド）の関心のある部分を読み、ロシア帝国並びにその一族の編年史を訳出し、「魯西亜本紀」とした（「巻之一」に「今茲癸丑暮夏戊馬ノ年七十一コレヲ誌」とある）。

原書「ベシケレイヒング」は、良沢以前に長崎のオランダ通詞吉雄耕牛が「支那聘使記」として抄訳していた。その吉雄旧蔵本を福知山藩主朽木昌綱が買い上げ、良沢に下賜した。前野良沢の死後、この原書は売却され、高橋景保、山村才助の手を経て、現在国立国会図書館に全二冊のうち一冊のみが所蔵されている（前述）。数奇な運命をたどった「ベンケレイヒング」は、山村昌永（才助）も「魯西亜国志」として翻訳しており、他にも江戸時代に翻訳した例がある。ロシア史の参考書として権威をもった蘭書であり、良沢の「魯西亜本紀」も本邦初のロシア史として写本で広まり、幕末まで多くの著作に引用された。

「魯西亜本紀」の自筆本は現存せず、写本により分量も若干異なるが、おおよそ七〇丁前後、ヤ

図64　「魯西亜當国帝夫婦肖像」（「環海異聞」より、宮城県図書館蔵）

ヘット（Jafet）に始まり、ペテル、アレキシウイスを経てカタリナ・デ・テウェエデに至る四三紀の帝王列伝体の編年史である。ヤヘットは『旧約聖書』に出てくる「ノアの箱舟」のノアの息子で、地上の諸民族は洪水の後、ノアの息子セム、ハム、ヤフェト（ヤヘット）から分かれ出たことになっている。ペテル・アレキシウイスはピョートル大帝、カタリナ・デ・テウェエデは女帝エカテリーナ二世である。

良沢は随所に日本の年号と天皇名を書き加えて、日本史とロシア史を比較できるよう工夫しているし、自分の意見を述べている箇所もある。一七四四年刊行の原書には記述のない（あるはずもない）エカテリーナ二世（在位一七六二－九六年）に言及していることも含め、「魯西亜本紀」を「ベシケレイヒング」の単なる翻訳とみなすことはできない。複数の参考書に基づいた良沢の著作といってよいだろう。

同年成立の「魯西亜大統略記」(「魯西亜大統略記帝記篇」とするものもある)は、「魯西亜本紀」のうち「アレキスミサエロウィッ」から「カタハリイナ」までの歴代ロシア皇帝の略譜を抜き出し、註記を加えた小冊子にすぎないが、これも写本で伝えられた(両資料については『前野良沢資料集第三巻』を参照されたい)。

良沢は六七歳で「東砂葛記」、六九歳で「東察加志」を「ゼオガラヒー」から訳述しているが、これはその筋からの依頼、つまり幕命によるものであった。さらに七一歳で「ベシケレイヒング」ほかの蘭書と格闘?し「魯西亜本紀」をまとめた背景には何があったのだろうか。

ラクスマンの根室来航

寛政四年(一七九二)九月、ロシアの女帝エカテリーナ二世の名を冠した船に乗り、シベリア総督の書簡を携えた使節アダム・ラクスマンが根室に来航し、通商を要求するという、幕府にとっては大事件が起きた。伊勢の漂流民幸太夫と磯吉も送還され、一行は松前城下に入り、幸太夫らはそこで幕府に引き渡された。

翌寛政五年(一七九三)六月、幕府の目付がラクスマンと会い、漂民護送を謝して、長崎入港の許可証である「信牌《しんぱい》」を与え、帰帆させた。通商要求は拒否したものの、許可の含みをもたせたため、

図65　「幸太夫と露人蝦夷ネモロ滞居之図」(早稲田大学図書館蔵)
ラクスマン(右端)と幸太夫(左から３人目)

後に（一八〇四）レザーノフがその信牌を携えて長崎に来航、大騒動を引き起こすことになる。

同年（一七九三）九月、将軍家斉が幸太夫（大黒屋光太夫一七五一－一八二八）らを引見、陪席した桂川甫周は、ロシア事情に関する問答を「漂民御覧之記」として記録した。幕府の医官（将軍家侍医）である甫周は、幸太夫の調査を命じられていたので、寛政五年（一七九三）一月には「ゼオガラヒー」から「魯西亜志」を翻訳していたし、九月の幸太夫謁見後は、彼の体験談・見聞を基礎に多数の資料を駆使して「北槎聞略」を翌年（一七九四）まとめ上げた。「北槎聞略」は、ロシア百科全書というべき大著で、江戸時代のロシア研究を代表する名著でもある（同書は、一九七八年にソ連アカデミー東洋学研究所のシリーズの一冊として、ロシア語訳が刊行された。桂川甫周著亀井高孝校訂『北槎聞略』参照）。

松平定信と蘭学

ラクスマン根室来航に際し、老中松平定信は苦慮した。老中間で対応を協議するとともに、寺社・町・勘定の三奉行にも意見を求めている。定信は、ロシアが世界に比類のない強大国で、不当な戦争はしないと外国の本に書いてあること、日本人漂流民の送還という正当な理由もあることから、「礼と法」を基本に対応しようとした。その結果が「信牌」を与えて穏便に帰国させるという苦心の策だったのである（藤田覚『松平定信』）。林子平が国防を憂えた『海国兵談』（寛政三年刊）を寛政四年（一七九二）五月に「処士横議」で絶版処分とした松平定信の対外政策は、開明的・積極的な田沼意次とは対照的で、とかく消極的と評される。長崎の取締りにも熱心で、貿易を半減させ（半減商売。寛政三年から）、一部のオランダ人、オランダ通詞には忌み嫌われた。

しかし反面定信は、祖父徳川吉宗同様西洋天文学に関心が深く、蘭書翻訳に長崎の通詞の力を借りた人物である。天明八年（一七八八）、オランダ人が献上した蘭書『エーウィヒ・ドゥーレンデ・アルマナク』（*Eeuwig durende almanak*）の和解（翻訳）を本木良永（一七三五-九四）に命じ、良永は吉雄耕牛とともに『阿蘭陀永続暦和解』を成し、幕府に献上している。定信は『ニューウェ・アトラス』（Nieuwe Atlas）の翻訳も本木良永に命じ（一七八九）、『阿蘭陀全世界地図書譯』（一七九〇）の成果を得た。定信はこの訳文で、司令官ベーリング配下のスパンベルグ（シパンベルグ）がカムチャッカから千島列島を南下し、日本の沿岸まで来たことを知ったという（磯崎康彦「松平定信と蘭学」）。

定信はさらにG・アダムス『通俗基礎太陽系天文学』蘭訳本（*Gronden der sterrenkunde gelegd in het zonnestelzel bevatlijk gemaakt.*）を入手、寛政三年（一七九一）一一月に本木良永に訳を命じた。良永が「星術本原太陽窮理了解新制天地二球用法記」七冊を成稿し、幕府に献上したのは寛政五年（一七九三）九月のことである。本書は地動説による天文学の発展を説き、惑星系としての太陽系の概念を確立したとされる。「太陽窮理了解」は現在の「太陽系」にあたる。定信が寛政五年七月に老中を辞任したので、本木良永のこれらの訳稿が改暦に活用されることはなかった（本木良永については『日蘭交流のかけ橋』展図録参照）。

松平定信自身は、蘭書収集について次のように言っている。

> 寛政四五のころより紅毛の書を集む。蛮国は理にくはし。天文地理又は兵器あるは内外科の治療。ことに益も少なからず。（『宇下人言』）

しかし実際は、今述べたようにもっと以前から蘭書を収集していた。そして長崎のオランダ通詞出身の石井恒右衛門と桂川甫周の弟森島中良が定信に禄仕するのが寛政四、五年である。杉田玄白は、石井恒右衛門が白河侯の家臣になったのは「天明の中頃」だといい（『蘭学事始』）、大槻如電は家の資料に基づき「寛政四年」に二人が白河侯に禄仕したといっている（『新撰洋学年表』）。いずれにせよ、ラクスマン来航時に定信は、ロシアが強大な国であるとの情報を外国の本で知っていた。定信と蘭書・オランダ通詞・蘭学者の縁は、天明年間から浅からぬものがあったのである。

松平定信と良沢

先行研究で松平定信と前野良沢の直接交渉を論じたものはない。しかしロシア史の翻訳を定信が良沢に依頼したことを推測できる証拠はある。両者をつなぐチャンネルは複数存在したと考えてよい。まず『解体新書』刊行（一七七四）後、オランダ語（というより横文字）ならば前野良沢という評判が将軍家にも伝わっていたこと。将軍家侍医桂川甫周は『解体新書』訳述グループのひとりで、弟森島中良は良沢の長子良庵（達）の親友であったこと。桂川兄弟が松平定信と良沢をつなぐのは造作《ぞうさ》ない。

次に良沢に「和蘭築城書」翻訳を命じた紀州の公子唯之進頼徳（のちの桑名藩主松平忠和）は、松平定信が「英雄」「英傑」と呼び（『宇下人言』）、かねてから親しくしていた人物である。江戸でオランダ語の翻訳を頼むならば前野良沢、と定信が吹きこまれた可能性は大きい。

最後に、中津侯奥平昌男（第四代藩主、昌鹿の長男、一七六二－八六）が定信とは早くから「信友」であったという事実。『宇下人言』によれば、天明二年の頃から「信友多く交りてかたみに道を講じ」「あるは歌などよみあひ、又はたがひに善をすゝめ」たという。そのひとりが「奥平大膳大夫昌男」で、天明五年（一七八五）のところにも登場する。

日々のやうに松平紀伊守（以下九名が列挙されているが略す）奥平大膳大夫らみな〳〵したひきて刎頸の交をなす。よてけうおうちそうなどなす事もなく、終日膝を交へて人道政事の事を物語なす。予させる事もいはず、ただ〳〵大君の為によろしき人を出かし奉らん。これのみの願ひなればさま〴〵と心をくだきて教へ導きけり。いづれも〳〵聡明の諸侯なりければ…

宴会などせず、終日政治を論じた仲間のひとりで、聡明だとも評されている奥平昌男は、『宇下人言』に三回は言及があり、格別の信友（親友）であったと推察される。

安永九年（一七八〇）に死去した奥平昌鹿が前野良沢を庇護したことはつとに有名だが、昌男も中津藩医の良沢は熟知していたはずである。昌男の仲介で良沢に定信の命が下ったと考えてもおかしくはないだろう。定信が大黒屋光太夫（幸太夫）からエカテリーナ二世の話を聞いたので、そこまでの皇統を知りたがった。そこで良沢が別の情報源（「ベシケレイヒング」以外）から「エカテリーナ二世」を引いて補ったとすれば、「魯西亜本紀」が何故エカテリーナ二世で終わっているのか理解できる。

「魯西亜本紀」が完成したのと同じ頃、松平定信は老中を辞任してしまうのだが、翻訳のきっかけは松平定信という推論は成り立つのではないだろうか。

第六章

良沢の晩年

一　江馬蘭斎の入門

良沢としては最後の学問的業績となる「魯西亜本紀」が成った寛政五年（一七九三）、大垣藩医江馬蘭斎（二代春齢）が良沢に入門した。

江馬蘭斎（一七四七－一八三八）は、大垣で版木彫を営んでいた鷲見荘蔵の長子で、母親が幼時、藩医江馬元澄（初代春齢）の養女であったことからその養子となり、医学の道に入った。名は元恭、蘭斎は号である（グラビア参照）。

安永三年（一七七四）、『解体新書』刊行の年、彼は二八歳で家督を継ぎ、三一歳で七〇石を賜わった。漢方医であった蘭斎は、その知識に満足できず、新しい蘭方を学ぼうと、藩主戸田氏教（彼も松平定信の「信友」のひとり）の許可を得て江戸に向かった。寛政四年（一七九二）、四六歳の時である。彼は寛政元年にも一度江戸に出ていたが、その時は誰について学んだかわからないという。この年は、杉田玄白から親しく『解体新書』の講義を受け、翌年四七歳で七一歳の良沢に入門した。その時の会話を蘭斎の長女細香が後年、「蘭化先生伝」に書き留めている。蘭斎は、自分が年を取っていることを気に病んだが、良沢は微笑して「起志之日。与余符合。惟勉強以進。莫問年早晩。」（志を立てた年は私と同じだ。ただ勉強して進み、年の早晩を問うてはならない）と言ったというのだ。

この逸話を根拠に、良沢の青木昆陽入門を明和六年（一七六九、良沢四七歳）とする説が生まれた

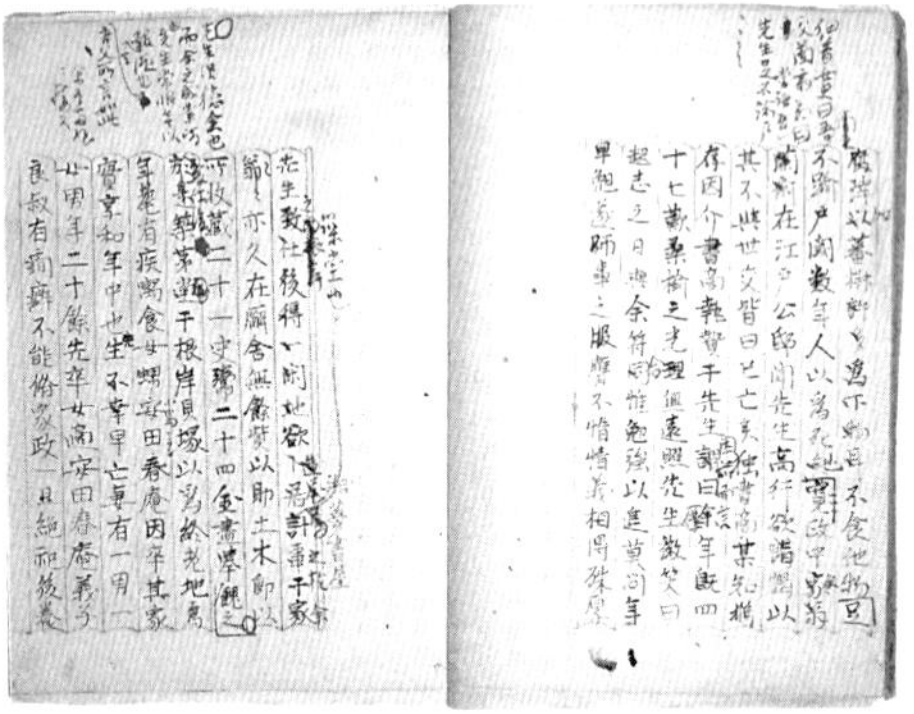

図66　「蘭化先生伝」(稿)
(江馬寿美子家文書　個人蔵　岐阜県歴史資料館収蔵)

が、この年では理屈に合わないことは既に述べた。四〇代での晩学は自分と同じという励ましと受け取るべきだろう。「蘭化先生伝」には岩崎克己氏も指摘されるように常套句や誇張がまま見られるので、ここも「符合」を字義通りに解釈する必要はないのではないか。

才媛の誉れ高い江馬細香（一七八七－一八六一）は、江戸時代の代表的な閨秀詩人で、頼山陽とのロマンスは父に反対されて実らなかったが、生涯に多くの優れた漢詩を残し、父蘭斎によく仕えた。蘭斎が九二歳という天寿を全うすることができたのも、細香の世話によるところが大きいと思われる。細香は、父蘭斎が良沢に入門した年にはわずか七歳、その時良沢は七一歳であった。直接交渉はまずなく、わずかな情報に基いて後年漢学の才能で作文しているので、良沢の伝記に観念的要素がみられるのはやむをえない。若干の誇張はあるとはいえ、「蘭化先生伝」（図66）も、前野良沢研究には欠かせない貴重な情報源となっている。

ところで話を蘭斎に戻すと、彼は良沢晩年の愛弟子として、最後まで良沢によく尽くした。良沢が蘭斎に宛てた数通の書簡は、七〇代の良沢の様子をうかがい知る一級史料なので順次紹介してゆくが、蘭学でも彼は大きな成果を挙げることになる。

寛政七年（一七九五）、江戸から大垣に帰った江馬蘭斎は、蘭学塾好蘭堂（彼の号が好蘭斎、略して蘭斎）を開き、門人育成・治療で名をあげるかたわら、医学の著訳書も多数残した（青木一郎『岐阜県蘭学史話―江馬蘭学塾とその周辺―』）。

ボイセン

蘭斎の代表作『五液診法』は、オランダ・ハーレムの医師ボイセン（Henricus Buyzen）の内科書「プラクテーキ（*Practyk der Medicine*）」に合冊されていた「人体の排泄物についての論」（Verhandelinge van Uitwerpingen des Menschelyke Lighaams.）の翻訳である。「五液」とは尿・大便・汗・唾液・嘔吐物で、それによる診断法を説いたもの。原書ボイセンは、既に述べたように、中津藩主奥平昌鹿が買って前野良沢に与えた蘭書である（グラビア参照）。

前野良沢の家に永く伝わり、明治になって奥平家に返却されたボイセンは、紫の袱紗《ふくさ》に二重に包まれ、古色蒼然とした桐箱に納められていた（岩崎克己『前野蘭化2』）というが、現在は行方不明である。

良沢は、ボイセンをよく読んだであろうが、翻訳は残さなかった。門人で『解体新書』訳述グループの一員でもあった嶺春泰がこの仕事を良沢にすすめられ、訳業の途中で寛政五年に病没すると、良沢は次に大垣藩医の門人吉川宗元にその続行を命じた。ところが吉川宗元も業半ばで病没したので、良沢は江馬蘭斎に翻訳の完成をすすめたとされる。

『五液診法』は、本格的な診断学書とはいえないものの、我が国の内科診断学史上、重要な意味をもつという（『岐阜県蘭学史話―江馬蘭学塾とその周辺―』、グラビア参照）。蘭斎は文化元年（一八〇四）にその開板願いを提出、一二年後の文化一三年（一八一六）に上下二巻本が刊行された。その第一ページには

五液診法巻之上
喎蘭陀　軒力救速暴伊先　撰
日本　美濃　春齡庵江馬元恭訳
男　江馬元弘校

とある（『大垣藩医　江馬蘭斎』）。ボイセン（暴伊先）の書を江馬蘭斎が訳し、甥で娘婿となった元

弘が校した形だが、嶺春泰・吉川宗元とリレー式に翻訳作業を行った成果のはずである。開板願いを出した時点で、二人とも故人、師の前野良沢も世を去っていたので、誰ひとり成果物を目にすることはできなかった。

江馬蘭斎のオランダ語力

斎藤信氏の研究によれば、江馬家には約一万二〇〇〇語を記した単語帳、中野柳圃著「四法諸時対訳」(一八〇五成稿)の蘭斎による写本があるという。中野柳圃は前述の元オランダ通詞志筑忠雄、日本で最初に西洋文法を研究した人物である。「四法」とは「直説法・使令法・死語法・不限法」(現在の直説法・命令法・接続法・不定法)、「諸時」は現在・過去・未来とそれぞれの完了時称のことで、中野柳圃がセウェル(W.Sewel)のオランダ語文法書を研究した成果だが、伝存本の少ない(江馬家本ともう一本のみ)貴重な資料である(「中野柳圃の『四法諸時対訳』について」)。

前野良沢も大槻玄沢も十分な文法理解には至れなかった。大槻玄沢が初めて本格的にオランダ語文法に接したのは、中野柳圃の門人のオランダ通詞馬場佐十郎(一七八七-一八二二)が江戸の天文台に召し出され、蛮書和解御用で同僚となった時(一八一一)からである。馬場佐十郎が師の研究したオランダ語文法を江戸の蘭学者に教示したことで、翻訳の正確さは格段に上がったといわれる。大槻玄沢の表現を借りる。「コレ、即今都下ノ旧法廃シテ、新法正式ニ一変セルナリ」(「蘭訳梯航」)。

「四法諸時対訳」の成立は文化二年（一八〇五）なので、江馬蘭斎の写本も当然それより後、『五液診法』翻訳には関係がない。しかし蘭斎は、前野良沢の知りえなかったオランダ語の動詞の語法と時制を学んだのである。

また、嶺春泰が没した寛政五年（一七九三）一〇月に作られた蔵書目録に

一　ア丶ルドアウッセン　二冊
一　窮理医学書　　　　　一冊
右　江馬春齢老より預り

とある（緒方富雄「嶺春泰伝」）。とすれば、この時期以前から蘭斎は蘭書を所蔵していたことになる。「ア丶ルドアウッセン」は、オランダのフロニンゲン大学植物学教授ミュンチング（A.Munting）の植物書（*Naauwkeurige Beschryving der Aardgewassen.* 1696.）で、一冊本のはずだが、ツュンベリーが桂川甫周、中川淳庵に譲った書物である。大槻玄沢も蘭斎に本書を借り、利用した。寛政七年（一七九五）五月二二日付けの玄沢の蘭斎宛書簡には、「去秋御帰郷已来、訳語一万余言御臆記被成、ボイセンも御手ヲ懸られ候由、…然は御預置候アアルドゲワス之義蒙仰も……」との記述がある（『江馬家来簡集』）。

以上、寛政五年一〇月以前に貴重な蘭書を複数所蔵していたこと、寛政七年五月以前に「一万余言」の語彙を獲得し、ボイセン翻訳に取りかかっていたこと等を考えれば、寛政五年に四七歳で良沢に入門した時が「起志の日」ではなく、その数年は前からオランダ語に取り組んでいたと考えられるのである。

二　芝蘭堂「新元会」と良沢

寛政六年（一七九四）四月、寛政二年以来のオランダ商館長の江戸参府が行われた。経費節減のため、四年に一度とされたこの年の商館長はヘンミイ（Mr. Gijsbert Hemmij　一七九八年の二度目の江戸参府の帰路、掛川で死亡、静岡県掛川市に墓碑がある）、長崎屋での面談を願う伺書には前野良沢の名も記されていた。

伺書を幕府に提出したのは将軍家侍医桂川甫周、甫周が「私蛮書同学之者」として対談に同道を願い出たのは、松平陸奥守家来大槻玄沢、松平越後守家来宇田川玄随、松平越中守（松平定信）家来森島中良、酒井修理大夫家来杉田玄白、奥平九八郎家来前野良沢の五名であった。奥平九八郎は昌鹿の養孫昌高（島津重豪の次男）、父譲りの蘭癖大名でオランダ語を学び、のちに中津藩士神谷源内、藩医大江春塘と協力してわが国初の日蘭辞書『蘭語訳撰』を刊行（一八一〇）することになる。この昌高と良沢の関係については後述する。

七二歳の良沢と六二歳の玄白はしかし、何らかの故障があってオランダ人と対談することはなかった（大槻玄沢「西賓対晤」、『日蘭学会会誌第二巻、第一・二号』所収）。

同じ年の閏一一月一一日は、西暦一七九五年一月一日にあたる。大槻玄沢は、自身の蘭学塾である芝蘭堂（京橋）で太陽暦の新年会（オランダ正月）を開催し、「新元会」と名づけた。市川岳山が描いた「芝蘭堂新元会図」（早稲田大学図書館蔵）には二九名が参加しており、賛を寄せた大槻玄沢・森島中良・桂川甫周・宇田川玄随・稲村三伯・江馬蘭斎等とロシアから帰国した大黒屋光太夫は確実だが、杉田玄白・前野良沢については不参加とされてきた。ただ近年、前野良沢と推定される人物を指摘する説もある（レイニアー・H・ヘスリンク「芝蘭堂のオランダ正月一七九五年一月一日」）。親しい仲間ばかりの会合、元気であれば参加したと考えるのが自然だろう。

本邦初の太陽暦の正月を祝う「新元会」は、その後恒例となり、大槻玄沢の死後も、天保八年（一八三七）まで続いた。その際の余興に作られた蘭学者見立番付二種も興味深いものである（岡村千曳『紅毛文化史話』、『前野良沢資料集第三巻』参照）。

「蘭学者芝居見立番付」

まず寛政八年初春（一七九六）の都座の狂言「振分髪青柳曽我」に見立てたという『近来繁栄蘭学曽我』（早稲田大学図書館蔵）では、蘭学の繁栄を四段階に区切り、「第一…新井に草創」「第二…青木に萌興」「第三…蘭籍を自由に読て翻訳の出来る事こそ…前野に休明」「第四…杉田に隆盛」としている。新井白石に始まり、青木昆陽で芽生え、前野良沢で大いに明らかになり、杉田玄白で隆盛を迎えた、という認識が示されている。

「蘭学者相撲見立番付」

次に寛政戊午歳一一月二六日、西暦一七九八年（正しくは一七九九年）一月一日に、当時の蘭学者八〇名を相撲番付に擬した「蘭学者相撲見立番付」（早稲田大学図書館蔵）を見ると、番付中央の欄の下の方に、「年寄」として前野良沢（七六歳）と杉田玄白（六六歳）が並んでいる。その下に「勧進元　大槻玄沢」と「差添　桂川甫周」が並び、「年寄」の上には福知山侯（朽木昌綱）・桑名侯（松平忠和）他一〇名の「行司」が並ぶ。良沢に関わりの深い人物を探すと、東前頭二枚目吉川宗元、東前頭四枚目江馬春齢、西前頭一三枚目嶺春泰、最下段には東前頭二〇枚目前野君敬（藤塚知明の三男・良沢の養子）、西前頭二二枚目豊前中津侯（奥平昌高）を見出す。

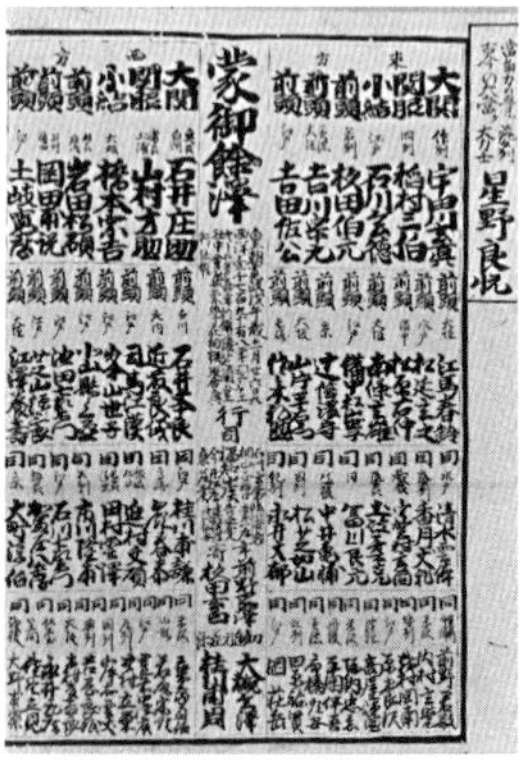

図67　「蘭学者相撲見立番付」（早稲田大学図書館蔵）

岡村千曳氏は、これら番付の作者として考えられるのは森島中良で、大槻玄沢と兄桂川甫周が協力したという判断を下されたが、その通りであろう。仲間うちの人物評価にすぎないかもしれない。しかし、この時期の蘭学者のほぼ全員がここに集結しているので、興味深い資料であることに変わりはない。

三　晩年の日常生活

根岸への転居

江馬細香の「蘭化先生伝」によれば、良沢は「致仕」後、根岸の貝塚に茅屋を築き、終老の地とした。正確な年は不明だが、良沢の隠居は寛政二年（一七九〇）一一月、翌年七月に長男達（良庵）を亡くし、仙台の藤塚家から養子を迎えたが、寛政四年（一七九二）二月には妻も失った。根岸への転居はその後ではないか。現在の鶯谷駅と日暮里駅の間、かつて御隠殿《ごいんでん》坂と呼ばれた辺りと考えられている（岩崎、『前野蘭化2』）。

年は不明だが、良沢は根岸内でさらに転居した。江馬春齢（蘭斎）宛の書簡（グラビア参照）に次のようにある。

（前略）

一　篤耨香之義　杉田説ハ近年参候和蘭人之説ニて　実ニ真物被存候　杜松子ノ事ハ未詳奉存候　当時ド、ネウス〔和蘭本草書〕遠方ニ差置候故　吟味仕兼候　追て可申上候

一　私儀　当月七日　根岸之内　別ニ一処へ転宅仕候　是亦借家ニて候故　内造作旁甚紛冗罷在候　委曲者答申上兼候　且書籍いまた旧宅より取寄不申　御約束之義共及延引候　万々御思

召分可被下候　尚期重便候　恐惶謹言

前野良澤　熹
Jomis

三月十五日

江馬春齢様

拝復

（後略）

（『前野良沢資料集第三巻』より、一部修正して引用）

「篤耨香」は、皮膚・粘膜の刺戟《しげき》剤テルペンテイン terpentijn、「杜松子」は発汗・利尿剤、「ドドネウス」はドドネウス（Rembertus Dodonaeus）の本草書 ***Cruydt-Boek.*** をさす。ドドネウスは一六一八年版が将軍に献上されたのが最初で、一六四四年版が度々舶載された。徳川吉宗が野呂元丈に一部を翻訳させたのも本書で、幕末に至るまで薬や博物学の研究に大いに利用された。良沢も一部を所持していたことがわかる。また杉田玄白の説を支持しているあたりは、隠居しても薬の研究を続けていた証拠といえるだろう。

そして三月七日に、根岸の内、別の所に転居した、それも借家だというのである。ローマ字の自署はここではヨミス Jomis となっている。

「蘭化先生伝」で「築茅屋于根岸貝塚、以為終老地焉」と言い、建築資金が不足したので蘭斎が

『二十一史』を売って「二十四金」を得、良沢がそのことを深く感謝したというのは、どこまで事実なのだろうか。借家の庭に書斎を建てたとでもいうのか。疑問が残る。

眼疾老病

寛政八年一二月のものと思われる吉川宗元宛書簡も、良沢の日常をよく伝えるものである。

（前略）
然者春中被遺候五液論　漸壱篇成業之分完璧仕候　御落収可被下候　日々多冗之上眼疾老病夜分細書一向不分明ニて不任素懐　大延引仕候
（中略）
前野良沢
臘月十五日
吉川宗元様
坐右
尚々　比表和蘭之学志之者漸々出来申候　崎陽訳家も上より御世話御座候故　出精之由風聞仕候

但当秋ハ番舶今以無着岸候故　彼地より申遣候書籍一向沙汰不承候　是而巳何も難渋之義御座候
以上

（古河歴史博物館蔵、『前野良沢資料集第三巻』所収）

「五液篇」は前述のボイセン、日々忙しい上に眼疾老病、夜は細かい字が見えないので遅くなったが、原稿の第一篇の校閲がようやく終わったので受け取ってほしいという内容だ。「尚々書」には、江戸で蘭学を志す者がようやく出て来た、長崎の通詞も幕府の仕事で出精しているという噂だ（松平定信が老中時代、オランダ通詞本木良永に翻訳をまれに命じたこと等をさすのだろう）と述べた上で、今年はオランダ船が来ないので、注文した蘭書の知らせもない。難渋していると記す（片桐一男「吉川宗元宛前野良沢書状と石川大浪筆ヒポクラテス像」）。

寛政五年（一七九三）の「魯西亜本紀」で前野良沢の「学者的生命」は終わったと岩崎克己氏はいわれた（『前野蘭化2』）が、寛政八年七四歳の良沢は、年相応の「眼疾老病」こそあれ、ボイセンの翻訳原稿をチェックし、蘭書が届かないと嘆いているのである。

中風になる

寛政十年（一七九八）正月二〇日付の江馬春齢（蘭斎）宛書簡にみえる七六歳の良沢の姿は、次のようなものだ。

（前略）
次ニ私義無異儀加年仕候、随て為御祝典白銀弐両御恵贈被下、御懇情忝次第奉存候、且私今以採
毫不任心底御憐察可被下候、尚期永陽之時候、恐惶謹言

前野良澤
熹
M:Liotack

正月廿日

江馬春齢様
貴復

尚々
御用ニ付京都え御供被成候由、御大儀千万奉存候（後略）

（『江馬家来簡集』より）

「尚々書」の京都行きの記述からこの書簡は寛政一〇年と断定されるのだが、良沢は、自分が意味も無く年を取って、白銀二両を祝金に恵贈され、好意に感謝している。また自分は今も、筆をとるのが思うに任せない。憐れんで下さいと言う。少し指が震えるようになったのか。しかし筆跡は相変わらず達筆で、ローマ字サインもしっかり書いてある。

同じ年の幕府天文方高橋至時宛間重富の書簡（五月九日付）中に

一　中風仲ヶ門入ニ蘭化も被入候よし　扨も此人者養生家ニ御座候得共妾も相見申候
　其故与被存候　五十已上ハ別而つゝしミ与被存候

（国立天文台蔵「星学手簡」、『前野良沢資料集第三巻』所収）

と、「中風」の記事がある。妾もいたらしい。

玄白七〇歳、良沢八〇歳の合同賀宴

享和二年（一八〇二）九月、杉田玄白七〇歳、前野良沢八〇歳の長寿を祝す合同賀宴が催された。玄白の日記によればそれは九月二八日のことで、大槻玄沢は一〇年前同様「鶚斎先生七十寿賛言」を撰した。それを見ると

今茲享和壬戌。鶚斎先生七十。蘭化先生八十。倶益健康矍鑠矣。是有徳之人。能受多福焉。豈不天之祐有徳乎。

（「磐水漫草」）

と、二人ともに健康で矍鑠《かくしゃく》としていると書いてある。杉田玄白は、七〇歳の頃から「九幸老人」、「九幸」の号を使い始め、晩年は好んで使用したという。「九幸」の意味は「一に泰平に生れたること　二に都下に長じたること　三に貴賎に交りたること　四に長寿を保ちたること　五に有禄を食んだること　六にいまだ貧を全くせざること　七に四海に名たること　八に子孫の多きこと　九に老いてますます壮なること」である（片桐一男『杉田玄白』）。

図68　「杉田玄白肖像」(部分)
(早稲田大学図書館蔵)
これは文化9年、80歳の時の玄白

功成り名遂げ、経済的にも恵まれた「九幸老人」と比べると、前野良沢の晩年はいささか寂しい。しかしそもそも地位・名誉・金銭には淡白で、執着し執念を燃やすのは学問。蘭書に食いついていれば満足という人間である。不器用かもしれないが、杉田玄白と我が身を比べるような発想もなかっただろう。

四　奥平昌高と良沢

ここに、年代は不詳だが、近年新たに所在が確認された良沢の江馬春齢（蘭斎）宛書簡がある（「洋学諸先生書簡」、『前野良沢資料集第三巻』所収）。それを見ると、晩年の良沢が、中津藩主奥平昌高（一七八一－一八五五）にオランダ語指導のため、度々呼ばれたことがわかる。まず前半部分を引用する（一部誤植を修正した）。

先月廿二日之貴簡当十一日酒井氏持参被致拝読仕候　御家内御揃被成弥御安寧被成御座奉恭喜候　然者井上氏江御伝言申上候義御承知被下　彼是疲労失念候而　私義其の地江移居可仕旨　委曲御心配被下候之上　相応之住宅迄御約諾等御求置被下候由　扨々不存寄仕合誠以御悃篤之御誼感謝筆紙ニ難尽奉存候　然処当時心中甚爽快前年此地ニ罷越候以来　初而安宅ニ処スル思ニ相成候　此上精一ニ学業努力可仕之余年ヲ相楽候　如此罷在候得者乍憚御敬慮可被下候

ここでは「其の地」「此地」がどこを指すか不明瞭なのだが、「此地」は根岸の最初の住居だろうか。そうすると、前年ここに来て以来初めて「安宅」（身を置くのに最も安全な場所）に居る思いがし、気分も爽快、余生を学問に打ち込んで楽しむと言う良沢には転居の理由が見あたらない。しかし、

「此地」を根岸の転居先とすると、なおも住宅のことで江馬蘭斎を煩《わずら》わせたとは考えにくい。築地から根岸に移る前に良沢が蘭斎に相談し、心配した蘭斎が、「相応之住宅」を手配してくれた。それを知らなかった良沢は、深く感謝しながらも、今のままでよい、と言ったのではないだろうか。江馬細香「蘭化先生伝」の「二十四金」はこの逸話と関係するのかもしれない。

「私義当月七日根岸之内別ニ一処へ転宅仕候・・・委曲者答中上兼候」(前述、三月十五日付け書簡)と、転居の通知に「詳しくは言えない」と思わせぶりに書いているのも、蘭斎に対しては言いにくい事情があったと推測される。「井上氏」は江馬蘭斎の門人か。書簡の引用を続ける。

且先月中旬より寡君義蘭字より学度由ニ而罷出候様ニ被中付候へ共　病体ノ故断申達候処　先年桑名侯へ罷出候例の如く諸事自在ニ被中付へき由ニ付　無拠度々罷出候

(中略)

六月十九日　　前野良沢

江馬春齢様
拝復

再白(後略)

「寡君」は自国の君主、つまり中津藩主奥平昌高で、昌高がオランダ語を文字から学びたいとのことで良沢に来るように命じたが、良沢は「病体」を理由に一度は断った。しかし以前桑名侯から呼ばれた時のように、「諸事自在ニ」できるというので、仕方なく度々昌高の所に出かけている。良沢はこう述べるのだが、「病体」とは、中風になった寛政一〇年（一七九八）以降だろうか。昌高は一八、一九歳である。江戸の中津藩邸にオランダ室を築き、のちに『蘭語訳撰』（一八一〇刊）、『バスタールド辞書』（一八二二刊）で、蘭癖大名として知られるようになる昌高にオランダ語の手ほどきをしたのは前野良沢であった。小川鼎三氏は、昌高の辞書出版と良沢に「直接のかかわりはない」、しかし良沢が寛政二年末に隠居の身となる前後に、この若い藩主にオランダ語を教える機会も若干あったかと思う（「前野良沢」）と述べておられるが、寛政二年（一七九〇）では昌高は一〇歳にすぎない。やはり「病体」「桑名侯」と合わせ考えて、昌高一八歳以降に望まれてオランダ文字・オランダ語を教授し、その成果が『蘭語訳撰』などに結実した、つまり良沢と昌高には直接の交渉（オランダ語の師弟関係）があった、とこの書簡から断言できるのである。

「先年桑名侯へ…」に関しては、「蘭化先生伝」に嘗て先生に学んだ桑名侯が、晩年「給俸七口眷注甚渥」、俸給七口を与え、手厚く遇した、と書いてある。桑名藩主松平忠和は、前述のように紀伊藩の公子徳川唯之進時代に良沢に「和蘭築城書」訳述を命じた。同書の成立は寛政二年（一七九〇）八月、一一月に良沢は隠居するが、「地学通」翻訳依頼等、関係はしばらく続いたのだろう。

中風とはいえ、享和二年（一八〇二）九月の賀宴に八〇歳の元気な姿を見せていたのだから、良沢の奥平昌高へのオランダ語指導も数年続いたと考えてよい。長く見積もって五、六年、昌高二二、三歳迄の可能性がある。

五　天文方との交流

良沢は寛政二年（一七九〇）に天文暦学関係の翻訳を数種行い、寛政三年には天文方山路才助の相談を度々受けていた（前述）。寛政一二年（一八〇〇）前後になっても天文方との交流があったことは間《はざま》重富（一七五六－一八一六）と高橋至時《よしとき》（一七六四－一八〇四）の書簡が物語っている。

寛政一二年一一月一〇日付の間重富宛高橋至時書簡（国立天文台蔵、「星学手簡」）に

一先達而御噂申上候哉と覚申候　松浦侯之蘭書　堀田より両日之間借請見申候内　七曜諸数有之候　用法記と同数ニ御座候　尤地天半径一十万と致候故　数も精敷御座候　書名知レかたく候処　先日前野蘭化珍敷小拙方へ参り被申候故　表題の写しを見せ候処

書名　ナチユルキユンデ

作者　ベンヤミン《姓》」マルチン《名》

荷蘭都　アムステルタム之板

千七百六十四年再板

右之通ニ知レ申候　弟谷後の新測と奉存候　五星之最高正点の平行も有之候へ共　年数千七百六十四年の数とも不被存候　早々ニ戻し候故　委細ニ写し不申　残心千万奉存候（後略）

（『前野良沢資料集第三巻』）

とある。「松浦侯」は平戸藩主松浦《まつら》静山（一七六〇－一八四一）、「堀田」は仙台藩主の息子で長年若年寄を務めた堀田正敦（一七五五－一八三二）、蔵書家静山が平戸・楽斎堂文庫に収集した蘭書は、この後も度々幕府天文台に貸し出された。「弟谷」はデンマークの天文学者ティコ・ブラーエ（Tycho Brahe 1546 - 1601）である。

松田清氏の研究によれば、珍しく高橋至時を訪ねた前野良沢が「表題の写し」を解読した蘭書は *Filozoofische Onderwyzer of Algemeene Schets der hedendaagsche Ondervindelyke Natuurkunde,*…Door Benjamin Martin.…Te Amsterdam…MDCCXLIV.（マーティン『哲学教師または現代実験理学概説』）、ニュートン自然哲学の普及に努めたイギリス人マーティンの書の蘭訳である。初版（一七三七）、第二版（一七四四）、第三版（一七六六）と版を重ね、日本でも本木良永らに利用された。書簡中の「用法記」は本木良永の「星術本源太陽究理了解新制天地二球用法記」をさす。但し前野良沢は、刊行年のローマ数字一七四四を一七六四と読み誤っている（詳しくは松田清『洋学の書誌的研究』参照）。

良沢は七八歳であった。さきに間重富が高橋至時宛てに、良沢が中風になったと伝えた（寛政一〇年）のだが、外出し、蘭文を読むことができたことがわかる。ローマ数字の誤読は、専門家高橋至時にとっては小さからぬ問題であったが、これを以て良沢が耄碌《もうろく》したとはいえないだろう。

六　良沢の死

江馬細香の「蘭化先生伝」は、致仕後の良沢が根岸貝塚に終《つい》の住処を建て、「年耄有疾。寓食女甥小島春庵。因卒其家。実享和三年十月十七日也。」と記す。根岸では二ヵ所に住み、ともに借家であったことは前に述べた。小島春庵は良沢の次女峰子の嫁ぎ先、奥医師（幕府の医官）で神田に住んでいた（グラビアの地図参照）。

良沢が江馬蘭斎に送った年始状（年は不詳）には、次のように書かれている。

尚々旧秋は不相変御懇意、恭奉存候。且私儀当二月初旬は神田小島春庵方へ同居仕候。已後御文通、其思召被成可被下候。右居所は神田にて、市橋下総守様西隣にて北向に居中候。以上

（『前野蘭化2』より引用、元は『前野蘭化先生の位を贈られたるを祝う会の記事』）

「旧秋」の「御懇意」は、享和二年（一八〇二）九月の玄白・良沢合同賀宴に関連して、蘭斎が八〇歳の良沢に何か贈ったとも考えられる。そうであれば翌年（一八〇三）二月に神田に移居、一年もたたぬうちに死去したことになるが、この書簡の書きぶりを見ても、「年耄」というほど耄碌したとは思えない。中風の症状が進み、八一歳で神田の娘と同居するようになったのか。この推測については、

後で別の史料により検証する。

小島春庵

小島春庵（根一《もとかず》）は、奥医師村田長庵の三男で、小島家に養子入り、七代目春庵となった。根一の三男で奥医師の最高位法眼《ほうげん》となった八代目小島春庵尚質《なほかた》（孝証学者小島宝素）が弘化三年に提出した「先祖書」案によれば、父根一の妻、尚質の母は「奥平大膳大夫医師　前野良沢熹女」、享和三年六月に根一は五七歳で病死している（東京大学総合図書館蔵、鷗外文庫小嶋文書）。

良沢の書簡にある「市橋下総守様西隣」については、岩崎克己・小川鼎三両氏の考証が詳しいので、ここでは省略する（『前野蘭化2』、「前野良沢」）。

五〇歳で長女を亡くし、六九歳で長男、七〇歳で妻に先立たれた良沢が、愛娘のもとで過ごした最後の日々を語る史料は乏しい。その僅かな記録が、江馬蘭斎の孫春齢（活堂）の随筆と、良沢の外孫小島春庵（宝素）の書簡にみられる両者の交流である。天保一四年（一八四三）一〇月八日付、小島春庵の江馬春齢宛書簡（岐阜県歴史資料館収蔵、江馬寿美子家文書）に

近日御閑日相伺御入被下候様致度存候　老拙母方之祖父源熹儀根岸へ隠栖之節　御先代ニ候哉
御深切ニ御世話被下　其後老衰拙宅へ引取申し候以来御入被下　先慈など度々拝顔仕候事も七歳

の節ニハ如夢記得仕候

（『前野良沢資料集第三巻』）

とある。近々お暇な日にお越し下さるように。私の母方の祖父前野良沢が根岸に住んでいた時、御先代が親切にお世話をして下さり、その後老衰で拙宅に引取ってからも訪ねて下さった。母などは度々おめにかかりましたが、七歳の時では夢のようなことです、という（「記得」は「記憶」ではないかと思うが、今は確認できない）。

神田の小島春庵宅に良沢が移ってからも、江馬蘭斎が度々訪問していたことがわかる。また、小島宝素（一七九七－一八四八）が七歳の時といえば、享和三年（一八〇三）である。先に推測した神田移転の年と符合するので、この年二月から良沢は神田で暮らしたと考えてよいのではないだろうか（江馬蘭斎が「度々」訪問できたかが唯一疑問として残るが）。

この申し出を受けてふたりが面会した時の様子は、江馬活堂の随筆「藤渠漫筆」九編三（岐阜県歴史資料館収蔵、江馬寿美子家文書）に記されている。

（天保十四年）
同十月廿七日　芝将監橋ノ邸ニ移居ス　楽善公ヨリ書ヲ賜ヒ　官医小島春庵　汝ニ逢レタリシト云ハル　日ヲ知ラセ来ラハ出ツヘシ　余命ヲ領ス　其後小島君ヨリ書来リ　某日来ラレヨト示

サル　乃チ往テ見ユ　小島君体肥大殆ト角觝人《スモウトリ》ノ如シ　而性温順ニシテ博学ナリ　小島君曰余ハ蘭化ノ外孫ナリ　足下ノ祖父余幼年ノ時　蘭化余カ家ニアルノ日数々来リ　蘭化ヘ甚タ懇切ニセラレシコトヲ記セリト　君ト医学物産ヲ談シ酒飯ヲ賜ヒ謝シテ帰ル

（『前野良沢資料集第三巻』）

「楽善公」は福岡藩主黒田斉清のこと。小島春庵（宝素）が力士のように大柄で、性質は温順、博学であったこと、やはり江馬蘭斎が小島家に幾度も来て、蘭化に懇切にしたことが示されている。

江馬蘭斎の随筆「好蘭斎漫筆」巻之上（江馬寿美子家文書）に、「前野蘭化翁ノ説話ニ勢州本居春安三音考ヲ著シ対馬イロハヲ称シ音韻過之ハナシト云ヘリ　雖然未備トコロアリト云ヘリ」と、サシスセソを例に良沢が「三音考」を批判した話が紹介されている（『前野良沢資料集第三巻』）。「本居春安」は本居宣長（春庵）、「三音考」は宣長が日本語の音と漢字の三音（漢音・呉音・唐音）を論じた「漢字三音考」をさす。良沢の批判が正しいのかは未考だが、良沢が七〇代になっても「音韻」にこだわり、探求しようとしていたさまがうかがわれる。

晩年の良沢にとって、江馬蘭斎との交流はかけがえのないものであった。家族同然の親交に、良沢はどれほど支えられたであろうか。これまた「天の配剤」といえる。良沢の死因は不明だが、老衰だろうか。「先生小伝」と称する資料に拠ったという「前野蘭化先生伝」は「病ニ歿セリ」としているが、これは明治二七年の「前野蘭化先生の位を贈られたるを祝ふ会の記事」(『前野良沢資料集第三巻』所収)の一部で、根拠がよくわからない。江馬細香も野崎謙蔵も病没とはいっていないからだ。

杉田玄白の反応

前野良沢死去の報はその日のうちに日本橋浜町に住む杉田玄白のもとにもたらされた。玄白の「享和三年十月十七日」の日記には

雨雲　近所・駿河台病用、前野良沢死。

とのみ記されている。翌日以降も

十八日　霧深美日　本庄病用、川村別荘宴。
十九日　同　近所・浅草・吉原病用。
廿日　同　近所病用、道恕道具会。
廿一日　曇　朝本庄、夕本郷・天神下病用。
廿二日　同　下谷・根岸病用。

(『杉田玄白日記―鷧斎日録』より引用。旧漢字は当用漢字に改めた。)

と往診に忙しく、良沢訃報の翌日は宴会、三日後には道具会に参加しているが、その後も小島家を弔問した気配はない。

杉田玄白が日記に「前野良沢死」としか書かなかったのはあまりにも冷淡だ、と評する向きもあるようだが、彼の日記はそもそも大半がメモで、世相・事件に対する個人的見解の表明はめったに見られない。「前野良沢死」の五文字には玄白の万感が込められているのではないだろうか。

玄白は同年一二月一一日付で、美作の小林令助宛に

蘭学之先達前野良沢も当年致二殁故一候。年八八十一ニて御座候。

と早速知らせている（片桐一男『杉田玄白』）し、何より享和一二年（一八一五）に成稿の『蘭学事始』には良沢への思いがほとばしっている。同書のハイライトは「ターヘル・アナトミア」翻訳の苦心であり、『解体新書』刊行は杉田玄白の人生のハイライトだが、八三歳になって人生を振返った時、最も印象に残る人物は「天然の奇士」前野良沢であった。良沢の人格が如何に深く玄白に刻印されたか、『蘭学事始』が如実に物語っているのである。

良沢の墓

良沢は、下谷池之端《したやいけのはた》（東京都台東区）の臨済宗慶安寺に葬られた。大正二年（一九一三）に慶安寺が現在地（東京都杉並区梅里）に移転したため、前野家の墓碑も移転（グラビア参照）、過去帳は空襲等で焼失した（岩崎克己『前野蘭化』でのみ、過去帳の内容が確認できる）。

現在前野家の墓碑は六基、「前野家の墓」（「昭和三十七年十月十七日、良沢壱百六十年忌、前野正久建立」と背面にある）以外の五基が江戸時代建立で、第一基（墓石番号は岩崎氏による。岩崎氏調査時と現況の異同は『前野良沢資料集第三巻』参照）正面に

楽山堂蘭化天風居士
享和癸亥歳十月十七日
静寿院蘭室妙桂大姉
寛政壬子二月二十日
葆光堂蘭渓天秀居士
寛政辛亥歳七月十日

とあり、背面は順に「前野良沢源熹、良沢妻柏木氏、前野良庵源達」となっている。そして右面には

前野良沢長女
報春院現成妙身大姉
明和壬辰二月十一日

と、「ターヘル・アナトミア」訳述中に死去した娘の名が刻まれている。左面にもうひとり、「梅香禅童女　天保五甲午年正月廿一日」とあるのは「過去帳」から「築地奥平様内前野東庵娘」と判明する（岩崎克己『前野蘭化2』）。

前野東庵は、仙台の藤塚知明の次男要人《かなめ》の子で、良沢の長男達（良庵）の死後、養子となった君敬に男子がなかったため、前野家に入った（大槻文彦『仙台出身の蘭学家』）。東庵（頤庵）は安政二年（一八五五）に、君敬（同じく頤庵）は天保九年（一八三八）に没している。東庵には沢山の子女があったが、多くは早生し、長男良伯（文久二年没）にも後継ぎがなかったので、良沢以降の前野家の正系は良伯までとなる（家系にはなお不明な点が残っているが、当面は岩崎氏の考証に譲り、後考を俟《ま》ちたい）。

いずれにしても、良沢一家三名（良沢・妻・長男）の戒名に「蘭」が入っているのは、「和蘭《おらんだ》の化物」一家に似つかわしい。

第七章

没後の評価

一　江戸後期〜幕末の評価

良沢が没した翌年（一八〇四）、野崎謙蔵が良沢の功績を顕彰する「蘭化先生碑」を漢文で綴った。亀戸天神に建てたという碑そのものは現存しないが、碑文は諸書に掲載され、「太宰府の誓い（『解体新書』に良沢が名を出すことを拒んだのは、太宰府天満宮で名利を求めないと誓ったため）」の通説の根拠となった。この通説に対する若干の疑問は、前に述べた通りである。

『訳鍵』の凡例

文化七年（一八一〇）、藤林普山編著『訳鍵』が刊行された。これは、稲村三伯らが寛政八年（一七九六）以後順次刊行したわが国初の蘭和大辞典『波留麻和解』（フランソワ・ハルマの『蘭仏辞典』一七二九年版に基づく）から約三万語を抜き出して乾坤二巻とし、『凡例・附録』一巻を添えたものである。

『訳鍵』初版巻末には「活字訳鍵百部絶板」と印刷されているが、文政七年（一八二四）の再版を含め、複数の異版がある。また、オランダ語入門書でもある『凡例・附録』は『蘭学逕』と題し、単行本で流布した。たとえば豊後の日出藩儒帆足万里（一七七八―一八五二）も、この『訳鍵』を手がかりに四〇歳でオランダ語学習を始め、多くの蘭書を参考にして「窮理通」を著したのである。

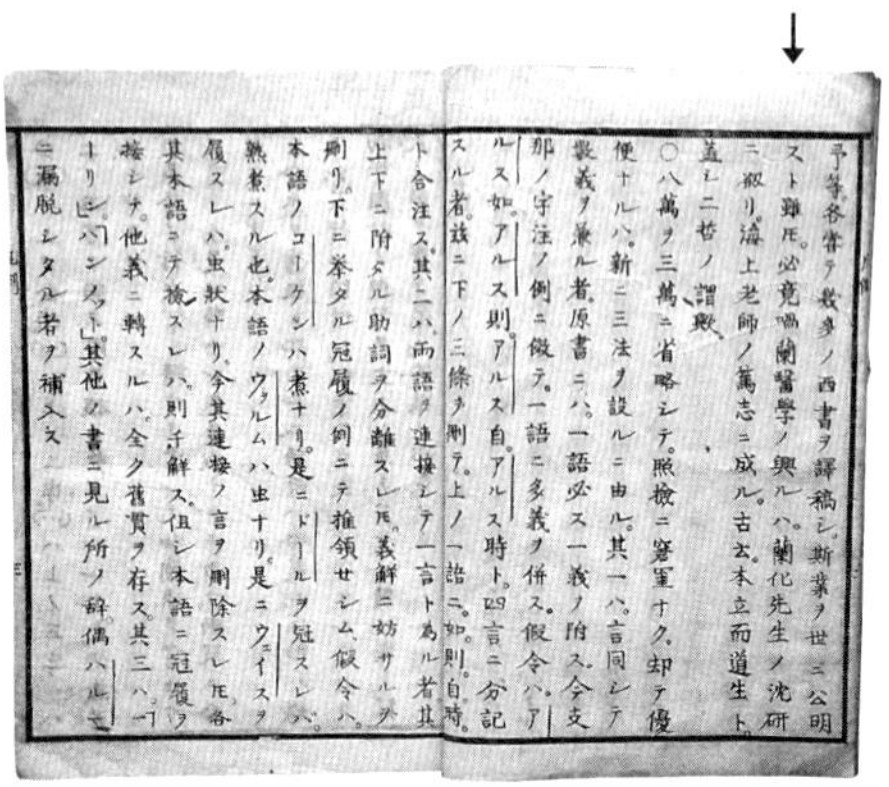
予等各嘗テ数多ノ西書ヲ譯稿シ。斯業ヲ世ニ公明
スト雖𪜈。必竟嗝蘭醫學ノ興ルハ。蘭化先生ノ沈研
ニ剏リ。海上老師ノ篤志ニ成ル。古云。本立而道生ト。
蓋シ二哲ノ謂歟、
○八萬ヲ三萬ニ省略シテ。照撿ニ窘窒ナク。却テ優
便ナルハ。新ニ三法ヲ設ルニ由ル。其一ハ。言同シテ
數義ヲ兼ル者。原書ニハ。一語必ス一義ノ附ス。今支
那ノ字注ノ例ニ倣テ。一語ニ多義ヲ併ス。假令ハ。ア
ルス如。アルス則。アルス自。アルス時ト。四言ニ分記
スル者。玆ニ下ノ三條ヲ删テ。上ノ一語ニ。如。則。自。時。
ト合注ス。其二ハ。兩語ヲ連接シテ一言ト為ル者其
上下ニ附タル助詞ヲ分離スレ𪜈。義解ニ妨サルヲ
删リ。下ニ挙タル冠履ノ例ニテ推領セシム。假令ハ。
本語ノコークンハ煮ナリ。是ニドールヲ冠スレハ。
熟煮スル也。本語ノウヲルムハ虫ナリ。是ニウヱイスヲ
履スレハ。虫状ナリ。今其連接ノ言ヲ删除スレ𪜈各
其本語ニテ撿スレハ。則チ解ス。但シ本語ニ冠履ヲ
接シテ。他義ニ轉スルハ。全ク舊貫ヲ存ス。其三ハ。「
ナリヒシ」「ハンメット」其他ノ書ニ見ル所ノ辞偶
ニ漏脱シタル者ヲ補入ス

図69　『蘭学逕』（個人蔵）の凡例

この『訳鍵』凡例に「必竟嗝蘭医学ノ興ルハ。蘭化先生ノ沈研ニ剏リ。海上老師ノ篤志ニ成ル。」という一節がある（『蘭学逕』も同様。図69参照）。海上老師は海上《うながみ》随鷗、稲村三伯ののちの名である。藤林普山の師である。結局のところ、オランダ医学は蘭化先生の沈研（じっくり研究すること）に始まった、つまり前野良沢をオランダ医学の開祖とみているのである。『解体新書』に名はなくとも、文化・文政年間にこのような認識があったということは指摘しておきたい。

『西洋学家訳述目録』

前にも述べたように、江馬蘭斎の試みも空しく、「和蘭訳筌」の出版計画は頓挫した。良沢の著訳書は写本でのみ流布したため、時とともに良沢の名が消えたり、不正確な伝わり方になってゆく。一例を挙げたい。穂亭主人（詳細は不明）編で嘉永五年（一八五二）に刊行された『西洋学家訳述目録』は、例言に「延享ノ頃ヨリ、当今ノ名家ニ至マテ」の訳

述書を収録したといい、前野良沢の項では「前野蘭化名達　字士章　称良沢　中津侯医宮　住江戸」に続き「和蘭訳文略　和蘭訳筌二　助語参考　蘭語随筆　古言考　点例考　思思未通　管蠡秘言一　仁言私説　八種字考　彗星考　輿地図編　束砂葛記　西洋紀聞　蘭訳大成」がすべて写本として列挙されている（『文明源流叢書三』）。

まず前野蘭化の名と字《あざな》が違う（達《とおる》は長男の名、士章は良沢の字子悦、達＝良庵の字子通とも異なり、藤塚知明の字子章に近いが、出所不明）。書名も、現存しない、根拠のわからないものが含まれている（西洋紀聞・蘭訳大成）一方、主要な著作である「魯西亜本紀」が抜け落ちている。幕末、広く読まれたにも拘《かかわ》らずである。

ところが、実はこれは天保三年（一八三二）に江戸・大坂で出版された青柳文蔵著『日本続諸家人物誌』の「前野良沢」（岩崎克己『前野蘭化1』に紹介されている）と大部分が一致する。天保初年の誤った情報が幕末まで引き継がれたのだろう。

二　明治期の顕彰活動と贈位

明治時代になり、前野良沢の顕彰活動を推進したのは、福沢諭吉と大槻家の人々であった。特に大槻玄沢の孫如電（清修・修二）と文彦（清復）の活動は顕著である。詳細は省くが、まず福沢諭吉（一八三四―一九〇一）は、文化一二年（一八一五）に稿成った『蘭学事始』の写本を仲間と読んで感動し、私費を投じて明治二年（一八六九）正月に出版した。元々玄白の原作に大槻玄沢が「蘭東事始」と題したものが「和蘭事始」等の名で伝わっていたのだが、書名を『蘭学事始』としたのも福沢諭吉である。同書は明治二三年（一八九〇）に再版されるが、これを読んだ人は、「ターヘル・アナトミア」訳述の苦労と、そのリーダーが前野良沢であったことを認識したにちがいない。諭吉は、「ターヘル・アナトミア」の翻訳事業を、単なる医学上の一小事ではなく、日本の文明史上の重大事と位置づけた。

蘭化堂設立のもくろみ

諭吉はさらに明治二七年（一八九四）、先人の功績を称え、後世に伝える「蘭化堂」の設立を目論んだ。中津藩の先達前野良沢が、一三〇年余り前に長崎に遊学し、鉄砲洲中津藩邸で西洋の解剖書「ターヘル・アナトミア」を繙《ひもと》いたのが「我大日本国文明開化の元始」であり「世界の文明史に大書す可きもの」なので、築地の旧奥平藩中屋敷約八〇〇〇坪を居留外国人から買戻す。そして公園とし、中に蘭化堂を建立、前野蘭化・杉田玄白と同志が初めて蘭書講読に着手する図を掲げて本尊とする。左右の壁にはその後の諸大家の肖像等を並べて「洋学百余年来の沿革を示す。」また文庫も設け、『解体新書』その他、国内に存在する明治以前の原書・訳本・著書・器械類等を収集・陳列して内外人の縦覧を許すという壮大な計画だ（『福沢諭吉全集』第二〇巻所収「蘭化堂設立の目論見書」）。

この計画はしかし、諭吉が六一歳になっていたことも影響してか、実現せずに終わった。諭吉の前野良沢像は『解体新書』と不可分、むしろそれのみであったと思われる。

明治二六年の贈位へ

明治九年（一八七六）九月に、大槻磐渓の邸宅で、その父磐水（玄沢）の五〇回追遠会が催され、桂川甫周（一八二六－八一、桂川家第七代。曾祖父甫周国瑞同様、月池と号した）から蘭化の自画像が大槻家に贈られた（岩崎、『前野蘭化２』）。この肖像画には「経営漫費人間力　大業全依造化功」という自賛があり、現在早稲田大学図書館蔵。ほぼ唯一の前野良沢の肖像としてよく知られているが、若干の疑義があるので、それについては後述したい。

明治二三年（一八九〇年）四月、東京で第一回日本医学会が開かれ、全国から集まった一六八〇人の医師が前野良沢・杉田玄白・桂川甫周・大槻玄沢・宇田川玄随・宇田川玄真を先哲として祭った。

そして六名のうち、特に前野良沢に贈位の件を政府に求める決議がなされたという（小川鼎三「前野良沢」）。

ほぼ西洋医学一辺倒となっていた当時の医学会が、『解体新書』を出発点とみなし、杉田玄白より年上でいち早くオランダ語を学び、訳述のリーダーであった前野良沢を、先駆者として第一に評価したのである。

そして明治二六年（一八九三）一二月二七日、「故　前野良沢」に「特旨ヲ以テ」正四位が贈られた（杉田玄白と青木昆陽には、明治四〇年になって正四位が贈られている）。これを祝賀して明治二七年（一八九四）一月、神田明神社内開花楼で開かれた宴会には六一名が参加、委員富士川游《ゆう》、同呉秀三が開会の辞を述べ、大槻修二、江馬春熙、石黒忠悳《ただのり》らが演説をした。参会者中医師でなかったのは大槻修二（如電）のみ、江馬春熙（一八五四－一九〇一）は、江馬蘭斎の孫活堂の弟金粟《きんぞく》の子、石黒忠悳（一八四五－一九四一）は軍医総監・日本赤十字社社長等を歴任、貴族院議員・枢密顧問官も務めた医学者、中津関係では田代基徳も参加している（この祝賀会については『前野良沢資料集第三巻』所収「前野蘭化先生の位を贈られたるを祝ふ会の記事」参照）。

現存する複数の前野良沢肖像（図70、図71）は、明治二〇年代とそれ以降の顕彰活動に関連して描かれたものではないだろうか。

図70　「前野良沢肖像」(部分)
(「先哲名醫肖像」武田科学振興財団杏雨書屋蔵)
　日本医史学会が医家先哲追薦会の席上で供覧していたといわれている。

図71　「前野良沢肖像」(部分)
(個人蔵)
　後藤艮山、曲直瀬道三らと共に描かれている。

三　蘭学（洋学）史の大綱

大槻如電・文彦の仕事

贈位祝賀会での大槻如電の演説は、青木昆陽から前野良沢・杉田玄白、そして大槻玄沢、稲村三伯に及ぶ蘭学史であった。如電はすでに、明治九年の祖父磐水（玄沢）五〇年祭に合わせて作成した年表を、明治一〇年（一八七七）に『日本洋学年表』として刊行し、昭和二年（一九二七）にはその増補版『新撰洋学年表』（洋学史研究の基礎資料）が世に出る。

如電は明治二七年の贈位祭典に際し、「蘭化先生年譜」も編した（『前野良沢資料集第三巻』所収）。祖父大槻玄沢の事蹟が多々見られるのは致し方ないとして、岩崎克己氏も指摘されるように、前野良沢が筑前藩士谷口新介の実子で、谷口新介が享保一四年、良沢七歳の時に没したという記事は、この年譜にしかない。典拠不明なので、残念ながら今回もこれ以上は追求できなかった。これまた残念ながら、この年譜には良沢の長崎再遊等々誤りも少なからず見られる。そこで、項目を検証し、可能なかぎり修正・加筆したのが、今回本書巻末に置いた年譜である。

大槻如電は高等小学校用歴史教科書も執筆、やはり吉宗－青木昆陽－前野良沢－杉田玄白－大槻玄沢の系統を述べ、『解体新書』と『蘭学階梯』を画期的業績とする。如電の弟大槻文彦（一八四七－一九二八）は『言海』の編修で国語学者として名高いが、文部省教科書編修の責任者でもあり、後々のモデルとなる歴史教科書を執筆した。文彦の「蘭学」の記述も、兄如電の言う「伝統ノ大綱」と同様である（本馬貞夫「長崎蘭学と歴史教科書」）。

本馬氏の指摘もあるが、この「伝統ノ大綱」は江戸に偏し、『蘭学事始』と『解体新書』の影響を受けすぎている。しかし、明治期に作られた蘭学（洋学）史の基本的枠組は、長い年月生き続け、現代の歴史教科書や歴史書にも名残が見られるのである。

昭和四九年（一九七四）、『解体新書』出版後二〇〇年を記念する行事が各地で開かれ、『洋学二百年展』も大々的に開かれた。その展示目録の表紙は杉田玄白の肖像画であった。これは何を意味するのか。明治期の蘭学史では、『解体新書』の実質的リーダーは前野良沢という認識が生きていた。大槻如電がいみじくも「杉田先生は漢学の力もあり且治療も上手にて其業に忙しければ横文を読む事はさして熟練せず。かの解体新書も多くは前野先生の口訳を筆記せしに過ぎず」（磐水事略）と記した通りである。

ところが時代が下がると、『解体新書』を洋学の出発点とする蘭学（洋学）史の枠組は残りながら、主役が杉田玄白となり、それが定着したのではないか。やはり出版物の威力は大きい。

『解体新書』は、杉田玄白にとっては代表作だが、前野良沢には出発点に過ぎない。福沢諭吉も大槻如電・文彦兄弟も、その功績は偉大だが、学究良沢の一面しか見なかったといえるだろう。『蘭学事始』があまりに魅力的で、その呪縛から逃れられなかったのかもしれない。

四　良沢の肖像と遺墨について

贈位祝賀会の陳列品は、下谷池之端慶安寺の墓碑墨本・自画像・桐箱入のボイセン内科書等々であった（『前野良沢資料集第三巻』）。良沢の肖像画・遺墨は数少ない。ここでは諸書に登場する自画像（早稲田大学図書館蔵）と、ある遺墨について、所見を述べることにする。

半紙一枚大で上方に「経営漫費人間力　大業全依造化功」と書かれ、不思議な衣服で跪坐し、左手に筆を持つ良沢？の前方には意味不明の道具二種が置かれている（図72）。沢山の研究者がこれまで、この絵の解釈を論じてきた。先行研究を踏まえながら、その矛盾を指摘し絵の内容を統一的・説得的に解釈する説を唱えたのは松田清氏である。松田氏によれば、これは前野良沢ではなく、仙台鹽竈神社の神官藤塚知明の肖像で、服は神官の浄衣、道具はピストル入れと鞍の腹帯、これらは知明が林子平に依頼して長崎で入手させたもの、その入手記念に洋紙に描いた画である。また賛の「造化」は神道の造化神、「人間」は

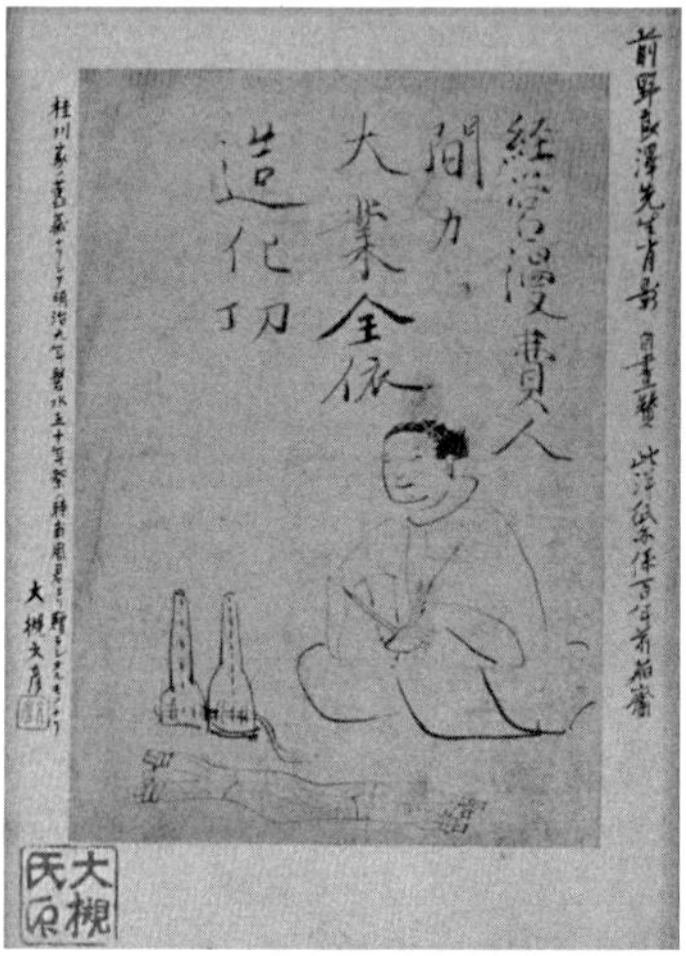

図72　「前野良沢肖像」（早稲田大学図書館蔵）

「ニンゲン」ではなく「この地上世界」の意（従来は「造化」＝自然とし、人間《にんげん》と対比させる解釈がほとんどであった）、利瑪竇（イエズス会士マテオ・リッチ）の言に対する排耶の立場からの藤塚知明の反応ではないかと言われる（『洋学の書誌的研究』）。

私自身、良沢の資料を相当数見た後でも、この肖像画には違和感を持つ。良沢の外見は、江馬細香が「貌頗短小」（蘭化先生伝）吉雄耕牛が「豪傑」（『解体新書』）と言ったことが僅かな情報で、よくわからないのだが、この人物は若い上、描かれた馬具と良沢の接点も思い当たらない。

松田氏の新説は、私にとって九割は賛成できるものだ。異なるのは、藤塚知明の肖像ではなく、三男（字君敬・号頤庵）のものと考える点。仙台で、父が入手した馬具を前に絵のモデルになった君敬が、この絵を持って前野家の養子になったため、いつのまにかこれが前野家当主の肖像とされるようになったのではないだろうか。藤塚知明では、前野家当主の肖像として桂川家に伝えられたことの説明が難しい。

君敬の次の当主は、君敬の甥、藤塚知明の孫で、これが東庵となるのだが、東庵の肖像と考えるのは、描かれた馬具との関係で無理が生じる。ついでながらこの東庵は、江馬活堂（蘭斎の孫）の随筆「藤渠漫筆」によると「先生ノ家世々養子ニシテ西学を廃セラル　東庵氏家学ナルヲ以テ余ニ学バント云フ　余師家ノ旧業ヲ復セラルルコト欣喜ニタヘズ　然トモ東庵氏刀圭及公務繁冗ニシテ未ダ果サス　余帰期ニ迫ル惜カナ」（『前野良沢資料集第三巻』）という状況だったようだ。東庵も神官の生れながら、一応医者として忙しくしていた。しかしオランダ語や蘭方医学は廃したもようだ。この記述から察するに、君敬も西学は廃したのではないか。

以上をまとめれば、著名な良沢自画像は、良沢ではなく藤塚知明の三男を描いたもの。贈位のための資料収集の際、良沢の顔を知らない桂川甫周国興、大槻如電らにより良沢の肖像とされた、というのが現在の私の推論である。

図73 「外祖前埜蘭化先生動物禽獣写真」（部分）（国立国会図書館蔵）

良沢の遺墨とされる「外祖前埜蘭化先生動物禽獣写真」（図73）にも、疑問がある。これは軸物で、軸の外題によると伊藤圭介（一八〇三－一九〇一）の孫篤太郎（植物学者、一八六五－一九四一）が秘蔵していたもので、内題に明治二二年の伊藤圭介の識語が記され、上部に縦二五センチ、横三五センチの図が二枚ある（『前野良沢資料集第三巻』本文参照）。題名の「外祖」は、孫尚絅が鑑識したことを示すが、尚絅とは小島春庵の孫、小島尚絅（一八三九－八〇）である。

国会図書館のホームページの解説には「前野良沢が書いた外国の動物の絵二面を掛け軸に仕立てたもの。良沢は江戸の蘭学者としては当代随一の人であり、医学ばかりでなく動物学にも関心を寄せ、オランダ語の動物学文献にも通じていた。」とある。しかし図を調査したところ、「禽獣」の典拠はボイス『新修学芸百科事典』(Egbert Buys, *Nieuw en volkomen woordenboek van konsten en wetenschappen.*)で、ボイスの挿絵のうち興味のある動物等を選んで謄写したものであることが判明した。サイズも原書と一致したので間違いない。

ボイスのページをめくった時、最初に目に飛び込んでくる面白い図を薄紙を置いて写し、たまった数十図を画面に適当に並べたもののようだ。まるで子どもの遊びである。魚名・動物名・鳥名など、原書通りに添えてはあるが、このようなことを良沢が本当にしたのだろうかというのが素朴な疑問である。

これも明治期の顕彰運動の中で、強引に良沢作とされた可能性なきにしもあらず。たしかに良沢はボイスを所持、著作に使用していた。それは江馬蘭斎への書簡などから明らかなのだが、良沢を直接は知らない小島尚絅が、何を根拠に鑑識したのだろうか。尺八(一節截《ひとよぎり》)・和歌・焼酎・煙草(良沢が珍しいオランダのパイプを持っていたこととその図を大槻玄沢が「蔫録」に記している。図74参照)に「描画」を蘭化先生の趣味に加えたとしても、このボイスは納得しかねるのである。江馬家に「前野蘭化先生画譜」があるという(『大垣藩医江馬蘭斎』に一部図示されている)ので、晩年に竹や

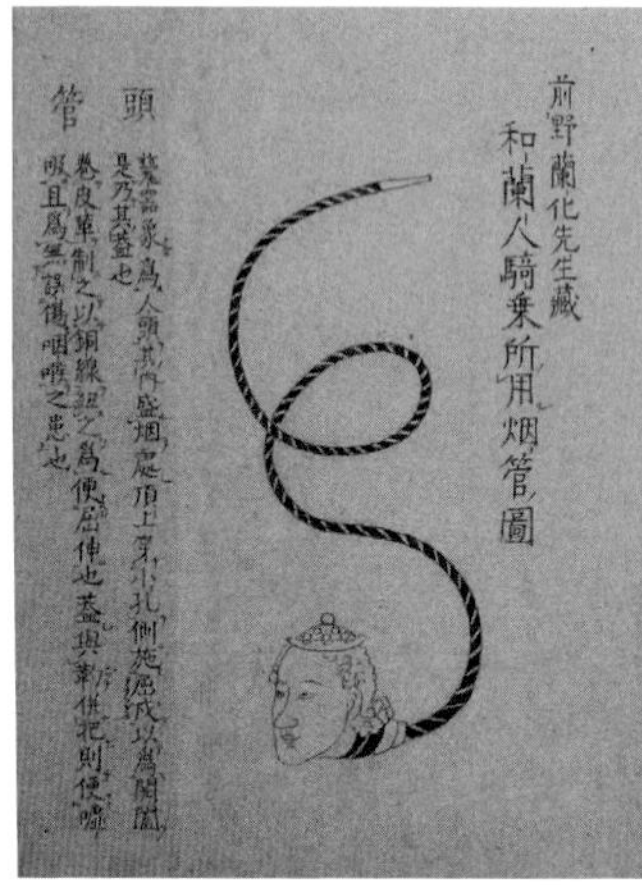

図74　良沢所蔵の「烟管」
（「蔫録」より、早稲田大学図書館蔵）

山水を描くことはあっただろうが。あるいはこれも養子君敬が関わったのか、それとも良沢の長男達の若き日の手すさびか。後考を俟《ま》ちたいと思う。

前野良沢は自分の肖像を描かせるような人ではないので、由来のたしかな肖像画は存在しない。本評伝に肖像画を前面に出さなかったのはそのためである。同時に、良沢が自画像を描かなかった証拠はないし、ボイスの挿図を模写しなかったと断言もできない。良沢の肖像と遺墨については、今後の検討課題としておきたい。

おわりに

『前野良沢資料集第一〜三巻』監修の準備段階からこの評伝執筆まで、私は八年の歳月を蘭化先生と共に過ごしたことになる。思い起こせば数十年前、岩崎克己氏の『前野蘭化』（私家版）を国会図書館に通って一部分をコピーし、自分の論文に引用したことがある。その時も岩崎氏の徹底した仕事ぶりに感銘を受けたのだが、今回大分県先哲叢書に携わるにあたり、『前野蘭化1〜3』（東洋文庫本）を通読して、改めて圧倒された。微に入り細に入る考察の数々には、時として勇み足や誤解がみられるが、その多くは鋭く妥当で、八〇年前の研究とは思えないほどだ。到底かなわない。

そこで考えたのが、岩崎氏の業績に多くを負いながら、幾つかは誤りを訂正し、新しい発見、新しい解釈も加えた評伝をめざすという当たり前のことだった。ところが、些細な疑問や矛盾を解明・解決する作業は手間暇かかるもので遂に無念の時間切れとなってしまった。成し得たことの幾つかを箇条書きにすれば、次のようになる。

一、中津藩の史料から、前野良沢の長崎遊学の時期（明和六年一一月〜）と、それが「公用」扱いであったこと、藩の「長崎御用達」が松田家であったこと等が判明した。

二、それと連動して、良沢の青木昆陽入門の時期について。従来「明和三年説」と「明和六年説」が並存していたが、明和六年入門説は完全に否定した。

三、良沢のオランダ語関係の著作のうち「蘭訳筌」「和蘭訳文略草稿」は、『解体新書』訳述グループのためのオランダ語指導書であったことを確認した。

四、江戸の中津藩医と仙台の鹽竈神社神官藤塚知明の間の養子縁組の仲介者として、簗次正の役割に注目した。

五、良沢のロシア研究が幕府の北方政策を背景にしたもので、老中松平定信と良沢をつなぐ人物のひとりとして中津藩主奥平昌男の存在を指摘した。

六、従来直接の交渉はないと思われていた奥平昌高が若い頃、自ら希望して良沢のオランダ語指導を受けていたことが新出書簡から判明した。

七、良沢の学者としての人生は寛政三年（一七九三、良沢七一歳）で終わった、と岩崎氏は断言されたが、彼が八〇歳頃まで知的好奇心を失わなかったことを、江馬蘭斎や天文方との交流から明らかにした。

八、大槻如電編「蘭化先生年譜」（明治二七年）の誤りを可能なかぎり訂正、補筆した年譜を作成した。

『解体新書』の前野良沢というイメージは、明治期に、『蘭学事始』に触発された福沢諭吉や大槻玄沢の孫（如電・文彦）の啓蒙活動を通じて広まった。同時に西洋化を推進する時代背景の中で、『解体新書』を洋学の出発点とみなし、称揚する方向性も定まった。その影響力は現代の教科書にまで及んでいる。

たしかに良沢なしに『解体新書』はありえなかった。翻訳のリーダーであったのは事実で、近年「杉田玄白訳」という表面的理解が常識になっているが（活字の威力は大きい）、もう一度真実を認識するべきだろう。明治、大正期には、大槻如電が語ったように良沢の口訳を玄白は文章にしただけ、という理解が少なくとも洋学者の間にはあった。

しかし『解体新書』のみで語られるのは、良沢にとって不本意なはずだ。学究肌の良沢の最大の関心事は、医学ではなく、オランダ語学だったからだ。文字・音韻・古語を考察し、辞書を徹底的に引き、より正確な翻訳をめざす。世間的な欲のうすい良沢ではあるが、ことオランダ語に関しては自信家・執着深い完璧主義者であった。江戸では第一人者と自負していたにちがいない。良沢のオランダ語研究の成果は『解体新書』訳述グループや門人に伝えられ、大槻玄沢の『蘭学階梯』で世に広まった。良沢なしに『蘭学階梯』もありえなかったのである。蘭学の基礎であるオランダ語を草創期に普及させた功績も大きい。

五二歳での『解体新書』刊行後、次々に依頼されるオランダ語（時にはラテン語・フランス語）の翻訳を誠実にこなすことに良沢は時間とエネルギーを傾注した。中津藩医としてヒマだったかもしれない前半生に比べ、後半生は随分忙しかったと思われる。

また晩年には、幕府の北方政策にも関わり、先駆的なロシア研究も行った。このように、さまざまな分野の翻訳依頼に応《こた》えるばかりで、一冊も著訳書を刊行しなかった良沢の評価は難しい（今後、日本語史・思想史にどう位置づけられるか注目したいが）。しかし「功績」など、良沢にはどうでもよかったであろう。蘭書に没頭する行為自体が、彼の最高の喜びであったと考えられるからだ。

付和雷同する「浮華の輩《やから》」とは交わらず、「生涯一日のごとく」（『蘭学事始』）地味な作業を続け、家庭的不幸に度々見舞われながらも、最後まで知的好奇心と学問への情熱が衰えなかった前野良沢。草創期蘭学を代表する彼の八一年の生涯は、決して経済的に恵まれたものではなかったが、奥平昌鹿・簗次正・杉田玄白・大槻玄沢・高山彦九郎・江馬蘭斎ら人との縁には恵まれ、「天然の奇士」らしく、真実の探求に捧げた充実した人生であったと推測する。

謝辞

本書執筆にあたり、多くの機関・個人の方々にご協力・ご指導をいただきました。また平成二二〜二四年度科学研究費補助金基盤研究（C）「草創期蘭学の基礎的研究」の成果も一部含まれています。ここに深く感謝の意を表します。特にお世話になったのは、次の方々です。

伊藤　昭　岩崎　明　江馬寿美子　遠藤正治　片桐一男　加藤泰信　河北一直
川嶌眞人　川副義敦　黒川　勲　酒井シヅ　佐藤香代　武川久兵衛　原田裕司
深澤信善　前田　司　松田　清　三浦晋一　矢島瑞夫　簗　雅子　簗　由一郎
吉田　忠

なかでも佐藤香代氏は、『前野良沢資料集』全三巻編纂段階から本評伝執筆まで、的確かつ献身的な仕事ぶりで私を支えてくださいました。心より御礼申し上げます。

前野良沢年譜

前野良沢年譜

＊年齢は数え年。日付等は旧暦。

和暦	干支	西暦	年齢	事蹟	関係事項
享保八	癸卯	一七二三	一	江戸で生まれるヵ。父は福岡藩士谷口新介（大槻如電による）。	
九	甲辰	一七二四	二		二月オランダ商館長江戸参府、桂川甫筑（のちの奥医）、幕命で商館長・商館医と対談。以後恒例となる。〇オランダ通詞吉雄幸左衛門（耕牛）生まれる。
一〇	乙巳	一七二五	三		新井白石没。
一四	己酉	一七二九	七	良沢父谷口新介没。淀藩医宮田全沢に養われる。	
一七	壬子	一七三二	一〇		西日本大飢饉。〇平賀源内生まれる。
一八	癸丑	一七三三	一一		九月杉田玄白（小浜藩医）生まれる。
二〇	乙卯	一七三五	一三		青木昆陽（文蔵）「蕃薯考」
元文三	戊午	一七三八	一六		林子平生まれる。〇八月ロシア船隊ウルップ島（千島列島）近海に来航。
四	己未	一七三九	一七		青木昆陽幕吏（書物御用達）となる。〇中川淳庵生まれる。

	五	庚申	一七四〇	一八	九月二九日、中津藩医前野東庵（良沢は東庵の甥）が没し、子の東元が継ぐ。食禄三百石。	青木昆陽・野呂元丈、将軍吉宗より蘭語学習を命じられる。
寛保	二	壬戌	一七四二	二〇		野呂元丈、江戸参府のオランダ商館長やオランダ通詞らについてドドネウスの本草書を訳し「阿蘭陀本草和解」をまとめ始める（寛延三年まで）。
	三	癸亥	一七四三	二一	この頃中津藩士坂江鷗からオランダ語を記した断簡をみせられるヵ。	青木昆陽「和蘭話訳」
延享	元	甲子	一七四四	二二		江戸神田に幕府の天文台建てられる。○青木昆陽「和蘭話訳後集」
	二	乙丑	一七四五	二三		伊能忠敬生まれる。
	三	丙寅	一七四六	二四		青木昆陽「和蘭文字略考」
	四	丁卯	一七四七	二五		青木昆陽評定所儒者、野呂元丈幕府寄合医師となる。○司馬江漢生まれる。○大垣藩医江馬蘭斎生まれる。
寛延	元	戊辰	一七四八	二六	閏一〇月四日、前野東元二六歳で没す。一一月二五日、子がいないため良沢が前野家を継ぎ中津藩医となる。	
	二	己巳	一七四九	二七		青木昆陽「和蘭文訳」第一集。以後第十集（宝暦八年）まで続く。○杉田玄白、父甫仙に、阿蘭陀流外科医術を西玄哲に学ぶことを願い出る。

宝暦	元	辛未	一七五一	二九		桂川甫周（幕府医官）生まれる。○六月将軍吉宗没。
	二	壬申	一七五二	三〇		平賀源内、長崎遊学。
	四	甲戌	一七五四	三二		山脇東洋、京都で解屍、『蔵志』を著わす（宝暦九年刊）。
	五	乙亥	一七五五	三三		宇田川玄随（津山藩医）生まれる。
	六	丙子	一七五六	三四		森島中良（桂川甫周弟）生まれる。
	七	丁丑	一七五七	三五		杉田玄白（二五歳）、阿蘭陀流外科医となり江戸日本橋で開業。○大槻玄沢（仙台藩医・良沢と玄白の弟子）生まれる。
	八	戊寅	一七五八	三六		稲村三伯生まれる。
	九	己卯	一七五九	三七		平賀源内、江戸湯島で物産会を開く。
	一〇	庚辰	一七六〇	三八		オランダ通詞志筑忠雄（中野柳圃）生まれる。
	一二	壬午	一七六二	四〇		野呂元丈没（六九歳）。○山脇東洋没（五八歳）。
明和	元	甲申	一七六四	四二	この頃（宝暦末～明和初年）青木昆陽に入門ヵ。	ロシア、北千島に植民地開拓。○高橋至時（天文学者）生まれる。○平賀源内、火浣布創製。
	二	乙酉	一七六五	四三		後藤梨春、アルファベットを掲載した『紅毛談』を刊行するが、絶版処分（異論もある）。

三	丙戌	一七六六	四四	良沢、玄白らと日本橋本石町長崎屋を訪問。オランダ大通詞西善三郎に会い、オランダ語について質問。	
四	丁亥	一七六七	四五		青木昆陽、幕府書物奉行となる。○奥平昌邦（中津藩主）、「昌鹿」と改名。○田沼意次、十代将軍家治の側用人となる。
五	戊子	一七六八	四六		西善三郎没（五二歳）。
六	己丑	一七六九	四七	参勤交代で中津藩主奥平昌鹿の中津帰藩に同行。九月一五日中津城下到着。一一月、長崎へ遊学（百日余）。途中、太宰府天満宮参詣ヵ。	一〇月青木昆陽、没す（七二歳）。
七	庚寅	一七七〇	四八	長崎でマーリンの辞書や「ターヘル・アナトミア」を入手し、中津に帰藩。昌鹿の参勤交代に同行し、三月二一日中津を発ち江戸へ。	山村才助（蘭学者・土浦藩士）生まれる。○平賀源内、長崎遊学。
八	辛卯	一七七一	四九	三月三日夕、江戸町奉行所曲淵甲斐守から三月四日に観臓許可の通知あり。玄白から観臓への誘いがある。三月四日、江戸小塚原（東京都荒川区）で刑死の解屍を玄白・淳庵らと実見。翌日から「ターヘル・アナトミア」の翻訳を鉄砲洲の中津藩中屋敷（東京都中央区）の良沢邸で玄白・淳庵らと開始。	玄白、小浜藩医中川淳庵の仲介で「ターヘル・アナトミア」入手。○後藤梨春没（七五歳）。○ハンベンゴロウ（ベニョフスキー）事件

安永元	壬辰	一七七二	五〇	五月、「蘭訳筌」を著わす。「和蘭訳文略草稿」この年までに成る。二月一一日、良沢長女没す。「ターヘル・アナトミア」の翻訳を良沢がリーダーとなり進める。会読には、玄白・淳庵・甫周・石川玄常らが参加。一一月、「蘭言随筆初稿」を著わす。	正月、田沼意次、老中となる。○オランダ通詞本木良意の遺稿『和蘭全軀内外分合図』刊。○河口信任（古河藩医）『解屍篇』刊。○玄白、会読の草稿を夜漢文に整える作業を続ける。
二	癸巳	一七七三	五一	三月、オランダ商館長江戸参府に同行した大通詞吉雄耕牛に、玄白ともども『解体新書』の草稿を示して序文を請う。	正月、玄白『解体約図』刊。○平賀源内、秋田に赴き鉱山事業に当たり、小田野直武らに西洋画法を伝える。
三	甲午	一七七四	五二	（八月、『解体新書』刊行。）	八月、『解体新書』刊行。○玄白、桂川甫三（甫周父）の仲介で将軍家に献上。秋、老中・五摂家へ進献。○オランダ通詞本木良永訳「天地二球用法」成る。
四	乙未	一七七五	五三		玄白「狂医之言」で漢方医の非難に反論。
五	丙申	一七七六	五四		玄白、日本橋浜町に転居、この頃「的里亜加纂稿」編す。
六	丁酉	一七七七	五五	正月、「管蠡秘言」を著わす。	志筑忠雄、この年通詞を辞し蘭書研究に専念ヵ（異論もある）。
七	戊戌	一七七八	五六	この年以前に「西洋星象略解」成る。	大槻玄沢、江戸の杉田玄白に入門。蘭方医学を学び始める（二二歳）。○六月、ロシア

	八	己亥	一七七九	五七	幕命により「西洋画賛訳文稿」を訳述。	船蝦夷厚岸《あっけし》（北海道厚岸町）に来航し、松前藩に通商を求める。平賀源内没（四八歳）。
	九	庚子	一七八〇	五八	この年までに大槻玄沢、良沢についてオランダ語を学び始める。「翻訳運動法」・「測曜璣図説」安永年間に著述。オランダ商館長ティツィングが福知山藩主朽木昌綱にATLAS NOUVEAV（新世界地図帳）を贈呈。良沢、朽木昌綱から翻訳を依頼される。	五月、小田野直武没（三二歳）。○七月、奥平昌鹿病没（三七歳）。
天明	二	壬寅	一七八二	六〇	その地図帳により「輿地図編小解」を著わす。	天明の飢饉（〜一七八七）○山脇東洋没。
	三	癸卯	一七八三	六一	この年以前に「仁言私説」「思思未通」「八種字考」「彗星考」を著わす（「蘭言随筆初稿」と同じ頃ヵ）。	工藤平助「赤蝦夷風説考」○大槻玄沢『蘭学階梯』成稿（出版は天明八年）。
	五	乙巳	一七八五	六三	八月「和蘭訳筌」成稿。	大槻玄沢、長崎遊学。
	六	丙午	一七八六	六四		林子平『三国通覧図説』刊、「海国兵談」成稿○中川淳庵没（四八歳）。○最上徳内、千島を探検、ウルップ島に至る。
	七	丁未	一七八七	六五	「和蘭点画例考補」を著わす。	家斉一一代将軍となる。○松平定信老中就

八	戊申	一七八八	六六	良沢の長男良庵（達）、森島中良（甫周の実弟）の『紅毛雑話』に跋文を記す。	任、寛政の改革（～一七九三）。○朽木昌綱『西洋銭譜』刊。
寛政元	己酉	一七八九	六七	「翻訳底野迦方」・「東砂葛記」訳述。良庵、森島中良『万国新話』に序文を寄せる。高山彦九郎との親交始まる。	田沼意次没（七〇歳）。司馬江漢、長崎遊学。○朽木昌綱『泰西輿地図説』刊。○フランス革命始まる。
二	庚戌	一七九〇	六八	八月「和蘭築城書」、九月「和蘭説言略草稿」訳述。「地学通」もこの頃ヵ。一一月一一日、良沢隠居、長子良庵（達）が家を継ぐ。	寛政異学の禁。○玄白の命で大槻玄沢、『解体新書』の改訂に着手（文政九年に至り『重訂解体新書』として刊行）。
三	辛亥	一七九一	六九	一一月二七日、玄白が良沢邸を訪問。天文暦学関係の翻訳を数種行う。ロシア文字を知る。「東察加志」訳述。七月一〇日、良庵没す。良沢は、養子良叔を迎えるが、「痼癖」により廃嫡。その後、鹽竈神社神官藤塚知明の三男君敬を養子に迎え後を嗣せる。山路才助（天文方）、良沢に度々相談する。	林子平『海国兵談』刊、翌年絶版。幕府から仙台で蟄居を言い渡される。○最上徳内ら択捉《エトロフ》島に至る。

四	壬子	一七九二	七〇	二月二〇日、良沢の妻柏木氏没す。九月、「七曜直日考」訳述。一一月二日、杉田玄白六〇歳、良沢七〇歳の合同賀宴が開かれる。	九月ロシアのラクスマン根室来航、漂流民大黒屋光太夫らを返還、通商を求める。
五	癸丑	一七九三	七一	江馬蘭斎（大垣藩医）、良沢に入門。『新旧ロシア帝国誌』を参考に「魯西亜本紀」を著述。「魯西亜大統略記帝記篇」もこの頃成る。	林子平没（五六歳）。○九月一一代将軍家斉、大黒屋光太夫らを引見。○桂川甫周「魯西亜志」を訳し（一月）、「漂民御覧之記」を著わす（九月）。○高山彦九郎没（四七歳）。○松平定信老中辞任。○嶺春泰没（四八歳）
六	甲寅	一七九四	七二	根岸への転居もこの頃ヵ。	桂川甫周、ロシア事情書「北槎聞略」を編集。○閏一一月一一日、大槻玄沢、芝蘭堂（現東京都中央区京橋にあった玄沢の蘭学塾・私邸）で新元会（オランダ正月）を開く。以後恒例の行事となる。
八	丙辰	一七九六	七四	吉川宗元のボイセン訳稿を校閲ヵ。	稲村三伯『波留麻和解』（江戸ハルマ）
九	丁巳	一七九七	七五	この年以前に「火浣布」、「金石品目」訳述。	宇田川玄随没（四三歳）。
一〇	戊午	一七九八	七六	この頃、良沢中風となる。この年江馬蘭斎から「御祝」として白銀二両を贈られるヵ。	近藤重蔵択捉島に「大日本恵土呂府」の標柱を建てる。○本多利明「西域物語」○志筑忠雄「暦象新書」上編訳成。

一一	己未	一七九九	七七	この頃数年間、奥平昌高にオランダ語教授ヵ。	松平忠明ら幕命により蝦夷地巡視に出発。○一一月、東蝦夷地、幕府直轄地となる。
一二	庚申	一八〇〇	七八	一一月、天文方高橋至時を訪問、蘭書タイトルを解説。	○オランダ東インド会社（ＶＯＣ）解散。伊能忠敬、蝦夷地を測量。○吉雄耕牛没（七七歳）。○志筑忠雄「暦象新書」中編訳成。
享和元	辛酉	一八〇一	七九		志筑忠雄、ケンペル「鎖国論」訳成。○松平忠明ら幕命により蝦夷地巡視に出発。
二	壬戌	一八〇二	八〇	九月、杉田玄白七〇歳、良沢八〇歳の合同賀宴開かれる。	山村才助「訂正増訳采覧異言」成る。○近藤重蔵、択捉島視察。○志筑忠雄「暦象新書」下編訳成。
三	癸亥	一八〇三	八一	この年二月かそれ以前に神田の小島春庵方に同居。一〇月一七日、良沢没す。下谷池之端（東京都台東区）曹洞宗慶安寺に埋葬。「楽山堂蘭化天風居士」	
文化元	甲子	一八〇四			ロシア使節レザーノフ長崎来航
七	庚午	一八一〇			『訳鍵』刊行（凡例に蘭化先生はオランダ医学の開祖、とある）。
一二	乙亥	一八一五			杉田玄白「蘭学事始」成稿。

明治	二	己巳	一八六九			『蘭学事始』を福沢諭吉が刊行。
	二六	癸巳	一八九三		正四位を贈られる。	
	二七	甲午	一八九四			一月良沢贈位の祝賀会が、東京で開催され、四月、良沢への贈位を祝した祭事が行われる。○この年、福沢諭吉が築地（東京都中央区）に「蘭化堂」を設立することを目論んだが、計画のみで終わる。
大正	二	癸丑	一九一三		慶安寺の移転（東京都杉並区梅里へ）に伴い良沢の墓碑も移転。	

主な参考文献（おおよそ本文中の順序に従って配列したもの）

【資史料】

「記註撮要」（中津市立小幡記念図書館所蔵）

半田隆夫／解説・校訂『中津藩　歴史と風土』第一輯～第一八輯（中津市立小幡記念図書館、一九八一年～一九九八年）

『長崎県史』史料編第四（吉川弘文館、一九六五年）

沼田次郎・松村明・佐藤昌介校注『洋学上』（日本思想大系64、岩波書店、一九七六年）

広瀬秀雄・中山茂・小川鼎三校注『洋学下』（日本思想大系65、岩波書店、一九七二年）

広瀬秀雄・中山茂・大塚敬節校注『近世科学思想下』（日本思想大系63、岩波書店、一九七一年）

松平定信著・松平定光校訂『宇下人言・修行録』（岩波書店、一九四二年）

『杉田玄白日記―鷧斎日録―』（青史社、一九八一年）

杉田玄白著・緒方富雄校注『蘭学事始』（岩波書店、一九八三年版）

江馬文書研究会『江馬家来簡集』（思文閣出版、一九八四年）

大槻玄沢「西賓対晤」(『日蘭学会会誌』第二巻第一・二号、日蘭学会、一九七八年)
大槻茂雄『磐水存響　乾・坤』(復刻版)(思文閣出版、一九九一年)
杉本つとむ編・早稲田大学蔵資料影印叢書洋学編第二巻『前野蘭化集』(早稲田大学出版部、一九九四年)
『大分県先哲叢書　前野良沢資料集』第一〜三巻(大分県教育委員会、二〇〇八年〜二〇一〇年)

【研究書・論文】

岩崎克己『前野蘭化1〜3』(東洋文庫、平凡社、一九九六〜九七年)
小川鼎三「前野良沢」(『郷土の先覚者シリーズ　第五集　前野良沢・朝倉文夫』、大分県教育委員会、一九七五年)
沼田次郎『洋学』(吉川弘文館、一九八九年)
吉田厚子「青木昆陽における蘭学知識の展開」(『洋学史研究』第2号、洋学史研究会、一九八四年)
片桐一男『未刊蘭学資料の書誌的研究』(ゆまに書房、書誌書目シリーズ81、二〇〇六年)
黒屋直房『中津藩史』(国書刊行会、一九八七年)
大分県立先哲史料館『陸の道・海の道』(大分県立先哲史料館、二〇〇五年)

長崎県史編集委員会編『長崎県史 対外交渉編』(吉川弘文館、一九八六年)
石田千尋『日蘭貿易の史的研究』(吉川弘文館、二〇〇四年)
片桐一男『江戸の蘭方医学事始 阿蘭陀通詞・吉雄幸左衛門 耕牛』(丸善ライブラリー、二〇〇〇年)
小川鼎三『解体新書』(中公新書、一九六八年)
酒井シヅ・大鳥蘭三郎『解体新書 全現代語訳』(講談社学術文庫、一九八二年)
武田科学振興財団杏雨書屋「解体新書とターヘル・アナトミア－解剖図の洋風表現－」(『第58回杏雨書屋特別展示会展示目録』、二〇一二年)
吉田 忠「『解体新書』から『西洋事情』へ－言葉をつくり、国をつくった蘭学・英学期の翻訳」(芳賀 徹編『翻訳と日本文化』、山川出版社、二〇〇〇年)
片桐一男『杉田玄白』(人物叢書、吉川弘文館、一九七一年)
海原 亮『近世医療の社会史 知識・技術・情報』(吉川弘文館、二〇〇七年)
松村 明『洋学資料と近代日本語の研究』(東京堂、一九七〇年)
杉本つとむ『江戸時代蘭語学の成立とその展開Ⅱ』(早稲田大学出版会、一九七八年)
斉藤 信『日本におけるオランダ語研究の歴史』(大学書林、一九八五年)
海老沢有道『南蛮学統の研究 増補版』(創文社、一九七八年)
野村正雄「前野良沢の『翻訳運動法』、『測曜璣図説』と蘭書典拠」(『科学史研究』41、日本科学史学

会、二〇〇二年）
野村正雄「前野良沢の『和蘭築城書』とその蘭書典拠」（『日蘭学会会誌』第30号巻1号、二〇〇五年）
新村　出「西洋画賛訳文稿」（『海表叢書第六』、平楽寺書店、一九二八年）
原田裕司「前野良沢『西洋画賛訳文稿』のラテン語原典」（『言語文化研究』26、大阪大学言語文化部・言語文化研究所編、二〇〇〇年）
原田裕司「前野良沢『西洋画賛訳文稿』のラテン語原典（補遺）」（『言語文化研究』27、大阪大学言語文化部・言語文化研究所編、二〇〇一年）
原田裕司「前野良沢のラテン語辞典と近世日本輸入ラテン語学書誌」（『日蘭学会誌』第26巻第1号、日蘭学会、二〇〇一年）
洋学史研究会編『大槻玄沢の研究』（思文閣出版、一九九一年）
岡村千曳『紅毛文化史話』（創元社、一九五三年）
今泉源吉『蘭学の家　桂川の人々［続篇］』（篠崎書林、一九六八年）
水口志計夫・沼田次郎編訳『ベニョフスキー航海記』（東洋文庫、平凡社、一九七〇年）
開国百年記念文化事業会編、『鎖国時代日本人の海外知識：世界地理・西洋史に関する文献解題』（復刻版）（原書房、一九七八年）

佐藤昌介『洋学史の研究』（中央公論社、一九八〇年）
東北歴史博物館『奥州一宮 鹽竈神社：しおがまさまの歴史と文化財』（東北歴史博物館、二〇〇七年）
武田勘治『高山彦九郎江戸日記』（道統社、一九四三年）
川嶌眞人『蘭学の泉ここに湧く－豊前・中津医学史散歩』（西日本臨床医学研究所、一九九二年）
川嶌眞人『医は不仁の術　務めて仁をなさんと欲す　続・豊前・中津医学史散歩』（西日本臨床医学研究所、一九九六年）
藤田　覚『松平定信：政治改革に挑んだ老中』（中公新書、一九九三年）
磯崎康彦「松平定信と蘭学」（『福島大学人間発達文化学論集 7』、福島大学人間発達文化学類編、二〇〇八年）
青木一郎『大垣藩の洋医 江馬元齢』（江馬文書研究会、一九七七年）
青木一郎『岐阜の蘭学史話－江馬蘭学塾とその周辺－』（江馬文書研究会、一九七九年）
斎藤　信「中野柳圃の『四法諸時対訳』について」（『名古屋市立大学教養部紀要 人文社会研究 17』、名古屋市立大学教養部編、一九七三年）
本馬貞夫「長崎蘭学と歴史教科書」（『蘭学のフロンティア－志筑忠雄の世界』長崎文献社、二〇〇七年）
松田　清『洋学の書誌的研究』（臨川書店、一九九八年）

鳥井裕美子（とりい・ゆみこ）

神奈川県鎌倉市生まれ
上智大学大学院文学研究科史学専攻博士課程単位取得満期退学
オランダ・ライデン大学講師、九州大学講師を経て
現在は大分大学教育福祉科学部教授

著書（共著も含む）：『オランダ語会話練習帳』『大槻玄沢の研究』『講談社オランダ語辞典』『海外情報と九州－出島・西南雄藩－』『開国と近代化』『日蘭交流400年の歴史と展望』『九州の蘭学－越境と交流－』『日本の対外関係6　近世的世界の成熟』ほか
監修：『大分県先哲叢書　前野良沢資料集第一～三巻』

※本書は、平成25年3月31日に大分県先哲叢書として
　大分県より発行された書籍の新装版である。

前野良沢《まえのりょうたく》 ――生涯一日《しょうがいいちじつ》のごとく――

2015（平成27）年4月25日発行
定価：本体2,500円（税別）

著　者　鳥井裕美子
発行者　田中　大
発行所　株式会社　思文閣出版
〒605-0089　京都市東山区元町355
電話 075-751-1781（代表）

装　幀　佐々木歩
印　刷　株式会社エポックアート

ISBN978-4-7842-1786-1 C1023